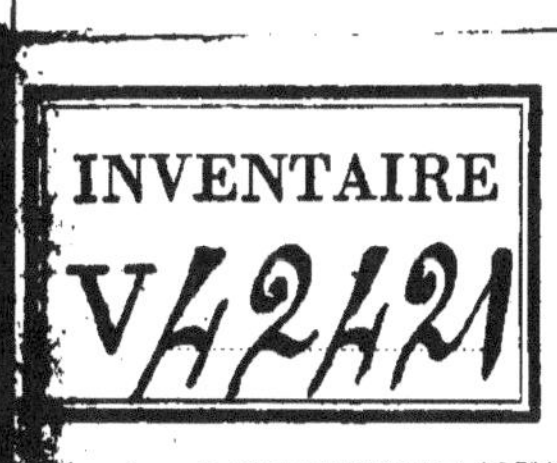

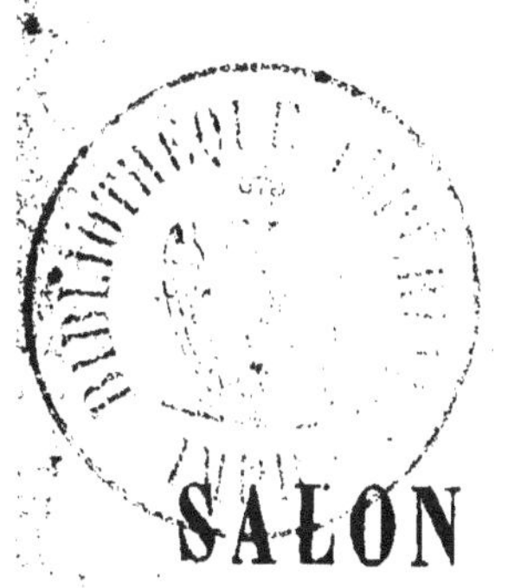

SALON DE 1866

Imprimé par Charles Noblet, 18, rue Soufflot

FÉLIX JAHYER

DEUXIÈME ÉTUDE

SUR LES

BEAUX-ARTS

SALON DE 1866

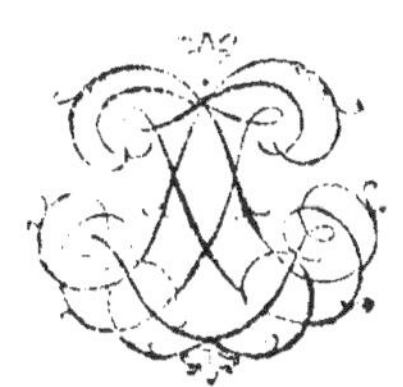

PARIS

LIBRAIRIE CENTRALE

BOULEVARD DES ITALIENS, 24.

1866

AVANT-PROPOS

Mon intention était tout d'abord, quant à la Peinture, de disposer cette deuxième étude comme la première que je fis paraître l'année dernière à pareille époque, par GENRES : *sujets sacrés, mythologie, histoire, genre* proprement dit, *paysages, animaux, marines, fleurs et fruits,* etc.

Mais il est vraiment difficile, pour ne pas dire impossible, de déterminer actuellement avec précision à quelle catégorie doit appartenir tel ou tel tableau. La plupart des toiles se pourraient classer dans deux ou trois sections à la fois. Il n'y aurait pas de raison, par exemple, pour compter MM. Lambert et Von Thoren plutôt parmi les animaliers que parmi les paysagistes ; les œuvres de M. Gérôme figureraient tout aussi bien dans les peintures de genre que dans les tableaux historiques.

J'ai donc pris le parti de réunir la Peinture en une seule

section et de ne diviser mon travail qu'en CINQ grandes classifications, savoir :

1° Peinture,

2° Sculpture,

3° Dessins, Aquarelles et Pastels,

4° Gravure et Lithographie,

5° Architecture.

Pour chacune de ces catégories, je me conformerai à l'ordre alphabétique. Cela facilitera d'ailleurs les recherches au Salon pendant toute la durée de l'Exposition.

PEINTURE

APERÇU GÉNÉRAL

Autrefois, les expositions étaient de véritables champs de bataille où des chefs d'école, suivis de leurs adeptes, venaient défendre leur drapeau. Chacun se rangeait dans un camp et apportait son expérience et son savoir-faire pour la défense d'un parti. Deux ou trois noms dominaient les autres et assumaient sur eux la responsabilité des erreurs aussi bien qu'ils recueillaient le bénéfice des qualités de tous.

Aujourd'hui, c'est toute autre chose. Il suffit de parcourir rapidement les galeries du Salon pour s'assurer qu'il n'y a plus d'*écoles*. Quelques artistes conservent encore heureusement l'esprit des traditions ; mais chacun prend son bien où il le trouve, et se sert des procédés du voisin tout en cherchant à rester original dans la mesure de ses forces.

De là provient sans doute une plus grande variété dans l'ensemble des travaux ; mais peut-être aussi rencontrons-nous moins de volonté dans l'exécution, moins d'unité dans la pensée, et par conséquent un plus petit nombre d'œuvres respirant la grandeur.

Pourtant, ne soyons pas injustes envers nos contemporains ; si le génie n'illumine pas nos galeries, le talent y est bien assis. Le nombre est grand des artistes d'un mérite rare et qui même sera plus apprécié pas nos descendants que par nous-mêmes.

Chaque année, les grands talents s'affirment ; il n'est pas d'exposition depuis dix ans où de nouveaux champions de l'art ne se révèlent. Le nombre des travailleurs augmente. De cet effort général naîtra certainement quelque chose de bon.

Dès à présent, nous avons largement de quoi satisfaire notre esprit et nos yeux. Entre deux ou trois cents toiles excellentes, il en est une vingtaine tout à fait remarquables, chacune en son genre, et parmi lesquelles on ne choisira pas sans difficulté celle qui remportera la grande médaille d'honneur.

Aucun, en effet, de ces vingt tableaux ne provoque l'enthousiasme et ne brille au-dessus des autres par l'idée ou par la forme. Chacun l'emporte sur son rival par certaines qualités. Il ne s'agira pour les classer que de s'occuper de la portée de l'œuvre, car son exécution laissera peu ou point à désirer.

Il faut pourtant, avant d'entrer en matière, désigner les morceaux principaux du Salon, ceux qui captiveront au premier abord l'attention du public.

Ce n'est certes ni M. Dubuffe avec son immense ébauche de couleurs roses, ni M. Ribot, dont les personnages sont muets et ne pensent pas, ni M. Gustave Moreau, malgré son magnifique talent de dessinateur et de coloriste, mais qui s'enfouit dans l'archaïsme le plus cherché, ni M. Gérôme, d'un froid glacial, ni M. Hamon, dont le rêve est sans profondeur, ni M. Andrieu, qui possède encore quelques traditions d'Eugène Delacroix, ni M. Gustave Doré, sans fougue dans ses peintures et sans instinct de la couleur, bien que les œuvres de ces messieurs soient très-intéressantes sous plus d'un rapport, et doivent être l'objet d'un examen sérieux. Car, il ne faudrait pas croire, par les quelques lignes qui précèdent, que je traite légèrement des artistes dont je reconnais les rares mérites. Mais seulement, cette année, je les trouve les uns au-dessous d'eux-mêmes, les autres toujours aussi incomplets que les années précédentes et sans progrès bien accusés.

Mais, qui l'emportera dans l'appréciation générale de M. Fromentin ou de M. Emile Levy ? A-t-on jamais dépensé plus de grâce de pinceau et plus de délicatesse dans le coloris ? Les *Tribus nomades* sont-elles préférables à la *Mort d'Orphée ?* Graves questions que nous débattrons plus loin. Et, pendant que je propose un choix entre ces deux charmants artistes, j'entends d'ici M. Comte qui réclame avec justice pour son *Charles-Quint* une vraie page historique qui s'impose et vous force à réfléchir. Voilà aussi M. Schreyer, plein de fougue et de vérité, M. Heilbuth, qui n'a qu'une petite toile, mais que d'esprit ! Puis M. Daubigny à la tête du paysage, et M. Busson qui marche rapidement après lui ; MM. Giacomotti et Henner, les maîtres du portrait cette année à côté de ce grand artiste, Hébert, dont les deux toiles sont des chefs-d'œuvre exquis. M. Auguste Bonheur avec ses admirables bœufs ; M. Philippe Rousseau avec ses anémones, et M. Blaize Desgoffes avec ses faïences, ses ivoires, ses cristaux, ses camélias et ses fruits ; puis encore un étranger, M. Paul Meyerheim, dont *la Ménagerie* est un chef-d'œuvre d'observation et de rendu ; et Courbet, d'une puissance, d'une grâce remarquables. Enfin, Paul Huet, Théodore Rousseau, Français, Corot..., toute la bande des paysagistes et combien d'autres qui viendront se classer à leur tour sous ma plume et verront se grouper autour d'eux de nombreux partisans !

Du reste, il est des œuvres moins complètes que celles-ci et qui seront tout aussi remarquées et tout aussi applaudies parce qu'elles révèlent de vrais artistes, ou dénotent des progrès énormes offrant pour l'avenir de sérieuses garanties.

Ainsi, qui eût supposé à M. Robert-Fleury fils une pareille entente de la composition ? à M. Bonnat une aussi puissante harmonie (je parle de son petit tableau)? à M. Roybet, un inconnu d'hier, une couleur aussi magique ?

Mais, je le répète, il y a tant de toiles qui se valent, qu'on ne peut, dans un aperçu général, leur donner leur **véritable** place. Il faudrait en citer un trop grand nombre pour parler ici de chacun comme il le mérite. On trouvera à son lieu et place une appréciation raisonnée de toutes les œuvres dignes d'un intérêt quelconque, et le classement en tant que valeur se fera de lui-même dans l'esprit du lecteur, si toutefois il n'a pas vu les œuvres, ou, les ayant vues, s'il veut bien attacher quelque prix à des considérations auxquelles, à défaut de talent, je crois apporter beaucoup de conscience, guidé au moins par des études suivies et par l'amour de mon métier.

Prenant donc le livret en main, je suis l'ordre rigoureux de l'alphabet, et j'entre dans les détails les plus amples que peuvent permettre, pour une aussi nombreuse pléiade d'artistes, le temps qui me presse et l'étendue assignée à mon œuvre.

Une fois ce travail accompli, il me sera plus facile, en résumant mes impressions, d'en dégager certaines réflexions dont la portée est pour moi le véritable but de ces études sur les beaux-arts que je me propose de traiter tous les ans.

Puisque j'ai écrit le mot *étude*, il n'est peut-être pas inutile que je prévienne le lecteur qu'il ne doit point s'attendre à trouver ici autre chose qu'un jugement réfléchi. Il ne me surprendra jamais me servant de cet esprit banal employé par certains à défaut de connaissances. Se moquer de tout, faire des mots, des calembours au besoin, me semble indigne d'un critique d'art qui se respecte et qui, sachant par lui-même combien il faut travailler pour produire la moindre chose, est disposé à l'indulgence et cherche à se pénétrer des efforts faits par l'artiste pour arriver au plus mince résultat.

M. Abel (Marius). — *Giotto et Cimabué* (2). — Ce sujet a tenté bien des artistes ; cela se conçoit. Outre qu'il permet au peintre de traiter à la fois la figure nue et le paysage, il rappelle un épisode encourageant pour celui qui se destine à suivre la carrière des beaux-arts.

Le Giotto de M. Abel est naïf de physionomie et simplement posé ; il présente des qualités de modelé assez précieuses. J'aime moins les fonds du tableau. Il eût été préférable, au lieu de n'avoir sous les yeux qu'une immense roche grisâtre, d'apercevoir un coin de paysage qui eût donné de la variété à la composition. Ici, les premiers plans offrent trop de détails, et les sommets du rocher manquent absolument de perspective.

M. Accard (Eugène). — Les deux petites toiles de M. Accard : *le Miroir* (4), et *les Appartements de Versailles, sous Louis XV* (5), sont gentiment traitées, mais le dessin de la seconde n'est pas très-correct ; ainsi, la jambe gauche du gentilhomme pose mal sur le plancher. La peinture est généralement un peu terne et lourde, les ombres sont forcées, dans les figures principalement. Que M. Accard étudie M. Caraud, il verra ce que gagnent ces sortes de sujets à être peints avec éclat de tons et avec légèreté de main, Malgré cela, il y a des qualités de composition très-appréciables dans *le Miroir*.

M. Achard (Jean). — *La cascade du ravin de Cernay-la-Ville* (6) est encadrée dans un paysage où se trouvent des détails finement rendus. L'ensemble est vaporeux et ne manque pas de poésie.

M. Achenbach (ANDRÉ) nous reproduit les *Environs d'Ostende par un temps pluvieux* (7). — L'aspect en est saisissant, bien que la ligne soit un peu sèche et les couleurs un peu crues.

M. Achenbach (OSWALD). — *Villa Tortonia, près Frascati* (8). — M. Oswald Achenbach est un des plus nobles représentants de la célèbre école de Dusseldorf. Il est difficile de composer une scène avec plus de naturel et aussi plus de richesse. Jamais de vides dans le tableau ; le moindre coin de la toile est rempli par un épisode intéressant et qui se lie au sujet principal.

Des deux côtés de la route qui mène à Frascati s'élèvent les terrasses de la villa recouvertes d'arbres touffus. C'est probablement un jour de fête. Ici, des fillettes sont gaillardement montées sur des ânes qui luttent de vitesse. Là, des promeneurs font l'aumône à une mendiante. Au centre, une charrette ramène des travailleurs au village. Les chauds rayons d'un soleil ardent noient la route dans des vapeurs dont aucuns regards ne sauraient percer l'intensité.

Tout cela est peint avec esprit et par une brosse à la fois légère et vigoureuse. L'unité dans la composition et l'harmonie des détails y règnent et concourent à faire de cette toile une œuvre tout à fait remarquable.

M. Aiffre (RAYMOND). — Il y a un sentiment bien entendu dans la *Pieta* (10) de M. Aiffre. On retrouve là quelque peu des excellents principes de composition dont notre grand

Lesueur avait jeté les bases et qui sont, hélas ! presque complétement perdus aujourd'hui. Seulement, les formes du Christ sont trop rondes, le modelé n'a pas assez de fermeté et la couleur est pâle et sans relief.

M. Aillaud (Alphonse). — La petite toile où sont présentés, dans une excellente attitude, *le maréchal Mac-Mahon et son aide de camp* (11), figure sans doute au salon d'honneur à cause du sujet traité par l'artiste, car la bonne tenue des personnages ne saurait racheter complétement la sécheresse de la ligne et la pauvreté du coloris. L'œuvre de M. Aillaud est loin d'être mauvaise, mais il ne fallait pas la mettre en évidence.

M. Alboy-Rebouet a modelé avec beaucoup de finesse et un joli coloris son portrait de *mademoiselle de B...* (13).

M. d'Alheim (Jean). — *Sous bois* (14). — Un grand bois couvert ; une petite allée au centre de la toile. Pas assez d'air ; la peinture est lourde ; les tons sont d'un vert trop vif ; mais le dessin est ferme et précis.

Dans *la marine en Bretagne* (15), la ligne générale est assez sévère. On voit la mer jusqu'à l'horizon et seulement quelques rochers au rivage. On peut reprocher à l'artiste une trop grande uniformité dans les touches de son pinceau. Le premier tableau était vert ; celui-ci est entièrement gris. La monotonie dans l'aspect ne constitue pas l'harmonie des tons.

M. Allongé expose deux paysages bien différents d'aspect et de peinture. *Le Matin* (17) a des teintes grises blafardes et des tons d'un vert tendre peu agréables ; on y rencontre cependant des effets de reflets dans l'eau assez réussis.

Je préfère le second tableau : *le Pont de l'Oursière* (18), aussi rempli de détails cherchés que l'autre était naïf de composition. Cela le rend mesquin à première vue, mais il renferme des touches d'une véritable finesse.

M. Alophe s'est reproduit de profil (19). Le soin excessif qu'il a mis à modeler la tête donne un peu de sécheresse à la peinture.

M. Anastasi, dans sa *Terrasse d'un couvent à Rome* (20), a su conserver cette grandeur d'aspect qu'il sait donner à ses œuvres. Les chênes séculaires qui abritent les moines au repos sont tout à fait imposants. La majesté de leurs branchages gigantesques contraste heureusement avec les gracieuses plantes grimpantes qui recouvrent les treillages. L'artiste a ménagé au centre de la toile une perspective adorablement éclairée, sur laquelle les yeux se reposent avec beaucoup d'agrément. La lumière, très-habilement distribuée, fait ressortir l'extrême finesse des détails et la sévérité de la ligne.

J'aime moins les *Cascatelles de Tivoli* (21), bien que le dessin en soit très-correct. Mais je voudrais un peu plus de solidité dans la peinture ; il me semble qu'ici **M.** Anastasi a abusé des glacis. Le coloris est également moins bon que dans le premier tableau ; les arbres sont pâles. On ne sent pas assez les oppositions de tons.

M. André (JULES) sait composer un paysage. Il groupe

habilement ses massifs, distribue avec goût la lumière, et
donne à ses ciels une grande légèreté. On trouve toutes ces
qualités dans sa *Vue prise à Saint-Dié* (22). Seulement, dans
cette toile, les eaux manquent de transparence, et l'écume
blanchâtre qu'elles forment en courant à travers les rochers
est rendue avec une peinture beaucoup trop compacte.

Ce défaut n'existe pas dans l'autre tableau exposé par
M. Jules André : *la Charente près Puyréau* (23). La rivière
est sortie de son lit et les ondes se mêlent bien avec les terrains. L'exécution est très-fine, et la composition a de la
poésie. Les yeux éprouvent du charme à suivre les lointains
qui s'effacent avec beaucoup de vérité.

M. Andrieu est de tous les élèves d'Eugène Delacroix
celui qui a le mieux su conserver la ligne pittoresque et variée. Dans *Jupiter et Pandore* (24), grande peinture décorative à la cire, pour le château de Guermente, on retrouve
la science de composition et un peu de la richesse des attitudes que possédait le maître. C'est bien de ce sentiment
que les artistes qui décorent les plafonds doivent se pénétrer.

Si M. Andrieu pouvait donner à sa palette un peu de cet
éclat dont brillait si splendidement celle d'Eugène Delacroix,
sa grande toile serait une œuvre digne d'orner un grand palais, car telle qu'elle est, monotone de tons, elle a de l'ampleur et offre un très-réel intérêt.

M. Angeli. — Il y a beaucoup de talent dans les deux
petits portraits exposés par cet artiste. Les poses sont bonnes,
le dessin très-précis, l'arrangement bien combiné. La peinture est solide, le coloris a du brillant et de la justesse. Dans

le n° 26, portrait de *madame la princesse de Kinski*, on trouve certains détails, tels que le rideau marron et la robe de velours, qui sont peints avec une brosse sûre et puissante.

M. Anker. — *Dans les bois* (27). — Une petite fillette a déposé à terre le fagot qu'elle vient de ramasser et s'est étendue au pied d'un arbre pour se reposer. Le sommeil l'a gagnée et pour longtemps, car elle dort profondément. Cette peinture est plus lourde que ne le sont, d'habitude, celles de M. Anker. Les chairs ressemblent un peu aux terrains. La couleur est en général très-monotone. Il y a beaucoup trop de petites plantes semées çà et là. Elles se dressent toutes, fraîches et bien nettes, de sorte qu'il serait impossible de savoir de quel côté l'enfant a marché pour arriver à l'endroit où elle est.

Je préfère, et de beaucoup, la *Leçon d'écriture* (28). — Là, je retrouve l'ingéniosité ordinaire de l'artiste. Ces deux petites têtes blondes sont fort gentilles ; l'expression de leurs figures est charmante. On voit, à la façon dont la petite tient sa plume, qu'elle est très-inexpérimentée. L'exécution a plus de légèreté, plus de finesse que celle du premier tableau. C'est là un fort joli tableau de genre.

Mme Anselma a mis du naturel et de la souplesse dans sa *Fiancée à Novogorod* (29).

M. Antigna a une qualité fort louable. Il cherche et trouve presque toujours des sujets nouveaux et originaux. — Son *Incendie*, qui est au musée du Luxembourg, et ses *Rameaux*, sont des œuvres d'un caractère bien différent et également heureux d'invention. — Le *Cauchemar* (31) est une bizarre composition. M. Antigna nous représente le diable accoudé sur la poitrine d'une jeune fille endormie. C'est l'image du rêve qu'elle fait et qui semble l'oppresser. Comme pour ne pas voir cette figure horrible qui la dévore du regard, la pauvre enfant a mis son bras sur ses yeux, on voit qu'elle souffre de cette vision qui l'obsède. Sa tête est ramassée, son front contracté; la ligne générale que présente le côté gauche est tourmentée et le raccourci des deux jambes est lourd de forme, mais il y a de jolis tons de chairs et des plans bien modelés.

En regard de cette scène dramatique, M. Antigna expose une *Sérénade à Echo* (32). — Ici tout est calme. Pourtant on retrouve dans une des trois jeunes filles cette pointe de mélancolie qui est la note distinctive du talent de l'artiste. Nous sommes en Espagne, la patrie des boléros et des sérénades. Trois belles Aragonnaises prêtent l'oreille à la chanson qui monte de la rue. L'une d'elles, plus hardie, écarte le rideau pour voir le galant trouvère ; à son regard on devine qu'elle est curieuse. Sa compagne s'est baissée, et, bien que rieuse, elle semble redouter d'être aperçue. La troisième, debout, a l'esprit plongé dans la rêverie. C'est probablement à elle que parlent ces accents charmants; et sa tristesse laisse à penser que c'est peut-être en vain que cette voix l'appelle.

Les physionomies sont excellentes d'expression, les attitudes bien combinées. Il y a de l'élégance et du charme. Les couleurs sont un peu trop éteintes, mais l'harmonie les unit parfaitement. En somme, cette œuvre est des plus agréables.

M. Appian. — *Les bords du lac Bourget* (34) sont peints par M. Appian avec cette sévérité de ligne et cette netteté de tons qui font ses premiers mérites. La gauche de la toile est occupée par des rochers que baigne la mer qui s'étend sur la droite. Au rivage, un pêcheur a amarré sa barque et retiré ses filets. Le ciel est d'un bleu vif particulier à la palette de M. Appian. La mer en reflète si profondément la couleur qu'elle semble confondre ses flots avec lui. Il y a de la poésie dans ce sujet. La peinture est solide ; les lignes sont vigoureusement arrêtées.

Le village de Chanaz (35) étend au bord de l'eau son mail et ses maisons. Des bateliers font passer le fleuve à leurs vaches. La composition est sobre de détails et large de lignes. Le coloris, un peu uniforme, a cependant de l'éclat. Les eaux sont comme toujours d'une profondeur et d'une transparence remarquables.

M. Armand-Dumaresq expose une *Charge de cuirassiers à Eylau* (38) dans le goût de Parrocel. Le combat ne manque pas de fougue ; la peinture est exécutée avec vigueur ; le ton en est sombre, mais assez doux au regard.

*Le portrait de M. B**** (39) a de bonnes qualités comme arrangement ; mais le coloris des chairs n'est pas excellent.

M. Aufray (ALPHONSE) a su mettre de la poésie dans sa petite toile : *Au fil de l'eau* (45).

M. Aze. — *Une femme Kabyle* (54) d'un aspect assez pittoresque.

M. Raader a manqué complétement sa *Naïade* (56) ; mais dans *Héro et Léandre* (55), s'il n'a pas entièrement réussi, on sent de sérieuses recherches et une grande envie de bien faire.

M. Bail. — *Souvenir du carnaval de Lyon* (60) est une charge assez bien réussie, mais le parti pris dans la manière d'éclairer la toile fait ressortir encore davantage la crudité des couleurs employées.

M. Bailly. — *Retour des vendanges* (61). — La scène est composée avec beaucoup de soin. M. Bailly s'est inspiré des délicieuses toiles de Jules Breton dont il a cherché à rendre la ligne poétique et la couleur pleine de sentiment.

M. Balfournier expose deux paysages d'un aspect sévère, et faits d'après les grandes données classiques.

M. de Bar (ALEXANDRE). — Malgré son coloris un peu terne, *la Matinée de printemps* (68) respire une agréable fraîcheur.

Barden. — *Un coup de fourchette.* — Encore un jeune artiste qui a de l'avenir. On est heureux quand on trouve chez un débutant cette fraîcheur d'idée. Certes, on voit bien que M. Barden n'est pas encore maître de sa palette ; il acquerra par l'étude plus d'ampleur dans la ligne ; mais son pinceau est fin et sa touche délicate.

L'idée de son tableau est ingénieuse. Deux petits garçons (figures nues) se livrent à la pêche *à la fourchette.* L'un lève une pierre rivée au bord de l'eau, l'autre montre avec fierté au bout de sa fourchette un petit poisson qu'il vient de prendre ; une petite fille se penche afin de le saisir. La rivière coule à travers des rochers agrestes. L'ensemble a du caractère ; le tout respire un parfum inconscient de jeunesse qui rassure. Il me semble que je sens là le goût et l'envie de bien faire, de ne pas sacrifier aux faux dieux et de respecter la tradition. Aussi j'encourage le nouveau lutteur et je compte sur lui.

M. Baron (HENRY) a cherché à reproduire, dans *Cerf-volant* (73), une de ces scènes que Lancret a su rendre si charmantes et auxquelles il donnait son cachet original. Mais l'artiste n'a pas exprimé la finesse des physionomies et a trop empâté sa toile. Néanmoins la couleur brillante et assez harmonieuse rend cette petite composition très-agréable.

J'aime moins le *Hallebardier* (74). Les tons en sont également assez riches, mais un peu crus et épais.

M. Baron (STÉPHANE) a été bien mal inspiré en traitant sa scène du *Meurtre* (75). Il ne se trouverait certes pas une seule personne pour deviner le sujet si l'artiste n'avait pris soin de mettre sur le livret cette épigraphe de Jules Janin :

« ... Elle l'avait tué d'un seul coup, comme par inspiration ; après quoi elle avait débarrassé son lit de ce vil fardeau. »

Or, tandis que l'homme est couché au bas du lit, la jambe gauche embarrassée dans le drap, n'ayant nullement l'aspect d'un mort, mais paraissant au contraire ne pas se trouver mal dans cette position, la femme s'est accroupie fort tranquillement sur son lit, tenant ses genoux avec ses bras.

On ne sait vraiment que penser en regardant cette toile. Elle est assez platement immorale et ne rachète la bizarrerie de l'idée par aucune qualité sérieuse d'exécution.

Avec la *Suzanne* (76), M. Stéphane Baron prend sa revanche. Non pas que l'œuvre soit parfaite, mais elle renferme un joli morceau de peinture : la jeune fillette, moderne Suzanne, est gracieuse ; sa physionomie agréable et sa pose très-naturelle. D'une main elle attire à elle le collier du premier vieillard, de l'autre elle attend que les pièces d'or lui soient comptées. La peinture est bonne et renferme des finesses de coloris très-distinguées. Il est fâcheux que l'artiste ait donné des types si communs aux deux vieux séducteurs. Sans cette tache qui le dépare, ce tableau serait excellent.

M. Barrias. — *Le Repos* (77). — M. Barrias nous retrace le Titien peignant la *Vénus du duc d'Urbino.* La façon originale dont il a placé le peintre et son modèle présentait des difficultés d'exécution dans le dessin dont il a su parfaitement se rendre maître. Les attitudes sont neuves et reproduites sans effort. La tête de la jeune femme est fine d'expression, le sourire est agréable. On remarque dans les parties nues et principalement dans la poitrine de la Vénus des touches nacrées d'un charmant effet. La seule critique que je me permettrai s'adresse à la draperie bleue, trop claire de ton et qui repousse mal le frais coloris des chairs. J'eusse préféré une couleur plus foncée et en même temps plus sombre.

M. Baschet a *des fruits* (83) peints avec solidité e d'une grande vérité.

M. Bastien a mis beaucoup de simplicité dans la forme et de naïveté dans le sentiment de son *Petit dénicheur* (85). — J'augure bien du peintre de cette modeste toile où je retrouve les excellents principes d'Hippolyte Flandrin.

M. Baudit. — *Bois de pins près de Cannes au soleil couchant* (90). — L'effet des lignes est pittoresque; l'ombre se joue avec grâce et l'eau est poétiquement reproduite.

M. Baugniet (CHARLES). — La médaille qui n'a pas été donnée l'année dernière à M. Charles Baugniet et qu'il avait si bien méritée avec ses deux charmantes toiles : *la Visite à la veuve* et *la Conscience troublée*, ne saurait lui échapper cette année. M. Baugniet se place dès aujourd'hui sur le premier rang à côté de M. Toulmouche, dans la catégorie des peintres qui s'adonnent à reproduire ce que j'appellerais *les articles de Paris*, si je ne craignais que le mot ne fût tourné en ridicule au préjudice de ces charmants artistes dont le talent est si bien de leur époque.

La Toilette de la mariée est une œuvre remarquable sous plus d'un rapport. Pour continuer l'analogie entre les travaux de MM. Toulmouche et Baugniet, je ferai remarquer que leur esprit les a poussés à traiter à peu près le même sujet. *La Toilette de la mariée* pourrait s'appeler *le Mariage d'inclination*, comme *le Mariage de raison*, du premier de ces artistes, porterait parfaitement le titre de : *la Parure de la mariée*.

Ici la jeune fiancée n'a pas d'arrière-pensée, elle porte avec modestie, mais aussi avec bonheur, sa robe blanche et sa couronne d'oranger. Ses amies sont heureuses de l'aider dans sa toilette, l'une tient son voile pendant que l'autre lui cherche ses gants. La domestique, une brune piquante et d'une chaude carnation, arrange les volants de dentelles qui ornent le bas de la robe. A l'écart, la mère, jeune encore, contemple avec une douce tristesse la beauté de l'être chéri qui lui échappe et reçoit les caresses de son autre fille, un enfant de quatorze ans, qui la baise au front avec tendresse.

La scène est jolie, l'expression des figures est sûrement rendue et avec une agréable simplicité. L'exécution est riche et la peinture a beaucoup de puissance dans ses petites proportions. Les couleurs sont éclatantes, solides et harmonieusement distribuées; toutes se font parfaitement valoir. Dans certains morceaux, principalement dans la tête de la jeune amie blonde, M. Baugniet a prouvé qu'il pouvait au besoin avoir autant de délicatesse dans la touche qu'il a ordinairement de vigueur et de fermeté.

La Visite de la marraine est également remarquable. L'enfant dort dans son petit berceau bleu et blanc; la mère soulève doucement le rideau; la marraine contemple son filleul avec la satisfaction que lui donnent ses droits de protectrice. M. Baugniet dispose ses intérieurs avec beaucoup de goût et de sévérité. Les accessoires ne viennent jamais nuire à l'aspect général, et pourtant ils ne laissent rien à désirer dans la manière dont ils sont exécutés. Au milieu de cette toile aussi belle que la première par la richesse des couleurs et la précision du dessin, le personnage de la marraine se distingue particulièrement. C'est un morceau admirablement trouvé. Le profil de la figure est d'une rare beauté; la robe de soie marron et le manteau de velours noir bordé d'astrakan gris donnent une sévérité imposante à cette jeune femme et forment une opposition charmante avec la figure pâle de la mère qui relève de couches, et avec le long peignoir blanc dont elle est enveloppée.

M. Beaucé. — Le *Campement du 3ᵉ zouaves à San-Jacinto* (98) est une petite scène fort gaie qui se passe à quelques centaines de mètres des tentes, à l'ombre d'un arbre gigantesque. Des zouaves apportent, celui-ci un mouton, celui-là des volailles, qu'ils viennent de butiner; d'autres sont déjà en train de manger, ou apprètent leur cuisine. Dans les lointains, on aperçoit le camp, et plus loin encore les montagnes qui se découpent dans un ciel bleu d'un très-joli aspect.

L'exécution est très-fine et pleine de détails charmants.

Avec cette petite toile M. Beaucé expose un portrait du colonel Boyer, à cheval (99), d'une dimension très-exiguë et qui, malgré son mérite, m'a laissé assez froid.

M. de Beaulieu (ANATOLE). — Eugène Delacroix avait une personnalité trop en dehors de celle du commun des artistes pour que ses imitateurs pussent sérieusement profiter en étudiant ses œuvres. Le grand coloriste devait tout à sa puissante organisation et peu de chose, je dirai même rien à ses maîtres et aux génies anciens. Aussi qu'est-il arrivé? Tous ceux qui, subjugués par sa force et son éclat, ont voulu marcher sur ses traces, se sont fourvoyés et ne lui ont pris que ses défauts.

Voyez *le Paria et le Brahmine* (103) de M. Anatole de Beaulieu; y a-t-il là un sujet rendu? N'est-ce pas un simple prétexte à employer du rouge, du jaune, du bleu ou du gris, en un mot, de crever les yeux par des couleurs qui peuvent être éclatantes, mais dont le ton est complétement faux? La peinture est tellement travaillée, qu'elle a perdu toute sa fraîcheur. Quant au dessin des deux personnages, il est tout à fait mauvais.

M. Beaume sait composer une scène à effet avec deux ou trois personnages et un fond de paysage sobre de détails. *La fuite en Egypte* (104), et *l'Épisode de la campagne de Russie* (105), se recommandent par les qualités ordinaires de l'artiste.

M. de Beaumon (CHARLES). — *Andromède* (106). — Voici une toute petite toile où percent de bien grandes qualités de dessin et de peinture.

Sur la pointe d'un rocher qui s'avance dans la mer, Andromède est debout, encore tout émue du combat que Persée vient de livrer au monstre qui rugit à ses pieds, vaincu et précipité dans les flots. Elle se fait comme un voile de ses bras pour cacher sa terreur et aussi son émotion au jeune homme qui la retient sur le bord de l'abîme et la regarde avec un double sentiment de satisfaction et de tranquillité.

La pose d'Andromède est excellente, pas d'afféterie, une grande simplicité de mouvement. Le galbe des jambes est excessivement gracieux, et le coloris d'une finesse extrême. Les accessoires sont très-bien traités. M. de Beaumon a beaucoup de distinction dans son dessin et sa couleur. Il sait être à la fois simple et riche de ton.

M. Bellangé (EUGÈNE) a appris de son père à aimer le soldat. Seulement il préfère nous montrer le troupier par le côté amusant. Il a horreur de la guerre et de la discipline ; il ne rêve que le *far niente* des camps. Il aime à nous tracer ces petites scènes originales qui égaient l'esprit aussi bien que la vue.

Dans *la Partie de loto* (110) comme dans *la Visite au camp*

(111), on trouve mille détails ingénieux et divertissants, rendus avec beaucoup de naturel et de vérité.

Bellangé (HIPPOLYTE.) — *La Garde meurt* (112). — En présence de cette œuvre, dernière pensée d'un grand artiste, et qui exprime si bien le dernier jet d'une imagination ardente et patriotique, je me sens saisi d'un profond recueillement, et mon esprit se reporte vers le passé, afin d'embrasser d'un coup d'œil général et avec toute l'importance qui lui est due, la vie artistique d'un homme que l'art pleure en ce moment et pleurera, hélas! longtemps encore.

N'est-ce pas le moment ou jamais, en face de cet adieu suprême de Bellangé à ses admirateurs, de consacrer ici à ce peintre original et bien français, une notice biographique puisée à la bonne source, miroir fidèle de sa vie laborieuse et de ses remarquables travaux?

Hippolyte Bellangé est né à Paris, le 16 février 1800. Il est mort le 10 avril 1866 à 2 heures 50 minutes du matin, succombant à une maladie des intestins. Il avait donc 66 ans et 2 mois, et son talent était encore dans toute sa force, ainsi que le prouvent ses *Cuirassiers de Waterloo*, exposés au Salon dernier, et sa *Garde meurt*, une des toiles les plus hardiment conçues de l'exposition de cette année.

Le père de Bellangé était ébéniste du garde-meuble de la couronne, et, quoique jouissant, dans sa partie, d'une grande renommée, il ne possédait que de modestes ressources. Il voulut, néanmoins, donner à son fils une éducation distinguée et le plaça au lycée Bonaparte. Le jeune Hippolyte ne resta au collège que jusqu'en quatrième, il se vit enlever à ses études pour être placé, et cela bien malgré lui, chez un négociant.

Mais lorsqu'un enfant est, comme l'était Bellangé, doué d'une imagination ardente, lorsque ses goûts le portent vers une profession déterminée, il est bien rare qu'on puisse changer sa vocation, et l'on finit quand même par céder à ses vœux. C'est ce qui arriva pour Bellangé. Son goût inné pour la peinture triompha des craintes et des intentions de son père, qui se rendit à son désir et lui permit de prendre le crayon et le pinceau.

Hippolyte Bellangé entra alors dans l'atelier de Gros, où il ne tarda pas à se faire remarquer par son application et aussi par ses aptitudes exceptionnelles. D'un esprit vif et pénétrant, d'une gaieté charmante, il était le boute-en-train de l'atelier avec le célèbre Charlet, qui devint rapidement son ami. Les deux jeunes gens se vouèrent bientôt une affection que la mort même ne put briser, car, n'ayant plus devant lui son ami intime pour l'aimer, Bellangé redoubla d'admiration pour ses travaux.

Gros possédait alors l'atelier le plus en vogue de Paris. Bonington, Eugène Lami, Paul Delaroche, Robert-Fleury, Roqueplan et vingt autres y puisaient les connaissances les plus variées sur la manière de concevoir et de rendre leur pensée par une exécution puissante. Hippolyte Bellangé et Charlet, les deux esprits les plus vifs d'entre eux, ressentaient pour leur maître une admiration profonde et s'enthousiasmaient en présence des œuvres hardies de Géricault.

Les premiers travaux de Bellangé furent des dessins pour des *assiettes* qui se vendirent, à l'époque où il les composa, *deux* et *trois* francs pièce. Le grand artiste et ses camarades s'amusèrent souvent de cette triste nécessité, qui le forçait à produire pour recueillir une somme aussi minime. Plus tard, après cinq ou six ans passés à l'atelier, le jeune peintre commença à publier une série de lithographies qui le firent connaître rapidement, et dont le nombre s'éleva à plus de 800. Si l'on rapproche ce chiffre de celui de 250 tableaux et de 800 dessins, aquarelles et sépias, on peut se faire une idée de la prodigieuse fécondité de l'artiste.

En 1826, à 26 ans, Hippolyte Bellangé consacra une union qui devait le rendre heureux durant toute sa vie. Dix ans plus tard, en 1836, il fut nommé directeur du musée de Rouen. Il avait été décoré de la Légion d'honneur, en 1834, pour un petit tableau (effet de nuit), *Prise de la lunette Saint-Laurent.*

Sa position à Rouen le rapprocha de la famille Walter, qui jouissait, dans la ville, d'une réputation musicale très-distinguée. Madame Bellangé, musicienne d'élite, et Bellangé lui-même, passionné pour la musique, développèrent là leur goût et leur savoir. Le grand artiste avait une fort jolie voix de ténor qu'il maniait à ravir, avec un sentiment exquis du maître qu'il interprétait. Sa mémoire prodigieuse lui permettait de connaître et de rendre avec une extrême vérité les ouvrages dignes de fixer son attention.

Bellangé possédait à Rouen un ravissant atelier au fond d'un jardin, et orné au-dehors d'un remarquable moulage représentant les portes de l'église Saint-Maclou. Là, en pleine possession de son talent et de sa réputation bien justement acquise, il recevait, avec une cordialité charmante, les artistes et ses amis, trop heureux de profiter de son hospitalité en raison de son esprit et de son talent. C'est là qu'il exécuta la plupart des tableaux qui figurent aujourd'hui au musée de Versailles, tels que : *Wagram,* la plus grande de ses toiles (dix-huit pieds carrés environ), *Marengo*, *la Moskowa*, *Waterloo*, et dix autres d'une valeur exceptionnelle.

Il s'intéressa un moment aux affaires du théâtre des Arts. Là, son beau-frère Louis Walter était directeur et montait les opéras avec un soin tout exceptionnel. Bellangé était d'un désintéressement sans bornes ; un fait qui se passa à cette époque en peut donner la mesure. Il perdit 80,000 francs prêtés à une famille aimée et honorée de tous dans la ville, sauvant ainsi, par un beau dévouement, les plus chers intérêts, et provoquant parmi les Rouennais une sympathie et un enthousiasme pour son nom, son caractère et son grand talent.

Mais le malheur allait l'éprouver cruellement. Au sein de cette vie heureuse et si estimée, il fut frappé dans ses plus chères affections. Il perdit un de ses fils, puis successivement la plupart de ses vieux parents. Rouen, ville préoccupée avant tout de ses ressources mercantiles, lui sembla dès lors insupportable ; malgré toute l'amitié dont ses amis le comblaient, il n'y put rester davantage et rentra à Paris en 1853, où il s'installa dans une charmante petite maison de la rue de Douai. A son départ, ses amis, voulant lui donner un gage précieux de leur profonde affection, lui avaient offert, dans une réunion d'adieux touchants, une admirable coupe sortie des ateliers de Froment Meurice.

Bellangé avait remplacé, comme directeur du musée de Rouen, le peintre de marines Garneray. Il eut pour successeur : Court, l'auteur de la *Mort de César*.

Revenu à Paris, il se livra tout entier à son art, et, dans une période de dix années, de 1853 à 1863, ses travaux se multiplièrent d'une façon incroyable.

2.

Au bruit de l'expédition de Crimée, l'artiste semble rajeunir encore. Son pinceau s'exalte de plus en plus en présence de ces batailles gigantesques dont il se sentait si digne de représenter les épisodes. Il produisit là coup sur coup : *les deux Amis, le Salut d'adieu (Crimée), le Bataillon carré, l'Assaut de Malakoff* (aujourd'hui au Mexique), *les Embuscades russes ;* puis, après la guerre d'Italie, il nous donne le *Combat dans Magenta, la Bataille de l'Alma, la Revue du Carrousel,* et plus tard *la Retraite de Russie,* etc...

Nous voici arrivés au mois d'août 1864, époque où apparurent les premiers symptômes du mal qui devait l'enlever. A l'excès de travail qu'il avait fait pendant ces dix dernières années, se joignit pour le fatiguer un chagrin profond dont il ne put jamais se rendre maître. Comme Charlet, il avait, toute sa vie, rendu hommage au nom de Napoléon; aussi fut-il fort affecté de ne pas voir acquérir par le musée du Luxembourg ses *Cuirassiers de Waterloo* et son retour de *l'Ile d'Elbe,* de même qu'il avait vu partir, avec un vif chagrin, en Angleterre, l'un de ses tableaux préférés : *les Deux Amis.*

La maladie fit alors chez lui de rapides progrès. Retiré à Neuilly, près du bois de Boulogne, pendant l'été de 1865, il ne put réparer entièrement ses forces, qui diminuèrent à dater de ce moment, malgré son énergie morale et le traitement habile et dévoué de son médecin, M. le docteur Déclat, qui lui avait caché le nom de sa maladie et lui avait laissé l'espérance de la guérison.

Après avoir terminé son tableau de la *Garde meurt,* sa dernière œuvre peinte, Bellangé sentit que ses forces s'épuisaient. Il travailla pourtant encore à quelques croquis à la plume qui furent les dernières pages de sa vie d'artiste. Ces dessins, exécutés à Neuilly en 1865, sont, pour la plupart, tirés des romans d'Erckmann-Chatrian, et principalement du *Conscrit de* 1813. Les derniers furent achevés par l'artiste sur son lit même, il se les faisait apporter pour les revoir souvent. Il les signa vers le mois de janvier 1866.

A l'approche de l'exposition des Beaux-Arts, sa pensée se raviva encore ; hélas ! pour la dernière fois. Il voulut monter jusqu'à l'atelier pour voir, sur le chevalet même, les deux toiles que son fils venait de terminer, c'était alors le 19 mars. Le lendemain 20, il demanda qu'on plaçât sur son lit son tableau de la *Garde meurt*, le contempla longtemps avec une mélancolie qui fit présager à sa famille l'approche de la mort.

Elle arrivait en effet à grands pas. Malgré sa robuste constitution et **une** santé qui fut toujours excellente, le pauvre et grand artiste était atteint de la plus impitoyable maladie.

Il supporta son agonie avec un rare stoïcisme ; il faut dire que ses souffrances furent adoucies par la tendresse la plus admirable. Peu de jours avant sa mort, porté d'un lit dans un autre entre les bras de son fils, il disait à ceux qui le consolaient : « Mes chers enfants, quelle souffrance !» Et, les mains jointes en signe de prière, il demandait peut-être à Dieu d'abréger ses douleurs, bien que sa patience, son énergie, et la douceur habituelle de sa nature l'aient toujours rendu plein de courage et d'abnégation.

A bout de force, il expirait, le 10 avril dernier, à 2 heures 50 minutes du matin, entre les bras de son fils, que la veille encore, à 8 heures du soir, il avait reconnu. Son agonie fut longue et cruelle et pourtant fort calme, si on la compare aux souffrances passées. La veille et l'avant-veille de sa mort il avait eu un court délire entremêlé de ces seules paroles : ... *Route de Caen... Cologne... Waterloo... Charlet... c'est tiré d'un roman...*; paroles entrecoupées qui n'étaient plus qu'un dernier souvenir de ses voyages passés, celui des bords du Rhin, entre autres, qu'il avait fait avec son bien-aimé fils, souvenir surtout, comme on l'a dit sur sa tombe dans un touchant discours, de son dernier tableau, la *Garde meurt*, qu'il affectionnait à l'égal des *Deux Amis*, et auquel se mêlait aussi la mémoire d'un ami vénéré : Charlet, et peut-être encore le souvenir des derniers romans d'Erckmann-Chatrian, qu'il lisait et relisait sans cesse lors de son douloureux voyage à Neuilly, pendant l'été de 1865.

A le voir étendu sur son lit, revêtu de son costume d'atelier, on l'eût cru plutôt endormi que mort. Sa figure même avait repris son calme d'autrefois, et sa tête pleine de noblesse rappelait un peu l'admirable masque de Géricault qui, lui aussi, souffrit cruellement pendant les derniers jours de sa vie.

Bellangé était très-instruit, il aimait à lire, sa bibliothèque était magnifiquement composée ; tous les grands écrivains du passé et de tous les pays y figuraient par leurs œuvres et étaient souvent consultés par l'artiste. Les lectures habituelles de Bellangé étaient le *Consulat et l'Empire*, de Thiers, et les romans d'Erckmann-Chatrian dont il raffolait; puis Lamartine, Victor Hugo, Musset, Sainte-Beuve, les poètes et les observateurs.

Je complète cette notice biographique, que je crois très-à propos dans cet ouvrage, par une nomenclature des principaux tableaux de l'artiste. Puis j'examinerai, avec la *Garde meurt* et l'autre composition exposée cette année, la valeur de ces deux chants du cygne et le sillon que Bellangé s'est tracé dans l'art contemporain.

Le Luxembourg possède deux toiles de Bellangé : *le Passage du Guadarrama (guerre d'Espagne)* et la *Revue au Carrousel.*

Le musée de Versailles est plus riche; outre les *Batailles de Fleurus*, de *Wagram*, d'*Ocana* et de l'*Alma*, on y compte dix à douze autres toiles importantes.

Le musée de Rouen a la *Bataille de Marengo ;*

Le musée d'Amiens : la *Bataille de Waterloo*.

Le musée de Vienne (Autriche) : la *Bataille de la Moskowa;*

Le musée de Marseille : l'*Épisode de Malakoff*.

La Harangue du maire, les Guides de l'Empire, sont aux Tuileries.

Le passage du 1er, la prise de Girone (guerres de Louis XIV) appartiennent au duc de Noailles;

Les pénibles Adieux, à M. Léon Dupré ;

Prise des Embuscades russes (Crimée), au docteur Amussat ;

Les dernières Volontés, à M. Munoz Lédo, de Mexico ;

L'inventaire d'une casemate russe, au chevalier van Haire, d'Anvers;

La Réprimande, à M. Choisy ;

L'Officier en permission, à madame Say ;

L'Épisode de Solférino, à la princesse Marie de Russie ;

Une aquarelle de Waterloo (à l'empereur de Russie);

Les deux Amis (Crimée), à la duchesse d'Hamilton ;

Le Bataillon carré (campagne du Rhin), à M. Rœderer, de Reims;

Les Paysans badois, à M. Cahuzac ;

Les Maris insurgés, la Visite du Curé, la Ronde de nuit, l'Assaut de Malakoff, etc., etc., à divers amateurs.

Le Salut d'adieu (Crimée), acquis en 1859 par la loterie de Morny, est entre les mains d'une personne qui n'a pas révélé son heureuse chance.

La famille de Bellangé possède : *le Combat dans Magenta, la Retraite de Russie, le Retour de l'île d'Elbe, les Cuirassiers de Waterloo, la Garde meurt.*

Cette nomenclature incomplète, mais la plus détaillée et la plus exacte, je crois, qui se soit publiée, fait revivre à l'esprit les beaux succès d'Hippolyte Bellangé, et permet de comparer dans sa pensée les œuvres anciennes de l'artiste avec les deux tableaux exposés cet e année, et dont je commence l'appréciation.

« *La Garde meurt,* » 18 juin 1815 (112). L'artiste, déjà fort malade, venait à peine d'achever son tableau des *Cuirassiers de Waterloo,* lorsque, s'éveillant un matin, après une nuit agitée : « Je n'ai fait, dit-il à sa femme et à ses enfants, que rêver batailles, charges de cavalerie, Waterloo surtout... c'est singulier ! » Puis, exalté par son rêve, il monte à son atelier, dit à son fils : « Fais-moi donc ma palette ! » saisit une toile blanche, s'asseoit silencieux devant son chevalet, et, sans rien tracer ni même chercher au fusain comme il le faisait d'habitude, commence à peindre d'une main raffermie le grenadier du milieu. Chaque soldat, chaque personnage semble naître alors sous le pinceau de l'artiste; chaque touche est posée avec une exaltation fébrile. En moins de huit jours, le tableau était achevé, vers la fin de mars 1865.

L'artiste a concentré son drame avec une puissance remarquable. Sur ce monceau de cadavres dont les membres s'entremêlent, ces trois vieux troupiers, le sang dans les yeux, le poing levé, ont une grandeur saisissante. Ils sont comme le défi de la France aux nations qui l'ont crue vaincue. Ils semblent dire, en montrant sous leurs pieds leurs frères égorgés : «Tous, nous ne sommes pas morts, et le réveil sera terrible! » Cette scène muette, horrible et triste, respire l'héroïsme ; et si l'artiste, comme il en avait l'intention, avait eu le temps de l'exécuter sur une plus large échelle, elle eût compté parmi ses plus belles compositions.

Dans l'*Escadron repoussé* (113) admirez l'énergie de ce cavalier blessé et de ce cheval qui s'abat ; c'est là un épisode comme Bellangé aimait à en retracer et dans lequel son esprit chevaleresque, sa connaissance parfaite de l'homme et du cheval de guerre, son amour pour le soldat français se retrouvent toujours, énergiquement traduits et peints avec une grande sûreté de pinceau.

Quelle place Hippolyte Bellangé occupera-t-il parmi les artistes de son temps, quelle influence a-t-il subie et doit-il laisser des successeurs ?

L'Empire, avec ses guerres toutes remplies de batailles gigantesques et de combats acharnés, devait nécessairemen entraîner nos peintres à reproduire les grands faits d'armes dont ils entendaient raconter les splendeurs, et qui s'accomplissaient, pour ainsi dire, sous leurs yeux. Gros et Géricault commencèrent le mouvement et le traduisirent avec un pinceau énergique et large, avec une grandeur de pensée que leurs élèves et successeurs ne dépassèrent point. A côté d'eux un homme de génie aussi, Charlet, se fit jour, en saisissant avec une vigueur et une vérité sublime les types militaires. Dans ses tableaux, l'idée que le fait représente l'emporte sur le fait lui-même, et chaque guerrier n'est pas mis là seulement pour composer un ensemble, il est l'expression d'une race nouvelle : le soldat de Napoléon !

Horace Vernet changea la direction de l'école des peintres de batailles. Il remplaça la conception par l'esprit de détail, la *grandeur* absente de ses toiles fait place à l'*intérêt*. Il vise avant tout à être ingénieux, y arrive assurément, mais au détriment de la force.

Bellangé procède de Charlet et de Vernet. Il retrouve souvent la silhouette du vieux troupier de l'Empire, que le premier de ces artistes savait si bien rendre ; il a la fécondité hâtive du second et, comme lui, cherche l'épisode dans le combat et s'attache au détail. Moins original que l'un et l'autre, il a plus de véritable fougue que le peintre de la *Smalah*, lance ses escadrons avec plus d'énergie, et varie davantage l'aspect général de son tableau. Sa peinture moins serrée et son coloris plus terne sont cependant plus harmonieux à l'œil.

Charlet, Vernet, Bellangé, resteront tous les trois, avec des mérites divers, des artistes chers à la masse. Ils sont historiens à leur manière, et on lit dans leurs œuvres sans fatigue et avec profit. Inférieurs à leurs maîtres, ils n'en sont pas moins des *individualités* : et c'est une qualité bien rare que de savoir imprimer à son talent une même direction vers un même but, dût-on l'atteindre péniblement. Leur influence se fera longtemps encore sentir chez leurs successeurs dont aucun, jusqu'ici, ne saurait rivaliser avec eux.

M. Bellel est un paysagiste original qui sait nous montrer la nature sous une forme sévère et poétique.

Dans son tableau : *Route de Chateldon* (116), nous trouvons une ligne large et pittoresque ; dans ses *Bords du Thérain* (117), un effet poétique des cieux. Le repos et le calme règnent dans cette petite toile dessinée avec une pureté et un goût remarquables.

M. Belly a peint d'une manière saisissante la *Mer Morte* (120). — On a le cœur serré en présence de cette morne solitude, et l'on se prend à rechercher quel bouleversement profond a pu amener de tels ravages. L'œil ne voit que d'arides rochers qui se confondent avec le ciel et la mer dans un brouillard épais. Dans le lointain, le soleil éclaire d'un rouge de sang la ligne de montagnes qui forment l'horizon, et cet effet bizarre ajoute je ne sais quoi de terrible et de désolé à cet immense chaos.

M. Benezet s'efforce de conserver les traditions des classiques... Il sait dessiner et composer simplement. Ses deux toiles sont très-recommandables, bien que dans le *Saint Sébastien* (122) la peinture soit un peu sèche et noire et que le *Saint Louis* (123), posé un peu trop de face, présente un aspect disgracieux.

M. Benner. — *Vase de fleurs* (125). — Peinture large, dessin plein de souplesse, coloris harmonieux.

M. Béranger. — *La nouvelle Servante* (129). — La fillette est charmante ; son attitude est vraie et son ajustement gracieux. Le pinceau de M. Béranger est toujours fin, sa peinture pleine de délicatesse, ainsi qu'il est facile de s'en convaincre par les touches extrèmement jolies qui abondent, principalement dans la robe et le fichu de la servante.

M. Berchère. — *Ralliement des Caravanes à la halte de nuit* (131). — Personne, au même degré que M. Berchère, n'exprime la poésie profonde du désert. Dans la plus petite de ses toiles, il sait faire entrer l'immensité et communiquer à l'observateur cette appréhension de vague terreur qui doit saisir l'homme obligé de pénétrer dans ces effrayantes solitudes. Voyez plutôt son admirable tableau du *Ralliement*. Au premier aspect, il vous saisit par son étrangeté. Un frisson d'épouvante parcourt vos membres. Vous croyez être au sein de cette nuit terrible, sous cette voûte mystérieuse du ciel où quelques points blancs peuvent à peine percer l'intensité brûlante de l'air. Mais peu à peu un charme inconnu vous gagne; vous subissez l'influence de cette poésie pénétrante; votre esprit se dégage de sa secrète terreur, vous rêvez une excursion sous ces lointains climats.

Cette suprême grandeur que respire la nature dans l'œuvre de M. Berchère n'est pas le seul mérite du tableau. Le côté pittoresque y est rendu d'une façon également remarquable, par cet homme monté sur ce chameau, et qui élève dans l'air sa torche enflammée, signal du ralliement. Dans le lointain, on aperçoit les caravanes. Elles commencent à s'agiter pour venir se joindre et marcher en masse au but du voyage.

La seconde toile exposée par M. Berchère : *les Murailles de Jérusalem* (132), n'a pas moins de mérite que celle-ci. Sa portée n'est pas la même; mais l'effet qu'elle produit est aussi grandiose. Ces vieilles et épaisses murailles, ces terrains mouvementés et brûlés par un soleil de feu, ces arbres rabougris qui ne peuvent s'élever sur ce sol aride et desséché; ce ciel bleu intense, toute cette nature, en un mot, impressionne et rappelle à l'esprit les faits immenses qui se sont passés dans ces contrées, aujourd'hui oubliées du commun des hommes et abandonnées aux recherches des savants et des artistes, aux visites des pèlerins de la chrétienté.

M. Bernard conserve dans ses paysages la ligne pure et précise des anciens maîtres de l'École classique. Cela le conduit quelquefois à la sécheresse, mais donne une grandeur véritable à ses travaux. *Les environs de Crémieu* (34) et surtout *la Vallée du Poussin* (133) sont deux toiles rendues avec solidité et richesse de couleurs.

M. Bernier, au contraire, est fantaisiste; il peint un coin de la nature telle qu'il la voit. Dans ses *Bords de l'Indre* (135), les massifs sont un peu sombres; les reflets dans l'eau sont en revanche fort jolis.

La Grève de Lanildut (136) manque un peu de cette solidité que M. Blin excelle à donner à ses terrains; mais le village est bien campé au bord de l'eau; la perspective est excellente, l'aspect général très-original et très-agréable, quoiqu'un peu gris de ton.

M. Berthelemy est un des rares artistes qui peignent des marines. Ses travaux sont intéressants, mais il leur manque cette énergie et cette souplesse qui doivent caractériser les peintres qui cultivent ce genre. Il y a loin encore du *Naufrage du Borysthène* (139) aux émouvantes et vivantes compositions de Gudin et d'Isabey. Toutefois, M. Berthelemy a des qualités de brosse très-appréciables, et qui permettent d'espérer en lui.

M. Berthelier (141) a peint avec largeur une couronne de fleurs autour d'un médaillon.

M. Berthelon. — Il est fâcheux que M. Berthelon ait abusé de la couleur verte, dans son *Moulin de Vauboyen* (143); car il peint avec aisance et naturel.

M. Bertrand (JAMES). — *Phryné aux fêtes d'Eleusis* (150). Beaucoup de talent et des erreurs. La jeune femme appuyée contre la colonne est fort jolie.

Pèlerinage dans les Abruzzes (151). Du sentiment, une bonne entente de la composition. Un peu de crudité dans les couleurs.

Au résumé, deux œuvres distinguées.

M. Besson (FAUSTIN) n'appartient guère à l'art contemporain. Il eût fait fureur à côté de Boucher, de Lancret et des aimables peintres qui ont précédé David. Il a un peu de leur talent d'arranger une scène, de tracer de vives physionomies, de peindre avec une finesse extrême de blondes têtes et de gaies parures. Seulement, ses toiles offrent plus de lourdeur dans l'aspect général; elles sont animées, mais les fonds, les plans extrêmes, l'emportent généralement sur les personnages comme exécution. On voudrait quelque chose de plus clair, de plus brillant dans le coloris. Malgré ces critiques de détail, *Callot chez les Saltimbanques* (156) et *une Aventure de Quentin Latour* (157) sont des tableaux qu'un artiste distingué peut signer des deux mains.

M. De Beughem est un paysagiste distingué, sous le rapport de la ligne. Il rend avec vérité les sites qu'il reproduit.

M. Biard a joui longtemps d'une réputation extraordinaire à cause de la bizarrerie des sujets qu'il a traités. Cette année encore, avec *Mon Atelier* (160), il obtiendra un succès de curiosité par les plaisants détails dont il a couvert son tableau. Mais est-ce bien là de l'art, est-ce là même de la peinture, et le crayon ne suffirait-il pas pour retracer d'aussi minces idées ? J'avoue que lorsque je suis en présence de semblables renommées, j'éprouve le besoin de critiquer. Je voudrais voir les hommes de talent, dédaignant de telles farces, s'exercer davantage, sinon par l'imagination, au moins par l'esprit.

Mais M. Biard peut-il viser au-dessus de ces caricatures ? Je crois que oui. A l'appui de mon dire, je ne voudrais cependant pas citer le portrait de *Mademoiselle Ph...* (161). C'est de la peinture lourde et noire, qui offre peu d'agréments.

M. Billioray. — Dans une petite toile microscopique, *Sollicitude maternelle* (167), M. Billioray montre qu'il a le sentiment de la pose et de l'expression vraie. Le coloris est terne et le modelé mollement accusé.

M. Bin a exposé l'année dernière une *Andromède* qui lui a valu justement une médaille, et qui révélait une vi-

gueur et une audace précieuses. On y sentait la connaissance raisonnée de l'anatomie et la distinction des formes
au service d'une imagination hardie. Je ne retrouve
qu'une partie de ces qualités dans *Hercule frappé de dé-
mence* (172). Le drame, certainement, ne manque pas de
puissance, mais l'exécution un peu trop *académique* lui enlève en partie l'horreur qui devrait y régner.

Hercule a déjà frappé d'une des flèches du carquois qu'il
porte à sa ceinture l'un de ses fils, dont le corps n'est plus
qu'un cadavre ; il a saisi sa massue et va commettre un
nouveau crime sur un autre de ses enfants, qui se dresse
suppliant devant lui. La mère, sans défense, recule d'horreur et pousse des cris de détresse ; elle abrite derrière elle
le plus jeune de ses fils, qui se cache épouvanté. Pris séparément, chaque personnage est très-dramatiquement
rendu et forme un morceau de peinture remarquable ;
mais la scène considérée dans son ensemble n'est pas assez
désordonnée, si je puis m'exprimer ainsi. Rien n'y est abandonné au hasard, chaque personne et chaque objet y jouent
un rôle *arrangé*. On sent la préoccupation que l'artiste a
mise à composer son tableau.

On pourrait dans l'exécution reprocher encore une sécheresse de modelé qui rend trop apparente l'étude anatomique. Si j'insiste sur tous ces défauts, c'est que je trouve
à M. Bin une science réelle et que je le crois digne d'occuper une place sérieuse parmi les peintres d'histoire, si
rares aujourd'hui.

M. Bisson. — *Fruits* (175), peints avec largeur. Excellent panneau de salle à manger.

M. Bizzoni peint avec finesse ses petits intérieurs,

mais, à l'exemple des Flamands de la déeadence, il *polit* trop sa peinture et lui donne l'aspect du marbre(176-177).

Blin (FRANCIS). — *L'Arguenon, marée basse (Côtes-du-Nord).* — Il est des artistes qui, après avoir rencontré la fortune avec une œuvre dont le succès fut retentissant, ne s'appliquent plus qu'à se rapprocher du motif et de la facture de l'ouvrage remarqué, et refont alors cent fois le même sujet, mais sans jamais atteindre à la perfection du premier tableau. D'autres au contraire, et M. Blin est du nombre, sont de hardis chercheurs toujours à la piste d'un effet nouveau. Pour eux la nature a des aperçus multiples; ils lui découvrent mille côtés variés sous un même climat. Ce qu'ils veulent reproduire avant tout, ce n'est pas la configuration exacte d'un terrain, ce sont des sensations intimes et profondes dont leur esprit se remplit en présence de la création.

Personne n'a oublié avec quelle supériorité M. Blin s'est présenté au salon de 1865 par son *Effet du soir en Sologne.* On peut dire hardiment que c'était là un chef-d'œuvre. — Aujourd'hui, à peine serez-vous resté quelques minutes devant sa *Marée basse* que vous serez empoigné par l'aspect général du tableau, car l'effet en est saisissant.

Comme il est beau ce ciel bleu avec ses légers nuages blancs que la lumière du soir vient éclairer sans le secours visible des rayons du soleil! Avec quelle harmonie cet horizon dont la profondeur ne se peut mesurer, vient se découper derrière les coteaux rocheux, où des moulins dessinent leurs élégantes silhouettes! Au pied de ces rochers la rivière serpente, ne recouvrant qu'une faible partie de son lit par un mince filet d'eau. La grève s'étend grisâtre dans presque toute la largeur du fleuve, et des pierres qui percent çà et là permettent à l'œil de sonder à distance la profondeur du gué. Des mariniers profitent de la circonstance pour recouvrir de goudron leur bateau dont les flancs sont entièrement libres des étreintes de la vague. Ils sont occupés à détruire par la flamme l'ancien enduit, aussi la fumée s'échappe-t-elle en flocons épais et s'élève rapide vers le ciel.

A gauche, les coteaux sont peuplés d'arbres verts dont les branches extrêmes ont déjà leurs feuilles roussies par le soleil d'automne, et dans le fond, au milieu de cette campagne, le bois est tellement épais, que l'air y pénètre à peine, ce qui lui donne un coloris noir d'un aspect puissant et sauvage.

Entre les deux hauteurs de droite et de gauche, passe d'un côté la rivière, et, de l'autre, une petite vallée où les arbres sont rabougris par suite de la violence des vents contre lesquels ils n'ont pas d'abri. En ce moment, le soleil les éclaire d'un dernier reflet.

Les premiers plans sont occupés par l'eau, par la grève, par les rochers recouverts d'une mousse rougeâtre qui borde le lit de la rivière, et par de riches pelouses verdoyantes.

Tous ces détails, offrant chacun un intérêt, sont fondus dans un ensemble harmonieux. Des touches nerveuses et hardies révèlent la fermeté de la brosse de M. Blin et témoignent de son habileté d'exécution, aussi bien que l'effet général que l'on reçoit de son tableau nous affirme ses qualités de composition et de profonde intuition.

2° *Côtes de Bretagne (Saint-Briac)*. — M. Blin a toujours soin de produire, à côté d'une œuvre de sentiment, un morceau de peinture où l'on trouve fortement traduites les qualités du métier. Tel était, l'année dernière, son *Moulin au Guildo*, telles sont, cette année, ses *Côtes de Bretagne.*

Ces immenses rochers de formes bizarres, d'un aspect mystérieux et terrible, sont peints avec une vigueur inouïe et se détachent de la toile pour se dresser dans l'espace. Ils occupent la partie droite et les deux tiers du tableau ; ils semblent dire à la mer en furie qui vient se briser contre leurs flancs : Tu n'iras pas plus loin.

Le temps, en effet, est menaçant, le ciel est chargé de nuages condensés qui vont bientôt se fondre en pluie torrentielle, la mer houleuse roule ses vagues qui se changent en écume en frappant les rochers. Les mouettes volent à tire d'ailes à l'approche de l'orage.

Les énormes pierres qui forment le rivage sont couvertes d'un varech vert et rougeâtre, sorte de végétation qui se rencontre en profusion dans ces endroits.

A côté de couleurs sombres et épaisses, M. Blin trouve des reflets bleuâtres et blancs d'une légèreté extraordinaire. Il naît de là un charme extrême. Ainsi, au bas des immenses rochers, et encaissée par des pierres dont la grève et la mousse se disputent la surface, une eau limpide semble dormir ; puis à quelques pas de ces mêmes roches noires, l'écume irisée des flots de la mer fait briller comme autant de perles les moindres gouttelettes de l'eau.

M. Blin est, je crois, arrivé à ce moment où l'artiste est dans toute la force de son talent. On sent chez lui la sève qui déborde. Hardi dans ses conceptions comme dans le maniement de son pinceau, il va nous donner, j'espère, une série de toiles qui toutes porteront son cachet puissamment original.

3.

M. Bluhm est peut-être un peu trop l'homme du détail. Un paysage ne demande pas, comme une figure académique, le rendu de ses moindres parties. Il réclame un aspect général large et puissant, de grandes masses d'ombres et de lumière, beaucoup d'air et de la poésie.

Si je mentionne cette faiblesse chez M. Bluhm, c'est que c'est la seule que je lui reconnaisse. Chacun de ses arbres, même les plus éloignés de nous, a ses feuilles pour ainsi dire *numérotées*, et nous les pouvons exactement compter. Mais j'apprécie énormément le talent de M. Bluhm; il est même un de mes paysagistes favoris.

Sa *Vallée d'Avallon* (185) est d'une fermeté et d'une finesse rares. Les eaux sont très-belles, et les collines fuient vers l'horizon en présentant à l'esprit de qui les regarde une poésie pleine de grâce.

Souvenirs de Courances (186) est une toile encore plus remarquable. Abritée par un massif d'arbres verts, une petite maisonnette est assise sur le bord d'une eau transparente; devant elle, s'étale une pelouse grasse et verdoyante que limite un autre fourré d'arbres au milieu duquel on voit éparses plusieurs petites chaumières. Les premiers plans sont occupés par de riches terrains où quelques pierres essaient en vain de percer l'herbe qui pousse vigoureuse et touffue. A droite de la maison est un petit arbre d'une nature différente de celle des autres et dont les feuilles rousses et noirâtres se découpent d'une façon pittoresque et charmante sur le fond vert du paysage. On rêve d'habiter au sein d'une nature si gaie, si pleine de grâce, et qui montre ses richesses avec tant de coquetterie.

Je le répète, les deux toiles de M. Bluhm ont à mes yeux

beaucoup de valeur, parce qu'elles sont traitées d'une manière tout à fait originale et qu'elles révèlent dans leur auteur un esprit fin et rempli de distinction. M. Bluhm n'a ni la poésie printanière de Daubigny, ni le vague charmant de Corot, ni l'âpreté de Blin, ni la vérité de Knyff, ni la ligne de Lanoue, de Le Cointe et des classiques, ni l'idéal que dore Nazon, ni la finesse de coloris de Courbet, mais il possède assez de qualités pour qu'on le classe parmi les paysagistes distingués.

M. Blum. — *Une affaire d'honneur* (187). Poses naturelles, bons types de soldats, de l'aisance dans le dessin et dans la peinture.

M. Bodmer. — *Bandes de sangliers sous la haute futaie* (189). La palette de M. Bodmer est puissante. Il se sert des *siennes brûlées* avec une vigueur et une sûreté de ton remarquables. Les premiers plans de son tableau sont très-beaux par la richesse de leurs couleurs. Les grands arbres dénudés qui forment le paysage ont du caractère et sont largement dessinés. La scène que l'artiste a composée avec les sangliers est très-animée et très-amusante. Au résumé, voilà une belle œuvre grande d'aspect et riche par l'exécution.

Madame Bohly. — *Fruits et fleurs* (190). Grassement peints et vigoureusement colorés.

M. Bohn expose deux toiles qui ne seront peut-être pas remarquées de la foule, elles sont pour cela trop simplement et trop sévèrement traitées, mais que les artistes, après les avoir recherchées, étudieront avec soin et avec plaisir.

M. Bohn dessine comme Cornélius, il a la ligne mystique et fine des Allemands, il peint avec une préoccupation des détails comme s'il vivait en plein moyen âge. Je ne sais pourquoi je trouve aussi dans ses peintures quelque chose d'analogue aux premières œuvres des artistes flamands, artistes religieux bien entendu. En tout cas, elles ont des qualités excellentes. Dans la *Sainte Elisabeth de Hongrie* (193), on peut admirer, outre la naïveté et la distinction du visage, des *bleus de cobalt* et des *siennes brûlées* d'une intensité et d'une harmonie remarquables. Dans la *Sainte Agnès* (194), même finesse dans l'expression, même richesse de tons extrèmement vifs et pourtant se fondant entre eux sans la moindre dureté.

Bonheur (Auguste). — *Le dormoir : arrivée du troupeau* (203), est une des œuvres capitales du Salon. En dépit des détails qui peuvent être critiqués, l'ensemble reste grand d'aspect, et un tableau qui respire la grandeur est trop rare pour que je ne prenne pas plaisir à le signaler.

Le paysage est vaste, les animaux y peuvent vivre à l'aise. Le soleil, le feuillage et l'ombre ne leur font pas défaut. La partie la plus remarquable de l'œuvre est dans le dessin, les mouvements et les expressions de toutes ces bêtes, placées dans les attitudes les plus diverses et les plus naturelles. Les deux vaches couchées sur le premier plan, surtout, sont admirables de vérité. Un calme plein de poésie règne dans tout le paysage, éclairé d'une façon plus originale et plus jolie que vraie.

On peut reprocher à la peinture un peu de mollesse dans

certains endroits. Les troncs des grands arbres principalement manquent de vigueur; les terrains sont peut-être aussi trop surchargés de détails et de reflets blancs, mais on ne peut nier que M. Bonheur n'ait une brosse d'une rare souplesse et d'un beau coloris.

Dans le *Plomb du Cantal* (204), le trait est plus serré, mais l'air circule avec moins d'abondance. Les détails fourmillent trop sur les premiers plans, et la lumière manque de franchise. En revanche, les bœufs s'avancent avec beaucoup de naturel, au milieu de la gorge qui sépare les deux montagnes.

C'est surtout par les animaux que les deux toiles de M. Bonheur se recommandent ; sous ce rapport elles sont tout à fait remarquables. L'artiste comprend et sait rendre leurs expressions, leurs mouvements si simples et si variés avec une grande précision et une agréable couleur.

Si j'ai trop accusé les défauts qui déparent, selon moi, les deux tableaux de M. Auguste Bonheur, je m'empresse de dire que je les regarde, malgré tout cela, comme les deux premiers paysages d'animaux du Salon.

M. Bonnat. — Beaucoup de gens me reprochent d'être trop bienveillant dans mon compte-rendu du Salon, et préféreraient me voir *éreinter* la plupart des œuvres exposées, sous le prétexte qu'il ne s'agit pas de complaire à tel ou tel artiste et de servir ses intérêts matériels, en ne lui nuisant pas aux yeux des acheteurs, mais bien de former le jugement des masses et d'élever autant que possible leur goût. Ce raisonnement en lui-même a du vrai et du bon. Il est évident que le but de la critique est de classer les œuvres et les hommes de telle façon que le génie, et, à dé-

faut de génie, le mérite, puisse toujours prévaloir sur l'i-
gnorance et la plate suffisance. Mais il me semble que,
lorsqu'une bonne fois on a proclamé l'absence, dans une
exposition, d'œuvres vraiment sublimes et dignes d'admiration, on doit au moins rechercher quels sont les artistes
les plus instruits, les plus intelligents, les plus travailleurs,
et fixer sur leurs travaux une attention dont ils sont bien
dignes et qu'ils ont le droit d'exiger de celui qui tient une
plume et réclame la faveur de les juger.

Ou alors, pour être logiques, il faut que messieurs les
critiques brisent leur plume et disparaissent, eux qui ne
sont certainement pas des hommes de génie et qui, toute
comparaison faite, ont pour la plupart, dans leur partie et
toute proportion gardée, beaucoup moins de talent que
ceux qu'ils doivent dénigrer.

La mission du critique ne se doit pas borner à admirer
ce qui est admirable, elle veut de celui qui l'accomplit une
grande indulgence et des encouragements pour l'artiste
studieux, elle réclame des applaudissements pour quiconque lutte suivant la plus ou moins grande portée de son
esprit, elle exige que le plus petit effort soit consigné.

Le *compte-rendu* d'un Salon, qui ne comprend pas le
quart des œuvres exécutées pendant une année, ne peut
être assimilé à une *Histoire philosophique de l'art;* il peut
s'y rattacher par des considérations générales, mais il doit
en différer essentiellement dans le détail des appréciations.
Personne ne songe à comparer la période que nous traver-
sons au siècle de Léon X ou de Louis XIV ; mais il ne faut
pas non plus, quand on se montre fervents admirateurs des
Boucher, des Teniers et des Greuze, bafouer l'art des Breton, des Brion ou des Fromentin. Il y a aujourd'hui quan-

tité de jeunes lutteurs dont les œuvres ne sont pas assez remarquées de la foule, d'autres dont les noms même sont ignorés, et qui sont au moins les égaux des Meissonnier, des Gérôme, des Plassan, à qui le temps a fait une réputation colossale et dont on se dispute les œuvres au poids de l'or.

Pourquoi vouloir, par exemple, qu'en présence de toiles comme celles de M. Bonnat, je songe à m'appesantir sur les défauts lorsque je vois des qualités si belles qui me font plaisir à louer Certes, ce *Saint Vincent de Paul prenant la place d'un galérien* (206) est peint avec une brosse rude et noire, mais n'est-ce point là une composition bien ordonnancée, tracée par une main énergique et savante ? Le dessin de chaque figure n'est-il pas puissant et les plans sûrement accusés ? M. Bonnat n'eût-il exposé que cette œuvre sévère, ne mériterait-il pas de sincères éloges ?

Pourtant, d'entre ces deux toiles, je donne et de beaucoup la préférence à la petite : *Paysans napolitains devant le palais Farnèse, à Rome* (207), une des choses les plus réussies de tout le Salon.

J'aime beaucoup les scènes intimes lorsqu'elles sont aussi simplement composées et que le sentiment y domine. Elles sortent complétement du *genre*, et deviennent des études morales où le cœur trouve une grande satisfaction en plus de l'intérêt qui découle de l'exécution matérielle.

Cette famille dont M. Bonnat nous représente tous les membres dans des attitudes diverses, suivant les âges et les instincts de chacun d'eux, me révèle tout aussi bien les mœurs des habitants de ces contrées que les habitudes particulières des individus qui sont sous mes yeux.

Le père s'est étendu sur la pierre pour goûter un moment de sommeil ; sa vieille compagne est accoudée également dans l'attitude du repos. A gauche, une jeune fille et un jeune garçon sont debout, la première plongée dans une douce rêverie, l'autre la regardant avec un sentiment de bien-être et de retenue parfaite. Un bambin de huit ans, couché nonchalamment à leurs pieds, n'aspire qu'à ce *far niente* si cher à sa race. A droite, trois jeunes filles d'une beauté sévère sont assises le long du palais. Leurs têtes d'une remarquable puissance expriment bien leur nature. Celle qui dort est magnifique d'attitude et d'expression; la physionomie des deux autres est empreinte d'une suave mélancolie et d'une profonde langueur.

La composition du tableau est excellente comme ordonnancement; les personnages dessinés avec une élégance et une justesse de pose parfaites. La peinture est ferme, le modelé très-serré et la couleur d'un éclat et d'une richesse tout à fait appropriés au sujet. Toutes ces qualités justement distribuées concourent à un ensemble harmonieux que ne dépare pas l'insuffisance de la recherche dans quelques draperies, notamment le fichu dont est coiffée l'aïeule.

M. Bonnat a certainement un des plus grands succès du Salon avec cette petite toile. Le naturel, le sentiment vague, l'aspect chaud et poétique du tableau en font un objet d'admiration de la part des connaisseurs et de la foule.

M. Bonnegrace est un de nos meilleurs portraitistes. Le portrait de *M. le comte de Flahaut* (208) est une œuvre excellente. La pose et l'expression en sont sévères ; la peinture est travaillée avec soin. L'artiste n'a rien abandonné au hasard et a fouillé son modèle jusque dans les plus petits côtés.

M. Bonvin. —Voilà un des deux ou trois réalistes militant cette année. Il fait, je vous assure, de la triste peinture. Sous ce titre : *le Café de la Grand'Maman* (210), vous vous attendez sans doute à trouver un sujet plaisant, vif, coquet à l'œil. Détrompez-vous, vous n'aurez sous les regards qu'une affreuse tête de vieille femme, ridée outre mesure, l'œil idiot, les traits communs. Ne regardez pas ses mains, la gangrène s'y est mise, elles sont comme labourées et couvertes de sillons tortueux.

Dans cette toile l'expression est nulle, rien ne vit ; le dessin est lourd, la peinture noire et désagréable.

M. Bonvin avait bien commencé, il y a une quinzaine d'années ; l'exemple de Courbet d'abord, celui de M. Ribot ensuite, l'ont perdu, je le crains bien. Le mépris que ces messieurs professent pour l'idée tuera à jamais leurs œuvres. Tout ce qui ne respire pas l'intelligence des choses de l'esprit est condamné pour le moins au silence.

M. Bornschlegel a peint avec esprit ses deux petits sujets : *le Bon Avis* (213) et *En Chasse* (214). L'expression des figures est très-naturellement et très-finement rendue.

M. Bosquier. — *Fruits* (215) groupés avec art et d'une belle coloration.

M. Boudin est un pâle imitateur de Le Poittevin. Il arrange bien sa scène, mais il pêche par une grande monotonie des tons. *La plage de Trouville* (223) et *la Réunion sur la plage* (224) forment deux tableaux absolument semblables d'aspect.

Bouguereau. — Tandis que tant d'artistes développent sur leurs toiles des sujets élevés, sans pouvoir donner à leur peinture l'aspect grandiose ou simplement sévère qu'ils comportent, M. Bouguereau, dans des compositions de genre, sait montrer un grand style et prouver qu'il a acquis toutes les qualités d'un homme nourri par les traditions et possédant les plus excellents principes.

Ses deux grandes toiles exposées cette année représentent à peine le quart de son travail pendant un an, et pourtant on les dirait le fruit d'une étude profonde et patiente, tant elles sont conçues avec soin et peintes d'une main qui ne semble vouloir rien laisser au hasard.

Convoitise. — Le bois est peuplé d'arbres élevés; sur la gauche, par une large échappée, on aperçoit le ciel bleu intense de l'Italie. Une jeune femme descend de la colline et s'achemine vers la ville avec son tambourin, elle porte sur son bras son enfant. D'une main le marmot tient sa mère par le cou, de l'autre il presse contre sa petite poitrine une grappe de raisin avec laquelle il se promet de faire un véritable festin, et qu'une chèvre, compagne de leurs jeux comme de leurs travaux, semble convoiter avec ardeur. La bête, en effet, a levé le museau, et, haussée sur l'extrémité de sa jambe, elle hume pour ainsi dire l'odeur que répand le moindre grain. Le pauvre enfant ne sait trop s'il doit rire ou pleurer; on voit bien qu'il se sent abrité sous l'aile maternelle et qu'il a confiance dans celle qui le protége, mais il connaît probablement la gourmandise de la chèvre et sa dextérité. La jeune femme se fait un amusement de cette crainte enfantine; son sourire doublement expressif montre combien elle est habituée à voir de semblables scènes.

M. Bouguereau a largement traité ce sujet intéressant.

Son dessin est d'une justesse parfaite ; il semblerait que d'un seul trait de crayon il ait arrêté sa composition. Le détail ne s'y aperçoit qu'à la suite d'une étude raisonnée ; l'arrangement général est tellement combiné que chaque partie se fond dans un ensemble précis. C'est là une force dont le savoir et l'expérience ont seuls le pouvoir de gratifier l'artiste.

Le coloris est excellent. On trouve principalement dans les joues, l'épaule, la cuisse droite et le pied droit de l'enfant des teintes lumineuses d'une netteté et d'une tendresse délicieuses dont M. Bouguereau n'avait point, jusqu'ici, trouvé le secret. La coloration de la mère, une brune créature dorée sous le climat romain, tranche vigoureusement à côté de cet enfant aux chairs rosées. Tout cela modelé avec une fermeté et une souplesse extrêmes et entouré d'accessoires qui en font valoir les moindres mérites.

La mère porte une jupe d'un violet un peu sombre, ce qui n'attire pas les yeux et leur permet de se reporter sur la partie principale du tableau. Sa chemisette aux plis épais est peinte avec ce blanc mat particulier aux élèves de la villa Médicis. Là, point de ces couleurs prétendues *chaudes*, qui tuent les tons qui les entourent, mais un blanc bleuâtre, absolument semblable à celui de la toile et dont l'éclat n'a qu'une valeur relative et reste l'expression de la vérité.

Une ceinture rouge et verte, partie essentielle du costume du pays, sépare avec accentuation et aussi relie avec harmonie les deux nuances si différentes de la jupe et de la chemise. Les fonds sont tracés avec grandeur et peints avec beaucoup de solidité, tels qu'ils sont indispensables à une peinture d'un caractère aussi élevé.

Première caresse. — Comme pendant à cette scène rustique, M. Bouguereau expose une scène d'intérieur plus gracieuse encore, plus finement colorée peut-être, et tout aussi vigoureuse. Une jeune femme, une Italienne également, mais aussi blonde que l'autre est brune, a quitté la quenouille qu'elle était en train de filer, pour prendre dans ses bras son petit enfant qui, par ses cris, vient de lui réclamer une caresse. Le bébé rose et blond, mollement étendu dans les bras de sa mère, s'abandonne avec grâce aux jeux de son jeune âge ; il élève sa petite main pour pincer la joue de la jeune femme, qui sourit d'aise devant cette précieuse marque d'amitié, puis de l'autre tient une orange dont la couleur d'or jaunit davantage, si je puis parler ainsi, à côté de la carnation si tendre du nouveau-né.

Même entente de la composition, même style plein de largeur, même correction de dessin que dans le premier tableau, sinon plus de grâce, peut-être plus de finesse. Le coloris, sans être plus vif, est plus lumineux. On admire le jeu des pieds et des mains de l'enfant, qui s'agitent sans confusion, l'expression distinguée de la mère, la grâce de sa pose et l'ajustement simple et coquet de sa mise : chemisette blanche, jupe verte, ceinture rouge, tablier bleu foncé, toutes couleurs favorites des grands maîtres de l'Ecole Romaine.

M. Boulangé (Louis). — *Une lisière de forêt dans les Ardennes* (227) est un paysage assez pittoresque ; les premiers plans offrent de la solidité, la masse des arbres est d'un vert trop dur et criard.

On retrouve la même solidité dans *Sous bois* (228), avec quelques jolis effets de tons dans les feuillages.

Boulanger (Gustave). — Il est vraiment pénible de

voir des journaux livrer leurs colonnes à certains individus qui, vivant sans doute continuellement entre deux bocks de bière, au milieu de rapins échevelés, n'ont aucun sentiment de l'art et bavent sur tout homme dont le goût est distingué et l'esprit chercheur. Ces petits messieurs, repus de prétentions, pardonnent à Raphaël d'avoir idéalisé la nature, à Ingres, d'avoir, disent-ils, *copié* les camées grecs, à Flandrin d'avoir cherché, disent-ils toujours, chez les prédécesseurs du Sanzio des éléments de succès; mais avec ce dernier meurt *heureusement*, suivant eux, l'école classique, qu'ils trouvent absurde.

Baudry, Barrias et Cabanel sont pour eux des gâcheurs de peinture, sans aucune espèce de valeur, et, s'ils osaient, ils traiteraient Lévy, Moreau, Boulanger et Gérôme de pauvres idiots.

Ils vous disent, du reste, *carrément* ce qu'ils entendent par l'art : ce n'est ni l'instinct de l'idéal, ni la recherche du beau, ni le sentiment de la poésie, ni la grandeur morale révélée, c'est le VRAI, la NATURE, ce qu'on *voit* tous les jours.

Sans doute, mettre sous nos yeux l'image de la réalité est un grand mérite ; mais ce n'est pas le plus grand. Il n'est pas inutile de s'expliquer à ce sujet.

Si l'on jugeait ainsi tous les arts, le *Lac* de Lamartine serait inférieur au *Spleen* d'Aurélien Scholl, et la *Sémiramide* de Rossini pâlirait devant la *Femme à barbe*.

C'est là d'ailleurs justement ce que veulent ces prétendus *hommes forts*. Habitués à laisser leur esprit marcher terre à terre avec les tristes réalités de leur vie mesquine, ils oublient la leçon d'Ovide : *Os sublime dedit...* et ne comprennent aucune des nobles aspirations dont l'homme a seul reçu de Dieu la libre possession ici-bas.

Le mot *art* en lui-même ne signifie point déjà la traduction pure et simple de la réalité. Bien au contraire, il exige de celui qui le cultive la somme entière de ses facultés intellectuelles, facultés qui n'ont été départies qu'à lui seul sur la terre et qui constituent sa supériorité sur les autres êtres créés.

Qu'un paysagiste soit plus grand d'autant qu'il est plus fidèle reproducteur de la nature, cela se concevrait jusqu'à un certain point (si encore Claude Lorrain, le Poussin et au-dessous d'eux Watteau, Corot, etc... n'étaient pas là pour protester), parce que la nature, toute vivante qu'elle est, n'est jamais plus imposante que lorsque la main de l'homme ne l'a pas modifiée. Mais l'homme n'est vraiment le roi de la création que par son âme et ses sentiments. Sa constitution physique est pauvre comparativement à celle de bien d'autres êtres. Ce n'est donc pas seulement son corps qu'il faut reproduire, mais ce sont surtout les qualités de son cœur et de son esprit qui se montrent dans les actes de sa vie.

Donc l'artiste qui fait revivre sous notre pensée une grande idée morale, celui qui retrace avec son pinceau un fait historique, celui dont l'esprit inventif se révèle par une peinture ingénieuse, ou qu'un goût délicat force à choisir le beau et à rejeter le laid ; celui encore qui, ne tenant compte que de l'esprit de son sujet, le revêt à sa manière sans se préoccuper de tromper l'œil, ne visant qu'à satisfaire aux besoins de l'intelligence ; celui-là, dis-je, dépense plus d'invention, plus d'observation, plus de savoir, est mieux doué, en un mot, que le peintre amoureux de la forme sans distinction, qui met sa gloire à remplacer le miroir, à refléter le hideux et à faire revivre la brute.

Aussi ce n'est pas moi qui jetterai la pierre à cette école

dont M. Gustave Boulanger est un des plus précieux représentants. Certes, les œuvres qu'elle enfante ne découlent point de la source féconde où j'aime à m'abreuver, mais elles sont le produit d'un esprit distingué, d'un goût épuré, d'une recherche pleine de sagacité, et procurent pour la pensée aussi bien que pour l'œil une très-agréable récréation.

Prenons donc le bien partout où nous le rencontrons. Admirons les vrais réalistes qui s'ingénient à trouver le *ton exact* de la nature; mais admirons aussi et surtout les poètes, les penseurs, et ne dédaignons pas les *arrangeurs* qui s'appliquent à embellir la création.

Ainsi, dans sa *Catherine Ire chez Méhémet Baltadji* (229), la reine peut ne pas paraître discuter le traité du Pruth, comme l'indique le livret; d'autre part, ses mains trop petites et maniérées n'ont pas le mérite d'être en chair et en os; on n'y voit pas le sang circuler et y distribuer la vie, mais la scène est très-joliment composée, les physionomies des personnages sont très-piquantes, et l'arrangement des costumes d'un goût parfait. L'aspect général de la toile est saisissant par son originalité. Je défie bien qui que ce soit, artistes, amateurs, ou gens de la foule, de ne pas s'arrêter devant, et je maintiens qu'après quelques minutes d'attention mille détails charmants auront captivé l'intérêt de l'observateur.

L'éclat des couleurs, leur variété, la manière dont elles sont harmonieusement distribuées, prêtent une apparence de richesse extraordinaire aux soieries, aux tapis, aux étoffes de toutes natures, et font ressortir la blanche figure de Catherine et les visages bronzés de ceux qui l'entourent.

Une marchande de couronnes à Pompéi (230) est une ravissante petite toile. On ne sait laquelle est la plus jolie des trois jeunes filles qui achètent les fleurs. Est-ce la blonde qui attache avec tant de grâce la couronne sur sa tête, ou la brune piquante qui se baisse pour faire un choix et dont la poitrine est magnifique? Les quatre personnages, les accessoires, les fonds, toute la scène en un mot respire un parfum de jeunesse et de fraîcheur délicieux.

M. Boulanger (Louis), dans « *Vive la joie!* » a trop cherché à rappeler le fameux *Massacre de l'évêque de Liége* d'Eugène Delacroix. Il a disposé à peu près pareillement ses personnages, mais il n'a pas su éclairer sa scène avec la même autorité. Il n'y a point là non plus cette fougue, cet entrain qui devait régner dans la Cour des Miracles, telle que Victor Hugo l'a si splendidement dépeinte dans *Notre-Dame de Paris* et que M. Louis Boulanger a eu l'intention de reproduire.

Dans le *Concert Picaresque*, la scène est assez animée, mais le coloris est terne comme dans le premier tableau.

M. Bourgoin a exposé avec *une Bacchanale* (238), très-faible toile qui n'intéresse pas, une autre composition, *Catulle et Lesbie* (239), où je trouve d'excellentes qualités. Les deux personnages sont bien posés, d'une figure agréable, bien qu'un peu mate de coloration. Certaines draperies roses et jaunes sont surtout peintes avec une finesse très-appréciable.

M. Bouterwek compose très-joliment. Sa *Jeune fille d'Atma* (242) et sa *Dorothée*, d'après Cervantes (243), forment d'agréables petits sujets où l'expression des physionomies et la finesse des touches sont habilement traduites.

M. Boutibonne. — Il est bien fâcheux que le *portrait de madame E..... S.....* (245) soit noyé dans une mer de bleu qui éloigne les regards, car c'est une œuvre très-bonne sous bien des rapports. Mais M. Boutibonne a fait mieux que cela. Le *portrait de madame H.....* (244) est sévère de ligne et de couleur. Le dessin est généralement pur et le modelé bien accusé. Les accessoires traités avec vigueur font ressortir la tête fine et expressive de la jeune femme.

M. Boyer a le sentiment de la mythologie. Son *Offrande à Pan* (248) est une jolie étude classique.

M. Boze jette une couleur un peu terne sur les sites de l'Algérie, mais dans sa *Vue d'Oran* (249) la perspective est bien rendue et l'aspect a du cachet. Si M. Boze étudie un peu M. Berchère, il acquerra vite les qualités de coloriste qui lui manquent et qui dans ces sortes de sujets contribuent beaucoup à l'impression générale.

M. Brandon n'est pas en progrès, il s'en faut de beaucoup. *Le baiser de la mère de Moïse* (253) est une composition entièrement manquée. La pose de la jeune femme est tourmentée et même impossible ; la distance des genoux aux pieds est trop courte : il en résulte une ligne disgracieuse. L'expression de la tête est celle d'une femme endormie. L'enfant est beaucoup trop long et sans physionomie. La jeune fille qui tend les bras tord ses mains d'une manière exagérée et sans nécessité : elle est mal dessinée ; ses hanches sont brisées. Décidément M. Brandon a oublié s premiers principes du dessin. Tout est cherché et faux de mouvement dans cette toile : les plis des vêtements sont mal accusés; on ne pourrait suivre dessous aucune charpente humaine. Il y a bien par-ci par-là quelques qualités de couleur, mais cependant le manque de lumière empêche de les apprécier.

Le Sabbat (254) est une toute petite toile plus fermement peinte. Toutes ces têtes de Juifs sont expressives et bien groupées dans le cadre. On voudrait un peu moins de monotonie dans le coloris, plus harmonieux cependant que celui du premier tableau.

M. Brémond cherche trop à reproduire M. Ingres. Il n'en a ni le style ni la pureté des lignes. Les figures de ses *Vertus* ne sont pas belles. L'ensemble général des deux tableaux m'a laissé froid.

M. Brest tient la première place cette année comme peintre de la mer. Sa *Vue du Grand-Canal, à Venise* (258), est une œuvre charmante, que Canaletti eût signée. La ville est assise avec grâce sur l'eau, et la perspective se déroule variée et pleine d'harmonie. Les gondoles peuplées de travailleurs remplissent le canal. Mille couleurs chatoyantes brillent avec éclat et se fondent dans un aspect général riche et sans dureté.

Le Kieff de Roumélie Issar (259) n'est pas moins remarquable. Le Bosphore est couvert de petits canots d'une rare élégance qui entourent un grand bâtiment de mer. Chacune de ces barques est remplie de monde. Toute la toile est baignée dans une vapeur ardente d'un soleil comme Claude Lorrain aimait à les faire. M. Brest a su donner à ses eaux une transparence extrême, et à l'ensemble de son tableau une poésie pleine de chaleur. Dans chacune de ses deux toiles il a su parfaitement reproduire la nature si différente des deux climats.

M. Breton (Emile) tient cette année d'une façon certaine la médaille qui lui a échappé l'année dernière. Son *Etang* (260) est une œuvre de maître, une de ces productions qui classent un artiste. La nature y est traduite avec une sévérité de lignes imposante, une poésie pénétrante et une vérité parfaite. Devant ce rideau d'arbres d'un vert intense, l'eau s'étale dormante et couverte de plantes aqueuses. Il semble que l'on y entende la grenouille croasser et ces mille bruits de la nature qui ne se produisent qu'au sein du calme le plus absolu. Les lointains s'enfuient et se perdent sous les regards charmés par la beauté des lignes et l'harmonie des tons. Les terrains qui enferment l'étang sont gras, riches et peints avec une solidité remarquable.

Si vous restez quelque temps devant ce paysage, votre esprit se laisse captiver par le charme qui en découle ; vous croyez être retiré au fond d'une belle solitude et entendre un délicieux motif de la grande symphonie de la création. Or, cette pénétration des mystères d'en bas est une faculté qui n'est donnée qu'aux esprits délicats et aux penseurs ; elle classe suivant moi celui qui la possède dans la région supérieure de l'art. M. Emile Breton n'est pas seulement poète, il possède sa palette et rend d'une main assurée et puissante tous les détails qui se présentent sous son pinceau. Désormais, le voilà comme M. Blin l'objet de tous les regards. Ces deux jeunes artistes pourraient bien être les grands paysagistes de l'avenir.

Mademoiselle De Brienne (LOUISE) a le sentiment de la pose. Il convient de mentionner sa *Fin de Noël* (263), comme une œuvre étudiée et délicate.

M. Briguiboul s'est posé en 1863 comme un peintre d'histoire hardi et déjà savant. Il a voulu cette année risquer la partie en choisissant comme sujet une de ces grandes compositions qui ne peuvent être traitées d'une façon satisfaisante que par des artistes de race. A-t-il réussi? Je ne le crois pas, mais sa tentative est de celles qu'on encourage parce qu'elle dénote un esprit osé et tout entier aux exigences de l'art sévère.

Le Combat de Castor et de Pollux contre Idas et Lyncée (265) est une de ces luttes comme on aimait à nous en retracer au commencement de ce siècle. Elle permet de développer une connaissance approfondie du dessin, une souplesse de mouvements et un sentiment dramatique qui, bien rendus, mériteraient à leur auteur l'estime des connaisseurs.

M. Briguiboul a mis de l'entrain dans son combat; mais ses personnages, d'une longueur démesurée, manquent de force. Bien dessinés, ils n'ont pas d'ampleur. La peinture en est molle et d'un ton peu agréable. Il eût mieux fait de diminuer de moitié la grandeur de sa toile. Ramenés aux proportions de la nature, ses héros eussent été plus vigoureux, et l'on eût pu davantage se rendre compte de leurs efforts. Malgré cela, je le répète, chez un jeune homme, cette tentative est bonne, et M. Briguiboul ne se repentira pas de l'avoir risquée, parce qu'il en aura dû nécessairement profiter au point de vue de l'anatomie dont il lui a fallu faire une étude complète.

Le *Portrait* (266) exposé par cet artiste a les défauts et

les qualités que je viens de signaler dans son grand tableau. La peinture en est un peu plus sèche et le coloris aussi terne, mais la ligne y est arrêtée avec savoir, la tête et les mains sont très-bien dessinées, et la personne est parfaitement posée dans la toile.

M. Brillouin n'est pas à beaucoup près aussi fort que l'année dernière, surtout dans sa *Scène de tripot* (267). Son blessé est posé lourdement. Dans *Passe-temps d'amateur* (268) on retrouve davantage son talent d'observation et la sûreté de son pinceau. L'habit est d'un très-beau ton et parfaitement ajusté au corps. Mais il n'y a pas dans le faire général assez d'originalité. On y sent l'effort pour se rapprocher de Meissonnier.

M. Brown (John-Lewis), si remarqué l'année dernière par l'éclat de sa couleur, est en progrès très-sensible cette année. Son *Ecole du cavalier, artillerie de ligne* (274), vaut j'ai le courage de l'affirmer, les bonnes toiles de M. Meissonnier. La composition y est aussi bien entendue, le dessin tout aussi précis, la connaissance du cheval et du cavalier tout aussi grande. On y sent la même observation fine et délicate, la même aptitude à faire grand sur une petite toile, et de plus peut-être on y trouve un coloris brillant qui a beaucoup de charme.

Dans ce genre, M. Lewis Brown peut être le premier et laisser un nom original même après Meissonnier, car si j'ai constaté un point de rapprochement, je n'entends pas dire par là qu'il y ait imitation.

L'Auberge du grand Saint-Hubert (275) n'est pas un tableau aussi complétement réussi. Dans une cour intérieure

4.

des chasseurs ont mis pied à terre ; des maréchaux ferrent un des chevaux. Les chiens en liesse poursuivent les volatiles effrayés, une voiture entre par la grande porte, amenant les autres disciples de saint Hubert qui viennent sans doute prendre un frugal repas. Il y a beaucoup d'animation dans cette petite toile. Les chevaux et les chasseurs sont peints avec l'élégance et l'éclat que, d'ordinaire, M. Lewis Brown sait donner à ses personnages. L'architecture des galeries en bois qui serpentent tout le long du premier étage dans la cour est très-belle et d'une ligne très-mouvementée et très-pittoresque. Mais les toits et les murailles ne sont pas peints avec assez de vigueur, les murs ont l'air d'être lavés, on les dirait faits de terre glaise. La plaine et le grand air conviennent mieux au pinceau de l'artiste, il sait répandre de l'air dans ses ciels autour de ses figures ; ici, au contraire, on étouffe un peu.

Au résumé, l'exposition de M. John-Lewis Brown est remarquable et lui vaudra certainement une nouvelle médaille.

Madame Browne (Henriette). — *Le portrait de madame H. d'O.....* (278) est empreint d'une grâce extrême, due à la grande simplicité avec laquelle il est traité. Une jeune femme, d'une physionomie pleine de douceur, vêtue d'une robe de soie noire unie, une violette à la poitrine, un nœud de velours très-étroit autour d'un petit col blanc très-peu montant, et un ruban bleu caché en partie dans la chevelure. Les mains reposent sur les genoux, l'attitude est naturelle et gracieuse. C'est ainsi qu'Hippolyte Flandrin aimait à faire ses portraits. L'exécution est conforme à l'ordonnancement; une peinture légère, un modelé finement travaillé, une couleur douce et harmonieuse.

M. Brun a deux toiles : *Une rue de Constantine* (279) et l'*Improvisateur* (280), qui renferment d'excellentes qualités de peinture.

M. Busson. — Le paysage de M. Busson : *Retour du garde-chasse* (295), est certainement un chef-d'œuvre ; on ne saurait mieux traduire les impressions de la nature. Au fond d'un grand bois est une petite chaumière habitée par un garde-chasse et sa famille. On est en novembre, le jour est tombé, et la nuit enveloppe déjà les grands arbres d'un voile noir transparent. La petite maisonnette serait plongée dans les ténèbres si la porte entr'ouverte ne laissait passer une faible lumière que porte une femme, la maîtresse du logis. C'est l'heure où son mari revient de sa tournée, elle a entendu ses pas résonner sur la terre et elle vient au devant de lui. Le voilà, en effet, harassé de fatigue et heureux de rentrer au logis, son chien le suit. Ils vont arriver bien tôt, et tout autour d'eux répond du calme qui protégera leur sommeil.

M. Busson a rendu avec une vérité remarquable le silence des grands bois et le froid qui vous saisit pendant les premières nuits d'hiver. Aucun détail ne vient exciter un intérêt partiel, tout se fond dans un ensemble saisissant de grandeur. Qu'on vienne me parler après cela du *naturalisme* et de cette école qui ne peut ressentir les impressions de l'esprit et veut les subordonner à une détestable reproduction de la matière. Un tronc d'arbre bien imité ne constitue pas un paysage. Autre chose est de faire une étude ou de composer un sujet.

Si vous voyagez, ce n'est pas pour voir des arbres inconnus ou des pierres de telle ou telle couleur, c'est pour goûter l'imprévu de sites pittoresques, pour embrasser d'un coup d'œil une vue de pays qui jette en vous mille idées charmantes. Peu vous importe si tel arbre est un chène ou un marronnier, pourvu qu'à son aspect vous sentiez en vous une sensation de plaisir. M. Busson est aussi près de la nature que tous les naturalistes sous le rapport du rendu des détails, et il est bien plus vrai qu'eux dans l'ensemble du paysage.

M. Cabaillot-Lassalle. — *La mariée* (298) est une jeune fille qui contemple avec une délicieuse apparence de contentement et de pudeur les bijoux que son fiancé a mis dans sa corbeille de noce. Le tableau est simplement arrangé et rempli de jolis détails dans les accessoires. Un peu plus d'éclat dans la couleur augmenterait de beaucoup la valeur de cette toile gracieuse et agréable.

M. Caraud (JOSEPH) représente toujours avec le même bonheur les scènes d'intérieur. On retrouve dans toutes ses toiles cet esprit charmant qui guide une main sûre et délicate. *La fête de la Convalescence* (314) est une de ses plus agréables productions.

La jeune femme, vêtue d'un long peignoir blanc, est assise dans un long fauteuil, la tête appuyée sur un oreiller. On a ouvert devant elle la porte qui mène au jardin afin d'égayer sa vue et de lui faire entrevoir qu'elle pourra bientôt profiter des délices du printemps. Elle tourne ses regards vers son mari qui lui offre une rose. Sa figure, qui porte encore les traces de la maladie, s'illumine de joie. A ses pieds une jeune fillette de sept ou huit ans, l'aînée de ses enfants, lui présente quelques fleurs, et de l'autre côté la servante pousse un petit garçon tout timide et qui ne sait comment donner à sa mère l'énorme bouquet qu'on lui a mis entre les mains. Par derrière, une autre jeune femme, la garde-malade sans doute, sourit en contemplant cette fête de famille.

Un sentiment de douce ivresse se dégage de toutes ces figures. Chaque personnage apporte à l'ensemble sa note harmonieuse. Le fond du tableau et les accessoires sont de nature à rendre la scène joyeuse. Ce jardin qu'on entrevoit est d'un très-bon effet.

Il semble que M. Caraud ne veuille pas qu'on oublie qu'il est le peintre par excellence des boudoirs. *Le Lever* (315) est là pour continuer la série de ses sujets d'alcôve. Personne ne connaît mieux que lui les petites occupations de la femme coquette. Qu'il la prenne au lever, au bain, à la toilette, à la conversation ou au coucher, il n'oublie jamais de nous révéler ses moindres habitudes. Il meuble si joliment une chambrette, sait si bien mettre sur le guéridon, l'éventail, le flacon, le roman et le billet doux. Il n'oublie jamais le petit chien havanais de rigueur, et fait la servante leste et fine comme Martine ou Lisette. Rien de tout cela n'est omis dans *le Lever*, qui ferait certainement la joie de quelque bon bourgeois tout aussi bien que l'agrément des artistes.

M. Castan (GUSTAVE) est un artiste dont les œuvres sont nouvelles pour moi comme pour bien d'autres. Il a pu exposer à Paris, mais je ne me souviens pas avoir jamais rien vu de lui. Dorénavant je ne l'oublierai plus et le chercherai dans la foule. Ses deux paysages, un surtout, sont magnifiques et dénotent un remarquable talent.

Le premier, *Souvenir de la Creuse* (326), est d'un ton doux, d'un dessin fin, d'un aspect poétique. Il est composé avec savoir et rempli d'élégance.

L'autre, *Une lisière de forêt* (327), a plus de nerf, plus d'ampleur. Il est plus sévère, plus grassement peint et plus original. Il représente une route qui borde un bois, et dont les terrains défoncés sont sillonnés par les roues des lourdes charrettes. Le massif des arbres de la forêt est vigoureusement coloré. Les premiers plans sont largement peints; les horizons sont pleins de grandeur. C'est un fort beau paysage, éclairé d'une façon magistrale et respirant la force. M. Castan est désormais classé parmi les meilleurs paysagistes du moment.

M. Cesson, dans son *Giotto enfant* (349), cherche toujours la tradition, et s'en inspire avec bonheur. Les jambes de l'enfant ont un galbe assez pur, et l'attitude générale est d'une jolie simplicité. M. Cesson est dans une très-bonne voie.

M. Chaigneau connaît les instincts et les habitudes des moutons. Il sait reproduire avec exactitude leurs mouvements variés. Ses deux toiles (355 et 353) sont de chauds paysages où les animaux tiennent toujours le premier rôle.

M. Chamerlat expose, avec une *Baigneuse* (355), un excellent *portrait* d'homme (356) bien posé, étudié avec soin et d'une couleur agréable. Il est fâcheux que l'on y puisse reprendre un peu trop de sécheresse dans le modelé.

M. Chaplin, quand il se fait peintre décoratif, est toujours bien inspiré. Il a une transparence et des couleurs d'une finesse charmante. J'aime beaucoup son panneau décoratif du *Rêve* (360). Les jeunes filles sont gracieuses d'attitudes et d'expression, et les petits amours d'un coloris délicieux. *Le portrait en pied* de madame M... (361) est très-noble de pose, la robe blanche est traitée de main de maître. Les parties nues trahissent un peu le peintre de décors et manquent de solidité.

M. Charpentier (AUGUSTE). — *Le portrait de M. F...* 370) est dessiné avec ampleur et modelé avec fermeté. On ne lui peut reprocher qu'un peu d'abus du noir, principalement dans la chemise et le col. Ce défaut gâte l'harmonie, mais ne m'empêche point de trouver le portrait très-remarquable.

Mme De Chatillon (LAURE) expose une *Sainte-Famille* (381) assez joliment composée. La Vierge porte sur son bras l'enfant Jésus tenant à la main une grappe de raisin qu'il vient de cueillir ; saint Jean lui offre quelques épis de blé.

Le tout est bien dessiné, simplement peint et d'un ton doux et agréable.

M. Chautard mérite qu'on mentionne sa *Mise au tombeau* (382). Ce tableau dénote des études sérieuses, mais manque d'originalité. Les expressions dramatiques y sont outrées, et les vêtements des personnages rappellent trop le faire classique outre mesure de M. Lehmann.

M. Chavet. — *Le Repos dans l'île* (386) est une œuvre

tellement microscopique qu on ne peut l'examiner qu'avec fatigue. Les petits personnages en sont peints avec un coloris charmant et une grande finesse de touche. Le paysage est un peu lourd et l'aspect général pèche par la crudité. M. Chavet a fait et fera mieux que cette jolie petite toile. C'est un des maîtres ordinaires du genre ; on a le droit de lui demander plus qu'à beaucoup d'autres.

Le petit portrait (387) a de très-grandes qualités. La tête est superbe ; les mains pourraient être plus étudiées.

M. Chazal expose deux bons portraits (388 - 379) savamment travaillés et qui ne pèchent guère que par l'abus des glacis.

M. Chevandier de Valdrome nous transporte au sein de la Provence, dans la vallée des *Lauriers-Roses* (393). Voilà bien la traduction fidèle de ce riche pays. Les eaux ont beaucoup de transparence, les arbres et les fleurs s'y reflètent avec grâce. On regrette de ne pas y voir un rayon de soleil pour dissiper la monotonie des couleurs.

Le même défaut de crudité est plus sensible dans la marine *Entre Toulon et Nice* (394). Les bleus de la mer et les ocres des rochers sont d'un ton exagéré comme éclat. mais on trouve encore dans cette toile la ligne correcte et élégante de M. Chevandier.

M. Chibourg. — Des deux paysages de M. Chibourg, l'un, *les Bords du Loing*, près de Nemours (395), est une œuvre ravissante sous le rapport de la fraîcheur. Il est impossible de faire quelque chose de plus gai et de plus vrai en même temps. C'est d'une clarté et d'une réalité admirable. Un peu plus de poésie, et M. Chibourg sera un grand paysagiste.

M. Chifflart ne tient décidément pas les promesses qu'il nous a faites avec son prix de Rome. Depuis son retour, il n'a produit aucune œuvre assez remarquable pour lui faire un nom comme ses camarades en ont su acquérir un. MM. Giacomotti, Levy, Henner, etc., sont déjà célèbres, et M. Chifflard, qui les a précédés, est resté de beaucoup en arrière sur la route de la renommée.

Il y a certainement du talent dans son *Etude* (397) ; mais la pose est cherchée, les raccourcis de la jambe droite et du bras gauche sont vilains à l'œil. En revanche, le torse est très-bien construit et vigoureusement modelé.

Le *portrait de madame C*....(398) est largement tracé, un peu noir peut-être, mais l'exécution révèle une véritable force.

M. Chifflart peut davantage, je serais heureux de le voir produire des œuvres plus complètes.

M. Chintreuil est un réaliste de la bonne source. Il ne s'abreuve qu'à la nature et y puise de très-belles inspirations. Jusqu'à ce jour, il ne m'avait pas positivement gagné à sa cause, je lui trouvais je ne sais quoi d'incorrect, d'incomplet, de commun même. Je voyais dans ses œuvres plutôt des *tendances* que des *recherches*. Je ne sais pas si vous saisissez bien la nuance que je veux établir : les *tendances* sont toujours mauvaises ; elles prouvent un manque de libre-arbitre ; les *recherches*, au contraire, même lorsqu'elles n'aboutissent pas, sont recommandables...

M. Chintreuil va me servir par ses deux œuvres mêmes

à expliquer ma pensée. Sa toile n° 339 : « *Le soleil boit la rosée du matin*, » est une tendance à copier servilement ce qu'il a vu. Je ne l'aime pas. Les arbres sont trop élevés et nuisent aux premiers plans très-souples et très-gras comme peinture. Mais, j'aime beaucoup sa *Campagne par un temps de giboulée* (400). Au premier abord, cela ne dit rien, ça déplaît même, on se demande à quoi bon ces terrains nus et ces quelques arbres alignés; on va passer outre, mais en s'éloignant, un remords vous empoigne. On se dit : je ne vois rien là, et pourtant c'est trop un *parti pris* pour que je ne l'étudie pas. Il ne faut jamais laisser sans réponse les œuvres originales, on doit de toute nécessité les louer ou les blâmer. Passons sans mot dire devant le copiste même intelligent, mais pour l'homme d'initiative, tenons-nous ferme en sa présence. Il peut tout aussi bien servir au bien qu'engager à faire le mal. Rangeons-nous de son côté, s'il est dans le bon chemin, arrêtons-le s'il prend une mauvaise route.

Je suis donc revenu devant le tableau de **M. Chintreuil.** J'y ai vu une nature morne et triste, je l'ai regardée d'abord avec assez d'indifférence, puis, peu à peu, je m'y suis habitué, enfin, a force de m'identifier avec l'idée de l'artiste, j'ai cru voir les nuées nébuleuses se séparer; un rayon de soleil très-faible a percé, et, en suivant ses rayons, j'ai aperçu les champs qui s'éclairaient; la plaine m'est alors apparue moins triste, les reflets des aspérités du torrent ont pris une forme poétique, il m'a semblé que j'étais bien dans la campagne. Voilà, en effet, la plaine labourée, le mince ruisseau qui coule, le rideau d'arbres qui arrête l'horizon. C'est bien là le mois de mars avec ses giboulées. La nature est triste, et pourtant la terre est déjà couverte de ses premiers produits.

Quand donc verrons-nous le ciel pur, et pourrons-nous, sans crainte des pluies et de la grêle, visiter nos moissons ? C'est étonnant comme plus je contemple ce paysage, plus je suis satisfait. Ce n'est pas un coin de terre, c'est la campagne tout entière, traduite avec un sentiment profond de vérité.

M. Chintreuil a évidemment l'esprit remué par les grandes choses de la création, et son pinceau habile et souple lui permettra certainement de prendre une place à part dans le paysage contemporain. En attendant, je proclame sa *Campagne par un temps de giboulée* une œuvre grande par l'idée et puissante par l'exécution.

M. Cibot n'est pas de la même école, c'est un paysagiste classique. Il rend finement et poétiquement la nature, mais sans autant de grandeur. *La vallée de Sceaux* (404) et la *Vue prise près de Beaulieu* (405) se distinguent surtout par la délicatesse des touches.

M. Cicéri suit encore une autre voie, il peint finement aussi, mais il est plus *réaliste* et plus original dans le choix de ses motifs. *Un temps de pluie* (406) est une jolie petite toile, les barques sont disposées d'une façon tout à fait charmante, et l'effet de l'eau par un temps de pluie est très-vrai.

Je préfère peut-être encore : « *Où vous voudrez* » (407), une petite rivière qui coule entre deux rangées de saules. Le ton en est très-tendre et très-agréable, et la composition fort ingénieuse.

M. Clairin expose un tableau outré de sentiment, d'un dessin tourmenté, et d'une couleur qui cherche à se rapprocher de Delacroix. Puisqu'on lui a fait les honneurs du grand Salon, il faut au moins que je le nomme, cela s'appelle : *Épisode du conscrit de* 1813. Comme c'est loin du style simple et si empoignant de MM. Erckmann-Chatrian !

M. Claude (EUGÈNE) a envoyé *deux natures mortes* (409 et 410) vigoureusement peintes.

M. Clément ne soutient pas la réputation que lui fit son *Étude nue* qu'il envoya de Rome. Dans ses deux toiles (411 *bis* et 411 *ter*), il y a de la force et de la science, mais cela laisse très-froid.

M. Colla possède une brosse large et énergique. Ses *Environs de Saint-Marcel* ont de remarquables qualités de peinture.

M. Compte-Calix est moins intéressant que d'habitude. *En forêt* (436) et *le Soir* (437) n'ont pas cette poésie vague que presque toujours il sait répandre dans ses toiles. L'abus des glacis y est aussi plus sensible que jamais.

M. Comte. — *Charles-Quint* (438). — Après Robert Fleury, son maître, et Paul Delaroche, M. Comte retrace avec autorité les faits historiques. Il s'attache au côté philosophique ou moral et rend avec une extrême simplicité la pensée la plus élevée.

Le sujet choisi cette année est vaste par l'idée et lui permettait d'affirmer, une fois de plus, la grandeur de ses conceptions. Le vieux Charles-Quint, après son abdication et avant de se retirer au couvent de Saint-Just, veut revoir le château de Gand où il a été élevé.

M. Comte a divisé son tableau en trois groupes dont chacun est une page écrite avec un talent d'historien et de chroniqueur. D'abord c'est le vieillard s'appuyant sur un jeune homme et plongé comme dans une extase en face du trône où il s'asseyait jadis. Son corps est faible et ses jambes le portent avec peine, mais dans sa physionomie on sent que son intelligence est vaste encore et qu'elle corrige autant que possible les injures que le temps a faites à cet homme extraordinaire. Sa vieille tête se redresse avec fierté, l'œil s'illumine une fois encore. Le gentilhomme qui lui sert d'appui est d'une distinction et d'une élégance parfaites, il assiste silencieusement et avec respect à cette scène imposante qui lui donne une idée exacte du néant des gloires humaines.

Derrière ces personnages, et à distance, un groupe de quelques ministres dans des attitudes dignes et sévères, puis, un peu à droite, deux jeunes femmes d'une beauté délicieuse, causant sans doute de leurs intrigues de cour et fort insouciantes en tout cas du devoir qu'elles remplissent en ce moment.

M. Comte a bien rendu, dans toutes ces physionomies variées, les instincts et les habitudes des gens de cour, la scène est très-vraie et chacun y joue bien son rôle. Le grand mérite de l'artiste dans cette composition, c'est surtout d'avoir pu concentrer tout l'intérêt sur Charles-Quint au point d'en faire l'âme et la vie de son tableau. Otez ce personnage, il n'y a plus de sujet, et pourtant tous les autres sont irréprochables de toute façon.

Chez M. Comte il n'y a pas que le sentiment de la scène et la disposition des personnages dans la toile, il y a aussi, et à un degré éminent, les costumes historiques, reproduits avec un goût charmant et une science exacte. Ne croirait-on pas, en voyant ces deux jeunes femmes, vivre en plein moyen âge, et quel choix de couleurs douces et harmonieuses dans l'ajustement de leurs toilettes ! L'une porte une robe rose avec bordure de velours rouge, crevés rouges au bras, toque rouge à plume blanche; l'autre une robe bleue avec crevés d'or aux bras, costumes d'une grande richesse et d'un travail exquis. Le gentilhomme a la toque noire, le manteau rouge, les bas de soie gris. Une science remarquable encore chez M. Comte, c'est de donner à ses personnages l'aisance et la délicatesse des mouvements. Les jambes se posent avec naturel, les bras et les mains s'emmanchent avec grâce et souplesse. Les parties nues sont peintes et modelées avec beaucoup de finesse et une grande douceur de tons. Les fonds d'un coloris sévère détachent admirablement les personnages; le trône doré, et les riches peintures murales n'avancent pas et ne prennent qu'une part d'harmonie dans l'effet général.

Avec cette admirable toile, la première du Salon au point de vue de l'histoire, et une des perles comme finesse d'exécution, M. Comte expose *Une jeune dame hollandaise brodant* (439), où l'on retrouve toute son élégance et son goût parfait. Les accessoires, notamment, sont d'une richesse magnifique.

M. Constantin a des *Fruits* (441) peints avec une grande fraîcheur de coloris.

M. Coomans ne fait pas de la peinture large et sévère, il *glace* trop, il est même aussi un peu maniéré. Mais j'avoue qu'il désarme ma critique par la richesse extraordinaire de sa palette et la finesse de son pinceau. Il est difficile de faire plus joli et plus éclatant que sa *Phryné* (443). La tête est distinguée, la poitrine charmante et la toilette extrêmement remarquable par la vivacité des couleurs les mieux choisies. Regardez, par exemple, le dessous de l'éventail, peut-on voir un coloris plus frais et plus gai ? Je me demande comment M. Coomans peut conserver une harmonie relativement belle avec une aussi grande variété de nuances éclatantes. Dans son *Jeu de l'orca* (444), ces mêmes couleurs existent, mais peut-être moins sensibles à l'œil en raison de la composition du tableau qui est plus variée. C'est bien un intérieur grec. Les enfants qui lancent les noix dans le vase sont naturellement posés, celui qui s'appuie contre la colonne est charmant de physionomie. La scène est aérée, pleine de gaieté et fort agréable à regarder.

M. Cornet. — *Misère et regrets* (448) forme une scène bien entendue, dramatique, et peinte avec sagesse.

M. Corot est toujours M. Corot. Ses deux toiles valent celles de l'année dernière, quoiqu'on ne fasse pas autant de bruit autour d'elles. Le petit scandale de la médaille d'honneur a profité ; je ne regrette pas la note que j'ai donnée dans le concert général. Je me répète : M. Corot est un paysagiste distingué, il a un sentiment poétique d'une douce rêverie. Il compose simplement une scène, mais il n'en a jamais composé qu'une. La nature qu'il peint est toute fausse, elle manque d'air, les arbres n'y ont point de séve, le soleil ne l'a jamais dorée. Tout ce qui constitue la vie en est complétement absent.

Aujourd'hui, nos paysagistes sont beaucoup plus vrais,

leurs idées sont plus larges, leur faire plus grandiose.
M. Corot ne peut plus obtenir, après les progrès faits depuis
quelques années, qu'une place de second rang, et c'est justement à ce moment-là que ses adeptes ont voulu, non-seulement lui donner la première, mais.le monter sur un trône
à part.

Dites-moi la différence qu'il y a entre ses deux tableaux :
le Soir (452) et *la Solitude* (453)? N'y voyez-vous pas la
même lourdeur dans les massifs, la même impression vague
de la nature dans les parties éclairées? n'y ressentez-vous
pas la même tristesse sombre dans les endroits obscurs?
Dans la seconde, j'admire ie lac, les eaux en sont transparentes et couvertes d'un voile poétique. Mais ne trouvez-
vous pas trente paysages au Salon plus réellement forts que
les deux toiles de M. Corot.

M. Corpet a une très-jolie exposition. Son *Rosier des
quatre saisons* (454) est d'un dessin précis, d'une grande fermeté et d'un coloris charmant. Les roses et les groseilles
sont de la plus exacte vérité.

M. Couder.—*Le Goûter* (461).—Un intérieur à la Pierre
de Hooch, des personnages comme Terburg et Van Mieris
les habillaient, une vraie scène flamande bien comprise et
coquettement arrangée. Les petits enfants sont naïvement
posés. La fenêtre de gauche est admirablement éclairée. Le
chien seul est manqué.

M. Courbet est l'homme le plus embarrassant du
monde pour un critique d'art qui tient à ne pas faire
preuve de parti pris ou de mauvaise foi. On ne peut juger

ses œuvres méthodiquement et simplement comme celles de ses rivaux, parce qu'elles représentent pour ceux-ci un drapeau glorieux, pour ceux-là un torchon sale (je n'exagère rien), et parce qu'enfin d'autres que je crois plus raisonnables, puisque je suis du nombre, ne leur donnent pas autant de portée ni ne ressentent pas pour elles un si profond dédain.

L'année dernière, je n'ai pas discuté les œuvres exposées par M. Courbet, elles n'en valaient sérieusement pas la peine. Le *Proudhon* était une peinture entièrement nulle, aussi bien comme exécution que comme pensée. Aujourd'hui que sa *Femme au perroquet* et son paysage offrent de très-beaux morceaux dignes d'étude et même d'admiration, je m'arrête un moment pour les envisager avec réflexion, sans envie d'être enthousiaste quand même ou de dénigrer par sentiment d'école.

Je demanderai, avant tout, à répondre à une grave question soulevée depuis quelques années et qui revit avec force autour de ce succès mérité et obtenu par M. Courbet, mais plus inattendu qu'on le veut bien dire.

On prétend que nous n'avons pas une école à nous, comme l'Italie, l'Espagne, l'Allemagne et l'Angleterre en ont possédé une. On nous accuse de copier tour à tour Phidias, Raphaël, et les autres grands maîtres des diverses écoles étrangères.

De qui, s'il vous plaît, procèdent donc Géricault et Delacroix ? En quoi sont-ils moins originaux que Rubens ou Murillo ? Et si vous me répondez : un homme n'est pas une école, je vous dirai :

Qu'appelez-vous l'école anglaise, si ce n'est William

Hoghart, qui personnifie à lui seul l'ensemble des travaux de tous ses successeurs?

Et si chez les Flamands, Teniers, Mieris, Terburg, Van Ostade, Gérard Dow, qui ne procèdent que d'un même principe adopté par eux, peuvent constituer une école, en quoi, s'il vous plaît, Messonnier, Jules Breton, Millet, Fromentin, Hamon, Gide, Caraud, Toulmouche et autres sont-ils imitateurs des peintres étrangers? En quel pays du monde trouvez-vous Vernet, Charlet, Bellangé, Yvon, Pils, Protais, Hersent… ?

Et l'admirable phalange des paysagistes, qui donc l'a enfantée, si ce n'est la nature? Hier, Théodore Rousseau, Paul Huet, Jules Dupré, Daubigny; aujourd'hui, Blin, Emile Breton, Gustave Castan, Gosselin, Lambinet, Chintreuil, de Cock et vingt autres, y compris Courbet qui ne leur doit rien pas plus qu'il ne leur est supérieur d'aucune espèce de façon.

Cessons donc de nier notre originalité. Nous sommes à la tête du mouvement de l'art, et la direction que nous lui imprimons est tout à fait nouvelle. Nous ne possédons pas de ces grands génies qui se servent du pinceau pour diriger les idées, mais nos artistes puisent sur leur palette, avec une puissance réelle et une originalité véritable, des trésors dont nous faisons trop peu de cas et que nos descendants apprécieront.

Une autre question se présente et qui aussi mérite une réponse. Au milieu de ce qu'ils appellent injustement la décadence de l'art, ou mieux l'ineptie des artistes, les mêmes accusateurs prônent un drapeau qu'ils croient voir dans la main d'un homme autour duquel ils groupent quelques individus, pour eux les héros du jour et les dieux de l'avenir.

Le *naturalisme*, voilà leur grand mot. Qu'est-ce que cela veut dire ?

L'un dit : c'est la relation exacte des mœurs et usages du temps.

Un autre : l'imitation parfaite de la nature.

Un troisième, plus malin que les autres et habitué à faire des mots : un coin de la création entrevu par un tempérament.

Voilà bien des explications, ce me semble, pour définir une *école ?*

La nature a tant de côtés intéressants, elle apparait aux hommes de tant de façons différentes suivant leurs idées , leur éducation, leur constitution physique, qu'il est bien imprudent, insensé même de vouloir en limiter le sens. Mais acceptons un instant que ces nouveaux doctrinaires soient dans le vrai, exprimons, comme eux, pour un moment, le désir de voir la peinture devenir une reproduction *exacte* des hommes et des choses, limitons avec ces gens positifs, les horizons de la pensée, et jugeons, en nous plaçant à leur point de départ, s'ils ont raison de s'appuyer sur cette nouvelle philosophie de l'art pour proclamer Courbet le seul peintre de la France , et MM. Ribot, Monet et autres maçons de la peinture, sans vie et sans éducation artistique, comme les apôtres de ce nouveau Messie.

Tant que M. Courbet a voulu faire du réalisme et copier brutalement ce que voyaient ses yeux, il a échoué auprès des défenseurs de l'art, et la foule a ri devant ses productions. Tournant la difficulté , il a abordé le paysage, non pas avec vérité comme on le prétend, mais sous une forme à lui, combinée et arrangée suivant son tempérament de peintre. Cette seconde manière lui a rallié le public, tout en laissant encore indifférents les juges impartiaux et sérieux. Aujourd'hui, il nous donne un paysage : *la Remise de chevreuil* (464), qui lui amène les suffrages de tous. Voyons donc si ce n'est pas justement parce qu'il abandonne les tons outrés et sales et parce qu'il cherche à embellir la nature, au lieu de nous la montrer sous ses côtés défectueux, comme il l'a toujours fait précédemment. Si telle est son œuvre, elle détruit d'un seul coup les arguments de tous ceux qui s'en servent pour la donner comme seule vraie, et pour accuser de copistes et d'eunuques les autres paysagistes, moins apprêtés certainement que le peintre de la *Remise*.

J'ai bien étudié ce tableau (et je le dis avec plaisir, il m'a procuré de véritables jouissances artistiques), j'y ai vu une main habile et délicate guidée par un esprit fin et pénétrant, cherchant à reproduire avec toute son intelligence les grâces exquises d'une belle nature, se préoccupant d'écarter de nos yeux les parties défectueuses du paysage qu'il retrace, et ne voulant mettre sous nos regards que ce qu'il a entrevu lui-même à travers son esprit distingué. Ces animaux à la taille élégante, à la robe satinée, sont vivants. Il semble qu'on les voie s'agiter au sein de cette admirable campagne. Le grand mérite de ce paysage, c'est surtout sa fraîcheur. Tous les premiers plans sont baignés dans un air humide du plus délicieux effet. C'est bien là un coin de retraite au fond d'un bois ; à coup sûr les rayons du soleil n'ont jamais pénétré dans ce mystérieux réduit.

En raison de tant de parties si belles, on ne se sentirait pas

le courage de dévoiler les faiblesses de cette œuvre , si chacun la considérait simplement pour ce qu'elle est, une admirable étude de la nature; mais on crie tellement à la *su-
blimité*, on écrase avec elle des artistes et des tableaux si
dignes d'être *tout au moins* comparés à M. Courbet et à ses
œuvres, qu'il y a conscience à se taire.

Un défaut capital règne dans *la Remise du chevreuil* de
M. Courbet. Il n'est pas possible d'y entrer ou d'en sortir.
L'artiste n'a fait qu'un seul plan, les fonds n'ont aucune
perspective, les arbres sont collés sur les murs. C'est là une
faiblesse réelle qui témoigne du manque de *savoir composer*
un ensemble. Pour tout ce qui est copie exacte, rendu d'un
détail, M. Courbet est passé maître; mais puisqu'il se perd
continuellement lorsqu'il peint plus qu'une étude, c'est
qu'il n'a pas encore acquis cette science d'ordonnancement
que possèdent beaucoup de ses rivaux trop dépréciés. Dans
une composition, il ne suffit pas de savoir donner aux êtres
ou aux choses une *valeur réelle* que M. Courbet rend admirablement, il faut de plus donner à certains morceaux une
valeur relative qui n'est pas toujours l'expression parfaite de
la vérité, mais qui est nécessaire pour l'harmonie de l'ensemble. C'est par là que M. Courbet et son école pècheront
toujours, parce qu'ils dédaignent de diriger leurs esprits
dans ce sens.

Donnez-vous la peine de regarder froidement le beau
paysage de M. Courbet, et vous aurez peut-être le courage
de dire que la nature y est *morte*, l'harmonie défectueuse.
Ces mille nuances vertes , toutes plus fines et plus jolies les unes que les autres, ne se relient pas ensemble sans
dureté, ces feuillages sont comme *découpés* par une main
remplie d'élégance, ils ne sont pas poussés d'eux-mêmes ,

la séve n'y abonde pas : regardez-les bien, vous en conviendrez.

Je me résume en disant que tout ce qui fait l'immense mérite de cette œuvre, c'est tout ce qui est contraire au goût et au tempérament ordinaire de M. Courbet et de ses adeptes : la recherche du détail, le choix de la nature, la grâce du pinceau, la finesse du coloris; mais ce que veulent les *naturalistes* (puisque ainsi ils s'appellent), la fougue irréfléchie, l'imitation brutale de la matière, ne s'y trouvent point.

Que M. Courbet ne s'y trompe pas, il doit tout son succès à sa tendance à renier la laideur. On lui tient un compte immense d'avoir *nettoyé* sa palette et de diriger son esprit vers un monde plus distingué que celui qu'il voyait d'ordinaire.

C'est encore en raison de cela qu'on admire sa *Femme au perroquet* (463); car vraiment, tout en reconnaissant que certaines parties, la tête, la poitrine, le ventre, sont des morceaux de premier ordre, on peut très-bien maîtriser son enthousiasme pour répondre à ceux qui nient le passé, mettent cette *étude* au-dessus de toutes les peintures modernes et lui donnent même une supériorité sur les femmes touchées du Titien, qui sont les plus belles des merveilles.

J'accorde donc qu'il y a dans ce tableau l'étoffe d'un praticien hors ligne; le dessin n'en est pas irréprochable cependant, car dans le bras levé l'attache du poignet est mollement accentuée; le modelé, superbe dans les endroits que j'ai cités, est *lâché* dans le bas des deux jambes; le coloris, en général d'une grande richesse, n'a pas partout le même éclat; le haut du corps est bien mieux éclairé que les parties inférieures. Le cou manque de grâce, la chevelure a une abondance exagérée, le sein droit tombe un peu trop, d'autant mieux que l'autre a une vigueur incroyable.

Voilà, direz-vous, des reproches bien minutieux. Pourquoi les faites-vous à d'autres artistes? Rappelez-vous l'*étude nue* envoyée de Rome par M. Clément, il y a quelques années, ou encore la *Suzanne* de M. Henner, l'année dernière. Comparez-les avec la *Femme au perroquet* de M. Courbet, et voyez de quel côté penche la balance du bien.

Mais ce que je tiens surtout à reprendre dans ce tableau, c'est la conception, afin de démontrer une fois de plus que M. Courbet ne nous a point encore prouvé qu'il sait faire une grande œuvre, et que, par conséquent, on ne saurait nous parler de son génie artistique. Or, un praticien, si habile qu'il soit, ne doit pas être mis au-dessus d'un penseur, d'un philosophe ou d'un poëte.

Pourquoi M. Courbet a-t-il placé sa *Femme au perroquet* dans une semblable attitude? Est-ce naturel? Ne sent-on pas par trop le *modèle* qui a posé? Y a-t-il de l'imprévu dans cette excentricité; tout n'est-il pas arrangé, convenu? N'est-ce point là un défaut plutôt qu'une qualité? Répondez franchement.

Et maintenant, sommes-nous dans un appartement, sur une terrasse, dans un jardin? Pourquoi cette dame est-elle si indécente? Pourquoi a-t-elle à côté d'elle cette robe de soie? elle vient donc de la quitter pour s'étendre sur son canapé? pourquoi cette couverture blanche jetée en désordre sous elle? Expliquez quelque chose à tout cet arrangement, *cherché, convenu*, et n'ayant toujours rien de naturel. Il me semble que nous sommes là bien loin du *naturalisme*. Qu'en dites-vous?

Mettons donc chacun à sa place, chaque chose à son plan,

prenons M. Courbet pour un peintre éminent et ses deux toiles exposées cette année pour deux œuvres remarquables, mais, de grâce, pas de pavé de l'ours, messieurs les fidèles !

Je demande pardon à M. Courbet d'avoir indiqué ses moindres défauts au détriment de ses grandes qualités ; car je fais habituellement le contraire pour tout le monde. Je me préoccupe surtout du bien. Seulement j'ai dû agir ainsi *contre* lui en raison du drapeau qu'on lui fait porter. Je reconnais malgré tout cela la force et la grâce qu'il a dépensées cette année. J'admire la tête et tout le torse de sa figure nue, et je trouve adorables les premiers plans de son paysage. Je classe ses deux tableaux au niveau des meilleurs du Salon, sous le rapport de l'exécution. Que l'artiste marche maintenant dans cette large voie, qu'il s'inspire seulement d'idées plus simples, et qu'il nous livre à la prochaine exposition un vrai chef-d'œuvre : je serai le premier à battre des deux mains. En attendant, j'ai dès aujourd'hui confiance dans sa puissance et je le regarde comme un artiste très-distingué.

M. Crauk nous conduit à Venise. Son *Lendemain de Magenta* (470) est une petite scène dramatique très-intéressante : les Vénitiens s'arment à l'approche des Français, quelques hommes d'armes à la mine hardie vont sauter dans une barque et courir au devant du danger. La peinture est solide et harmonieuse.

Le pont de Vérone, à Venise (471), est d'un aspect bizarre qui gagne à être étudié. La peinture, un peu crue au premier coup d'œil, s'harmonise à mesure qu'on la regarde et devient assez originale comme effet.

M. de Curzon (ALFRED). — *Un rêve dans les ruines de Pompéi* (477). — Les anciens habitants reviennent visiter leurs demeures.

M. de Curzon a reproduit sous un aspect sévère et éclatant à la fois les fragments de temples, les colonnes violettes et blanches et les costumes des habitants de Pompéi au temps de sa splendeur. Il nous donne, bien mieux que M. Hamon, l'idée de cette ville unique. Les trois groupes de personnages sont très-joliment distribués. Dans le fond on aperçoit le Vésuve qui jette une épaisse fumée.

Le portrait de madame de C..... (478) est peint dans une gamme excessivement blonde, d'une douceur très-agréable. Les lignes sont pures et tranquilles, la pose est pleine d'abandon, les ajustements témoignent d'une grande distinction. J'aurais voulu un peu plus de puissance et de modelé dans la poitrine, cela n'eût rien enlevé à l'harmonie générale de ces tons pâles d'une finesse précieuse.

M. Dansaert. — Les deux tableaux de cet artiste sont maniérés, mais ils ont des qualités précieuses. Les mouvements des personnages sont aisés et leurs physionomies expressives. La peinture est généralement lourde et lâchée.

M. Dargent (YAN') cherche trop à limiter la nature dans son *Souvenir d'enfance* (490). Deux troncs d'arbres, quelques pierres et de la mousse ne suffisent pas pour intéresser. Dans *le Menhir* (491), l'artiste s'est évidemment préoccupé d'imiter la ligne pittoresque des dessins de Gustave Doré, mais il n'arrive pas à en avoir l'originalité. Cependant on sent que M. Yan' Dargent est un chercheur, aussi mérite-t-il d'être encouragé.

M. Daubigny. — *Les bords de l'Oise à Auvers, effet du matin.* — Quel que soit l'aspect sous lequel on nous la représente, la nature, quand elle est rendue avec vérité, nous impressionne et nous captive. Mais si, suivant certaines dispositions de notre esprit, nous aimons les effets bizarres ou les sites pittoresques, il est surtout un côté sous lequel nous sommes toujours heureux de revoir les plaines, les coteaux et les rivières, et c'est celui que M. Daubigny excelle à reproduire.

Des herbes tendres qui baignent leur pied dans une eau qui coule limpide sous un ciel azuré, de grands arbres dont la séve puissante gonfle les rameaux, des échappées de lumière à travers des bois touffus, des ombres mystérieuses sous des branchages épais, un paysan, une femme de la campagne, un animal quelconque au repos ; en un mot, tout ce qui fait errer l'imagination d'un poète, tout ce qui charme le *far niente* du touriste, se montre dans ses toiles traduit de la manière la plus poétique.

M. Daubigny, après nous avoir prouvé, par les *Vendanges*, le *Clair de lune* et le *Parc de Saint-Cloud*, que le paysage réaliste avec ses effets truculents et les classiques ombrages avec leurs lignes arrètées d'avance, ne connaissaient pas d'interprètes plus habiles que lui, revient aujourd'hui à sa nature essentiellement rêveuse et nous retrace une de ces églogues adorables dont il a le secret.

Si partout ailleurs il est passé maître, là il n'a pas de rival. Il comprend l'idylle aussi poétiquement que Corot et il est bien plus vrai. La ligne est moins conventionnelle, le coloris est plus chaud, la touche plus nerveuse, le fini mieux rendu, le sujet plus arrèté et pourtant beaucoup plus vaste. Il ne peint pas un site défini, il rend un paysage où l'horizon se perd dans les lointains. Ce n'est pas un coin de terre, c'est la nature elle-même. Le lieu et l'époque ne sont plus qu'accessoires; la création nous apparaît et nous absorbe avant tout.

Voyez cet *Effet du matin*. Est-il rien de plus suave, de plus profondément poétique? L'Oise roule ses eaux limpides entre un rideau de peupliers et un rivage où des arbres vigoureux s'élèvent en touffes majestueuses sous un ciel de printemps. Il est environ dix heures du matin, le soleil n'a pas encore dardé ses rayons brûlants, et pourtant l'atmosphère est chaude. On pressent une belle journée par le calme qui règne dans toute la nature. La rivière limpide et transparente porte les reflets des peupliers ainsi que les lignes vagues de l'horizon qui se dressent blanches à une profondeur extrême. Sous l'épais ombrage des arbres qui se groupent sur la rive, à l'abri des feux du jour, jouissant du calme de la nature, une campagnarde s'est assise, tandis que les deux vaches qu'elle mène paître ont descendu la rive et humectent leurs naseaux brûlants dans l'onde fraîche et bienfaisante de la rivière.

Rien n'est vigoureux comme cette ombre que projettent entre la terre et le feuillage les arbres sous lesquels repose la bergère; rien n'est aéré et délicatement exprimé comme ces lointains qui se perdent contre notre désir; rien n'est exquis et pénétrant comme cette nature entière recouverte d'un voile poétique, où l'air tamise la vue et lui évite toute espèce de dureté. Par une telle journée où règne le calme le plus pur, en présence d'un site aussi enchanteur, qu'enveloppe une chaude vapeur, on rêve de relire Tibulle, et l'on comprend que le divin Virgile avec son âme tendre ait su nous retracer ces délicieuses idylles.

M. Daubigny n'a pas de procédé, et c'est là sa grande force. Il ne tourne pas alors dans le même cercle comme Corot; ses impressions sont aussi variées que les divers aspects que lui offre la campagne. Il sait très-bien que la création est telle que l'homme ne peut qu'en gâter l'effet s'il la veut corriger. En présence de semblables merveilles son âme s'élève, son cœur s'élargit et sa main s'efforce à copier les vagues aspirations de la terre qui remontent vers Dieu comme une prière d'en bas. Sur sa palette où se jouent les tons les plus purs, son pinceau cueille sans effort les teintes les plus riches et les plus sûrs effets. Il sait y trouver la gamme exacte de l'harmonie et transmettre à nos yeux éblouis aussi bien qu'à notre esprit captivé tout ce que lui-même ressent.

Vue prise aux environs de la bonne ville. — Ce second tableau exposé par M. Daubigny nous montre le talent de l'artiste sous un autre aspect. Le côté poétique est moins saisissant, le rendu du paysage y joue le rôle principal.

Nous sommes en juin, le ciel d'un bleu vif et foncé, chargé d'épais nuages blanchâtres, se reflète dans l'Oise au point d'en voiler les eaux. Au sommet des arbres qui s'alignent à l'horizon, tout le long du cours de la rivière, les nuages forment une bordure blanche du plus délicieux effet. A gauche un bouquet d'autres arbres dont les touffes se rejoignent laisse pénétrer à hauteur d'homme une lumineuse clarté ; sur toute la surface que forment les premiers plans, des fleurs champêtres égaient la verdure qui tapisse les terrains ; au bord de l'eau des herbages d'un vert tendre chatouillent nos yeux et les engagent à suivre les contours élégants de la rive. Au centre, des laveuses, insouciantes des beautés champêtres, trempent leur linge que tout à l'heure elles étendront.

Malgré le nombre infini des touches dans cette toile, elle reste grande et nous impressionne vivement. Chaque coup de pinceau, d'un très-agréable effet, se perd dans la masse générale où il apporte sa part d'harmonie.

C'est bien ainsi que je comprends l'art, et c'est la voie où, suivant moi, marchent les grands esprits. Toutes les fois qu'un artiste, peintre, sculpteur, poète ou musicien, cherche à placer sa force dans la découverte d'un procédé, lorsqu'il veut attirer l'attention de ses admirateurs par un effet résultant brutalement de la matière qu'il emploie ou des règles antérieurement tracées, il descend de suite au second rang dans mon appréciation, il n'a plus droit à mon admiration, et je ne lui accorde que mon estime.

M. Daubigny, cette année encore, a fait un grand pas sur la route de la gloire où depuis longtemps il se promène en vainqueur. Il tient la tête dans cette riche école de paysage, si resplendissante actuellement en France, sans rivale dans le monde entier.

M. Daubigny (fils). — Jusqu'à ce jour, M. Daubigny fils, malgré tout le talent dont il avait fait preuve, subissait fatalement les conséquences de sa naissance. Comment, se sentant artiste, ne pas être influencé par un tel père! Où puiser de meilleures leçons? Lorsqu'on n'a pas vingt ans, faut-il s'abandonner à sa propre intuition, si vive qu'elle soit, et peut-on vis à vis de la nature rester maître de ses impressions quand, à côté de soi, le génie, l'expérience et le succès vous offrent des conseils?

Bien avant le moment où on pouvait l'espérer, M. Daubigny fils vient de secouer le joug de l'imitation, du moins de celle de son père. Il se présente cette année avec deux toiles où vous chercheriez en vain la main paternelle.

Sa halte de Bohémiens offre un aspect saisissant. Une échappée du ciel se glisse entre deux grandes masses d'arbres vigoureusement accusées. Sur les premiers plans, des malheureux ambulants, assis à terre auprès de la charrette qui leur sert de demeure, sont tracés avec aisance et peints avec une extrème solidité. A part le ciel qui procède un peu de Corot, toute cette toile ne prend sa force que dans la traduction fidèle de la nature. On sent que la main qui l'a exécutée est puissante et déjà pleine d'acquit.

On retrouve les mèmes qualités dans *la Vue prise en Picardie*. Ces chaumières avec leurs toits de briques, nettement accentuées, au milieu de bois épais, cette végétation pleine de séve, ce ciel coloré par le soleil couchant, n'ont pu être traduits que par une intelligence énergique et sûre d'elle-même.

M. Daubigny fils sera certainement un paysagiste puissant et original, réaliste dans la bonne acception du mot. Il a dès aujourd'hui un talent suffisamment prononcé pour obtenir une médaille et pour produire des œuvres dignes du plus vif intérèt.

M. Dauzats peint avec une finesse si grande que ses toiles sont presque transparentes. On ne saurait rendre avec plus de précision et d'élégance les moindres détails de l'architecture, et noyer dans une plus douce harmonie les palais et leurs ornements. Ses deux petites toiles : *l'Intérieur de la mosquée de Mourestan, au Caire* (506), et *le Prieuré du port Sainte-Marie* (507), sont très-précieuses sous ce rapport.

M. de Cock (CÉSAR) est en progrès. C'est décidément un paysagiste de la très-bonne école.

Le Vieux Moulin à Veules (512) est d'une grande vérité de nature, l'eau qui écume sous les roues du moulin est magnifique, tous les premiers plans sont très-beaux; les arbres, très-vivaces, sont peut-être d'un ton un peu cru, mais le tout s'harmonise néanmoins et présente un ensemble très-remarquable.

Je préfère encore *la Toucques* (513), qui coule limpide et se perd en tournant à travers les saules aux tons cendrés. On sent la fraîcheur de l'eau. Les arbres finement dessinés et d'une couleur douce se découpent avec grâce sur un ciel d'une puissante coloration. Une poésie vraie et charmante se dégage de ce paysage, un des meilleurs de l'Exposition.

M. de Coninck ne nous envoie que deux études, mais elles me paraissent de nature à le bien poser. L'une, *la Chasseresse* (514), témoigne d'une science déjà grande du dessin, du modelé et de la couleur; les chairs sont fermes et puissamment rendues, c'est de la très-bonne peinture. L'autre, *Deux amis* (515), révèle un sentiment distingué des attitudes et de l'expression. Ce petit Savoyard est naïvement posé, sa figure est douce et mélancolique. Les vêtements et la marmotte sont peints avec une brosse vigoureuse et colorée.

M. Dehodencq est très-original comme toujours, dans *la Justice du pacha, à Maroc* (524). La scène est arrangée avec beaucoup de verve, les mouvements sont très-souples et très-variés. La couleur est riche et harmonieuse.

Je n'aime pas beaucoup le *portrait d'enfant* (525). L'aspect est original, mais il n'y a pas de vie dans cette petite toile.

M. Delacharlerie n'a pas réussi son *Souvenir de la Hague* (527). Je préfère *un Chapitre intéressant* (528). La tête de cette jeune liseuse noyée dans le clair-obscur ne manque pas d'élégance et de poésie, bien qu'elle soit d'une peinture un peu vide.

M. Delaunay ne tombe pas, lui, dans ce défaut. Son *portrait de M. H.....* (536) est traité de la façon la plus sévère, à la manière des grands artistes de l'école romaine. Sur un fond noir et or, la tête se découpe un peu sèchement peut-être, mais avec une sûreté de ligne qui est du bon et véritable style, comme, hélas! on en voit peu aujourd'hui, et tel que MM. Ehrmann, Henner et lui sont peut-être les seuls qui en ont fait preuve au Salon de cette année. Le dessin est irréprochable, le modelé ferme et précis, la couleur vraie et brillante. Un peu plus d'onctueux dans la peinture, et nous aurions un chef-d'œuvre.

M. Depraetère a le sentiment de la nature. Son *Attelage de bœufs passant un gué* (554) est une œuvre empreinte d'une poésie rêveuse et charmante. L'eau est très-belle et reflète avec vérité le paysage tout entier. Les animaux sont un peu maigres et le ton général du tableau un peu surchargé d'ocres jaunes.

Je préfère peut-être l'autre toile de M. Depraetère, *Animaux dans un chemin* (555). Les terrains sont très-simples et sans grand effet, mais les bœufs sont grassement peints et avec une grande vérité. L'artiste a rendu avec bonheur l'air profondément rêveur de ces animaux.

M. Desbrosses a peint avec une certaine puissance un

soleil couchant *sur la Seine à Épône* (557). Les eaux ont beaucoup de transparence et les massifs sont largement traités.

M. Desgoffes (BLAISE).—Il est bien difficile aujourd'hui de rendre compte d'un tableau de M. Desgoffes sans se servir des formules déjà employées à son égard. L'artiste est arrivé depuis longtemps à une telle précision dans l'exécution, qu'il semble avoir atteint à la dernière limite du savoir-faire.

Pourtant, malgré cette perfection depuis longtemps reconnue, il est encore facile de constater chez M. Desgoffes un progrès réel, et cela dans l'ordonnancement général des objets qui composent son tableau. Sous ce rapport, une des deux toiles exposées cette année me paraît être d'une supériorité véritable sur les œuvres antérieures.

Sur une console à dessus de marbre tombe un rideau rouge broché d'or, qui sert de fond et repousse avec une grande vigueur les autres couleurs employées dans le tableau. Au centre, un verre en cristal, au pied duquel tombe gracieusement une petite chaînette d'or de la plus grande finesse comme travail, repose sur un socle carré en agate. A gauche, un pot à tabac en ivoire où sont sculptés des faunes dansant dessinés avec un véritable style et une rare élégance, marie ses nuances à celles d'un éventail avec manche en jonc et gland de soie verte. A droite est un vase en agate violacée en forme d'urne, avec fermoir en or, où s'étalent de distance en distance des perles blanches, et dont la poignée représentant un centaure qui tire de l'arc est un travail d'art exquis. Au bas, des pervenches blanches aux tiges aqueuses, et des iris aux feuilles grasses et coupantes.

De tous ces détails si divers M. Desgoffes a composé un arrangement d'une science et d'un goût parfaits. Le coloris, d'une extrême vivacité, est doux à l'œil, parce qu'il est le résultat d'oppositions bien comprises et de la parfaite justesse de chaque ton. Dans ce rideau on suit la trame de l'or ; le verre a la transparence qui est sa propriété. Il serait du reste superflu d'analyser la valeur de chacun des morceaux : ils sont tous la reproduction exacte des objets qu'ils représentent, et ces objets sont d'un choix admirable.

Le second tableau de M. Desgoffes est peut-être moins sévère de composition, mais il est dans son genre une réponse victorieuse à quelques légères critiques. Je veux parler du reproche fait à l'artiste de peindre d'habitude ses fruits avec un peu de sécheresse.

Or, ici, ces raisins de toutes couleurs, ces fruits variés n'ont rien de *métallique ;* on dirait que le jus va s'échapper des grains trop gonflés, et l'on sent que le pouce s'enfoncerait sur cette pêche un peu mûre ; les groseilles, les pommes sont de véritables trompe-l'œil.

On ne sait qu'admirer le plus de ce plat d'émail, avec des bleus si harmonieux, de ces feuilles de vignes brûlées par le soleil d'automne, de ce verre en mousseline dont la transparence laisse apercevoir un vin parfumé, de ce pot de faïence avec ferrures dorées, de ce camélia blanc qui se détache avec clarté à côté d'un gant gris foncé ; et, au milieu de tout cela, de ce velours groseille où la lumière projette une clarté inouïe, quel luxe de coloris et quelle force d'harmonie !

M. Desgoffes a eu soin encore ici de nous montrer sa science de *la figure* en laissant l'œil pénétrer derrière un rideau marron qui se relève, et embrasser presqu'en entier une scène flamande encadrée sur le mur, et que l'on dirait trouvée et exécutée par Teniers lui-même. C'est là d'ailleurs un des grands mérites de M. Desgoffes et qui suffirait à lui créer une place à part parmi ses rivaux, s'il n'avait pas d'autres qualités que personne ne possède, au même degré que lui : la précision dans le dessin, l'éclat de la couleur, et la justesse des tons.

Mᵐᵉ **Desportes** a un talent tout particulier pour composer un tableau de fleurs. Elle dispose admirablement ses nuances et répand beaucoup d'air dans sa toile. Dans ses *fleurs et fruits* (568) les roses mousseuses sont particulièrement très-belles. Le tout est très-nettement dessiné et d'une bonne harmonie.

M. Devaux. — *La fête de la Vierge* (577) est une jolie petite scène, arrangée avec le goût des détails et le sentiment des physionomies. Le dessin manque de précision et la peinture est trop *glacée*, mais le tableau mérite qu'on s'y arrête et qu'on y consigne les efforts de l'artiste.

M. Dewilde peint comme les Flamands du dernier siècle. Dans son *Fumeur flamand* (584) on trouve de bonnes qualités de composition et de peinture. La jeune servante surtout est fort jolie et très-bien en scène.

M. Didier (JULES) marche à grands pas vers la célébrité. Depuis son retour de Rome, il y a quelques années, il a sans cesse été progressant. On sent qu'il a fait des études sérieuses et que son intelligence en a su profiter. Je connais peu de paysagistes et de peintres d'animaux qui aient un meilleur sentiment de la nature et, de plus que la plupart d'entre eux, il possède une science de la ligne qui donne à ses œuvres un aspect sévère, plein de grandeur.

Dans *les Bords du lac Trasimène* (589), les horizons sont magnifiques, la nappe d'eau s'endort et l'on dirait une lame d'argent, les bœufs sont vivants et puissamment rendus.

Dans *le Labourage sur les ruines d'Ostie* (590), l'artiste a disposé d'une manière originale ses attelages de bœufs. Le ciel et l'horizon, les terrains, sont fermement peints et dans une gamme poétique. Les animaux sont admirables de force, de souplesse et de couleur.

M. Dieffenbach n'a pas un dessin bien correct, sa peinture est molle et son coloris généralement sombre. Pourtant ses petites toiles intéressent par l'idée ingénieuse qu'on y trouve et par l'arrangement des personnages.

« *Les Amis de grand'maman* » (591) sont de jeunes fillettes espiègles et de petits marmots turbulents, qui vivent avec chiens, chats, poules et canetons. Assise dans son fauteuil, la bonne grand'mère sourit au désordre qui se passe sous ses yeux, et ses oreilles, probablement rebelles au son, ne redoutent point tout le tapage qui règne dans la maison.

Le Partage (592) nous représente une petite fille de cinq à six ans coupant un morceau à même un pain aussi grand qu'elle. Son chien et son chat, montés sur la table, la tête à la hauteur du couteau, la regardent dans des attitudes diverses. Le chien attend avec calme, et le chat, plus nerveux, fait déjà mine d'être impatienté.

Il y a dans ses deux petits tableaux un très-fin talent d'observation. Quand M. Dieffenbach aura perfectionné sa peinture, il obtiendra de jolis succès.

M. Doré (GUSTAVE) ne me prouve pas encore cette

année qu'il peut faire un peintre remarquable. Je ne trouve dans aucune de ses toiles cette ardente imagination, cette originalité puissante qui classent au-dessus de toutes les illustrations les quelques cent mille dessins qu'il a publiés.

Autre chose est de faire, en quelques minutes, une composition, ou de s'appesantir forcément sur une petite toile. M. Doré a trop de fougue pour être obligé d'arrêter son esprit sur un simple détail. Il faut que sa main obéisse instantanément à son esprit, la méditation ne lui vaut rien, et l'étude gêne ses mouvements. Il se trompe lorsqu'il croit, comme je le lui ai entendu dire, qu'on peut construire *un grand bonhomme quand on en sait faire un petit*. Lui, par exemple, dessine admirablement quand il peut en un trait de crayon reproduire une attitude; mais lorsqu'en dehors du mouvement et des proportions il faut encore qu'il se préoccupe du détail, il perd sa facilité de reproduire et tâtonne plus qu'aucun autre.

Pourtant je lui accorderai que sa *Soirée dans la campagne de Grenade* (602) est peut-être ce qu'il a fait de mieux comme peinture. Le groupe des trois hommes est habilement disposé, les mouvements sont pleins d'aisance et les types bien caractérisés. Mais je n'aime pas autant les dames trop uniformément posées et revêtues de robes sur lesquelles miroitent des glacis violets très-durs à l'œil. C'est là, du reste, le défaut de cette peinture, elle est épaisse, lourde et manque de franchise.

C'est surtout dans *Souvenir de la Savoie* (603) que l'on s'aperçoit combien M. Doré est peu maître de son pinceau. Sous un ciel d'un gris monotone et couvert de nuages compactes, les montagnes se dressent dans une teinte uniforme et sans vigueur. Une forêt de pins, dont chaque branche *se tortille* dans le même sens, s'étend devant un torrent qui roule à travers des roches verdâtres placées avec une symétrie désespérante. La vague d'eau, en franchissant chaque pierre, se sépare en deux parties et tombe des deux côtés en lames tout à fait égales. C'est ainsi que sont les cascades du bois de Boulogne qui obéissent aux lois imposées par l'architecte de la ville de Paris, mais les torrents de la Suisse sont plus impétueux et ne connaissent aucune des rigueurs imposées par la symétrie. Entre les pierres, d'énormes branches mortes sont posées comme avec la main, et leurs rameaux, si petits qu'ils soient, sont encore *tortillés* comme l'est d'habitude la ligne de M. Doré, ligne qui a beaucoup d'analogie avec un serpent. Toute cette nature apprêtée est peinte avec lourdeur et sécheresse; une teinte verdâtre la recouvre et lui donne un cachet de dureté auquel l'œil se fait difficilement. Ah! si M. Doré m'en croyait, comme il laisserait son amour-propre de peintre de côté, pour illustrer nos grands génies littéraires. Là, il est beau, admirable, unique : n'y trouve-t-il donc pas une gloire suffisante ?

M. Douillard a un peu du sentiment religieux de son maître. Comme Hippolyte Flandrin il recherche la mysticité et la simplicité. Son *Couronnement de la Vierge* (604), dont nous ne voyons que l'esquisse, est sagement composé et avec une sincérité qui est de bon augure.

M. Dubasty a dessiné avec savoir et peint avec finesse une *Paysanne italienne* (614) et un petit tableau : *Petit blanchissage* (615).

M. Dubufe. — *L'Enfant prodigue* (622). — Si l'art est
un métier, et si le métier de l'artiste consiste à couvrir le
plus de mètres de toile qu'il est possible avec les couleurs
les plus variées et les plus voyantes, alors M. Dubufe est le
roi de la peinture. Mais si la représentation intelligente
d'une idée, le rendu exact des individus et des choses qui
constituent la mise en scène, l'harmonie de l'ensemble, sont
de rigueur, je ne sais plus comment appeler l'auteur de
l'Enfant prodigue.

Le sujet choisi par M. Dubufe est de ceux qui se tradui-
sent facilement. Voyons donc comment il est parvenu
à nous le retracer. D'abord, voici deux cartons ; dans l'un,
le jeune homme garde les porcs et dans l'autre (le meilleur)
il est reçu au seuil de la maison paternelle par ses vieux parents. Ces deux cartons, dessinés par une main féminine, sont
froids de composition et d'aspect et laissent le spectateur
dans un sentiment d'indifférence absolue.

Pourquoi l'artiste a-t-il fait ces deux grisailles? Ce n'est
pas, j'imagine, pour faire ressortir les couleurs déjà trop
criardes du tableau principal, ou, si telle a été sa préoccupation, il a été bien mal inspiré. Mais il a bien fait, dans tous
les cas, de joindre ses deux annexes à chaque côté de sa
grande toile, car je défie bien que, sans elles, il y ait eu un
seul individu au monde capable de deviner le sujet que
l'auteur a voulu rendre.

M. Dubufe nous conduit aux portes d'un palais circulaire
formé de colonnes grecques et situé probablement au milieu
d'un jardin. Cela rappelle un peu le temple de l'Amour du
Petit-Trianon. A gauche est un escalier disposé à l'imitation
de Paul Véronèse, à l'exception que la perspective en est
mauvaise et que sur le palier du haut on trouve une vas-

que d'eau, ce qui peut paraître tout au moins singulier. Par derrière, le ciel et le paysage apparaissent sous des tons aussi bleus et aussi crus que ceux des personnages de la fête et de leurs accessoires.

Où M. Dubufe, qui ajoute au-dessus du titre de son tableau cette mention : *saint Luc, ch.* xv, a-t-il pu placer son héros? En Italie, dans les Abruzzes ; en France, à la cour de François Ier, ou au Japon, en l'an de grâce 1866? Pourquoi, en tout cas, tant d'anachronismes, et de si grossières erreurs de mise en scène?

Sommes-nous ici au sein d'une de ces orgies comme aimaient à s'en repaître les Borgia? Est-ce ainsi qu'on a dû fêter le retour de l'Enfant prodigue? A quelle société appartenait donc cette famille dont nous parle l'Ecriture sainte? Je ne vois autour de moi que des épisodes où la luxure joue le premier rôle. Ici des femmes renouvellent les danses de l'*Almée*; de M. Gérôme, là, des joueurs forcenés mettent le genou en terre pour lancer leurs dés sur le tapis du parquet; une femme les contemple avec des yeux avides: sommes-nous donc dans un tripot? Sur le devant, un jeune Napolitain, comme les habillait Papety, déchiffre de la musique à de belles créatures qui m'ont tout l'air d'être débarquées de Venise : sommes-nous près des lagunes de l'Adriatique ou sur le golfe de Naples? Au-dessus de ce groupe, deux jeunes femmes se disputent les caresses de l'enfant prodigue. Une autre semble envier leur place et reçoit pendant ce temps, entre les deux épaules, le baiser d'un monsieur qui n'est rien moins qu'impertinent. Il est vrai que, derrière lui, entre deux colonnes qui malheureusement ne les cachent pas, deux amoureux s'étreignent à la flamande, en se donnant une de ces accolades dont Teniers leur a offert l'exemple dans ses brasseries. Autour d'une table où les mets n'abondent pas, des convives lèvent leurs verres comme font nos modernes Parisiens chez Vachette ou au *Moulin-Rouge*. En voyant devant moi ces amoureux, ces danseuses, ces chanteurs, ces joueurs et ces noceurs, nés chacun sous des climats différents, ayant des mœurs et des habitudes dissemblables, je ne sais vraiment plus où je pourrais bien être ; et si je lève les yeux, je vois sur une barre de fer deux colombes se becqueter absolument comme si nous étions dans le temple de Délos.

Pour me résumer, j'appellerai cette scène : le dévergondage ; je crois que tel est bien plutôt le titre qui lui convient.

Si de la conception je passe à l'exécution, je ne suis pas plus satisfait. La perspective, partie importante dans une aussi grande toile, n'est pas exacte. La composition est mal distribuée. Les personnages principaux : l'enfant prodigue, son père et sa mère, ne sont pas à leur place ; mille détails de remplissage abondent à droite et à gauche. Que font ces vêtements, cette guitare et ce tambourin dans le coin gauche du tableau ? N'y avait-il pas un moyen moins grossier de boucher un vide ? Et ces roses semées on ne sait pourquoi sur le tapis ? Cette corbeille d'argent avec ses raisins, que fait-elle à terre, sur le premier plan ?

Les figures manquent toutes de noblesse, les poses sont en général cherchées pour l'effet. Les tons sont vifs et d'une crudité inharmonieuse. La danseuse qui tourne le dos a l'air de sortir d'un sac de farine. On voit que M. Dubufe n'est maître ni de son idée, ni de son pinceau. Pourquoi alors entreprendre de semblables œuvres, surtout, comme l'indique le livret, si elles ne sont pas des commandes ? Sous quel rapport ce travail peut-il être profitable à l'artiste? Il n'est pas de nature à agrandir sa réputation, et non plus, je pense, à grossir son épargne. Comme étude, cela ne vaut rien et gâte plutôt la main.

Que M. Dubufe revienne à de plus sages travaux, il a habituellement de la grâce et de l'habileté, il a tout un public à lui pour ses portraits. Son faire maniéré séduit plus d'une belle dame. N'est-ce pas déjà une jolie place que celle qu'il peut posséder dans ce genre de peinture? Qu'il y reste et y trône en vainqueur, je n'y mettrai pas opposition, mais je n'irai pas le flatter au point de faire accroire qu'il m'est possible de lui tenir compte de sa grande débauche de couleurs.

M. Dugasseau. — *L'été et l'automne* (626) est un panneau de nature morte d'une peinture un peu *criarde*, mais composé avec un certain talent.

M. Dumas (Michel). — *La Glorification de saint Denis* (631), tableau destiné à l'église Notre-Dame de Clignancourt, est un des meilleurs du Salon sous le rapport du sentiment religieux. Le saint est porté sur un nuage et monte au ciel guidé par deux séraphins: l'un, épris d'un pur amour, lui baise les mains, l'autre le contemple avec respect. Au-dessus d'eux, les précédant dans leur ascension, deux anges tiennent la hache qui a frappé le saint et la palme du martyre qui lui ouvre les portes du paradis.

Les cinq personnages forment un groupe simplement composé, leurs physionomies sont calmes et pleines d'onction; ils sont drapés avec goût et dessinés avec sagesse. On voudrait trouver un modelé plus gras dans les chairs et un aspect général moins gris, mais, telle qu'elle est, cette œuvre est méritante.

M. Michel Dumas expose aussi un bon *portrait de femme* (632), d'un dessin distingué, mais peut-être un peu froidement modelé.

M. Dupuis (PIERRE) prouve dans *la Misère* (644) qu'il possède la science du dessin et de l'anatomie; les raccourcis sont traités avec aisance et sûreté. La peinture est large et le coloris très-vrai.

Les mêmes qualités se retrouvent dans *la Mutinerie* (645), jolie étude qui renferme des parties nues très-belles de modelé et de couleur.

M. Duran (CAROLUS). — *L'Assassiné, souvenir de la campagne romaine* (646. — La scène se passe à la porte d'une chaumière. On apporte sur un brancard le malheureux qui vient d'être assassiné. Sa fille aînée s'est jetée sur son corps ensanglanté ; sa femme n'a pu arriver jusqu'à lui, elle s'est évanouie entre les bras de deux jeunes enfants. Les passants se sont amassés, et ont entouré la victime qu'ils contemplent avec une pitié mêlée d'horreur.

La scène est excessivement dramatique, elle est traitée avec une rare énergie. Peut-être les personnages de grandeur naturelle eussent-ils gagnés à être réduits de moitié. Mais on ne songe pas en à faire reproche à M. Duran, qui a trouvé moyen de révéler ainsi la puissance de sa brosse et l'éclat harmonieux de sa palette.

Entre autres jolis détails, je signalerai la petite fille qui se ferme la bouche avec son tablier. Ce mouvement est très-naturel chez un enfant effrayé, et la façon dramatique dont il est rendu est d'un sentiment tout à fait remarquable.

Un beau *portrait d'homme* (647), sévèrement dessiné et très-étudié, complète l'exposition de M. Duran, dont le public intelligent a pris note et qui engage l'artiste pour l'avenir.

M. Dusaussay.—*La dernière Heure* (656) est un paysage très-remarquable au point de vue de l'idée, du sentiment de la nature et de la sagesse de l'exécution. Le sujet est tout un poème. C'est le moment où le jour va disparaître, le soleil se couche et ne dore plus que les lointains à l'horizon. Au bas d'un village assis en amphithéâtre coule une rivière limpide et transparente, qui reflète très-joliment le ciel et tous les objets qui peuplent le rivage. Un batelier amarre sa barque pour venir chercher le curé du hameau qui porte le saint-viatique à un malade habitant de l'autre côté de l'eau.

M. Dusaussay a voulu nous faire penser à la dernière heure de la vie, en nous peignant en même temps la dernière heure du jour. L'idée est délicate et intéressante. La plus grande poésie enveloppe le paysage, et l'âme est émue devant ce triste chant du crépuscule. L'exécution sévère, élégante par la ligne et riche par le ton, concourt admirablement à l'effet général qui est saisissant.

Les premières Hirondelles (657) nous reporte à une tout autre pensée. Là était la tristesse, ici c'est la joie. La nature se pare de sa plus jolie toilette, les arbres blanchissent sous les fleurs épanouies, la sève sort jeune et vigoureuse de toutes les plantes, et l'on sent une fraîcheur délicieuse envelopper les sens. Voilà bien la douce image du printemps qui nous ramène l'hirondelle, le soleil des beaux jours. La nature est gaie et nos yeux sont ravis.

Ces deux toiles rappellent ensemble le grand poème de la vie : l'aube et le coucher, la joie et la tristesse, le commencement et la fin ici-bas.

M. Dusaussay est un artiste au sentiment profond et distingué. L'école du paysage à laquelle il appartient est savante et poétique. Il est permis d'attendre beaucoup de lui, car il est déjà très-brillant par son exécution.

M. Duverger. — *La Fille repentante* (664) est une petite scène dramatique, composée à la façon de Greuze. C'est un intérieur de villageois. Le père maudit sa fille qui l'implore à genoux, la mère demande grâce pour elle, les enfants sont silencieux et effrayés, et le curé, dans une attitude respectueuse, n'ose solliciter pour la coupable. Le sujet est rendu avec une certaine grandeur morale. La disposition des personnages est bonne ; leur physionomie d'une grande vérité. La peinture, en général, est un peu lâchée ; dans les chairs, l'artiste abuse des touches de vermillon. On pourrait en compter le nombre sur chaque petite figure. Cela détruit l'harmonie des couleurs. Ce n'est, du reste, pas par le coloris que brille M. Duverger, sa peinture fausse est terne ; mais il a un très-grand talent d'observation et une grande sûreté de pinceau.

M. Ehrmann. — Je crois avoir été un des premiers à signaler les travaux de M. Ehrmann. L'année dernière, la *Sirène* m'avait plu énormément et j'avais constaté combien son auteur me paraissait appelé à un sérieux avenir. Mes prévisions sont dépassées par l'exposition actuelle ; *le Fil d'or* (667) est une œuvre essentiellement forte et, certainement, parmi toutes celles du Salon, elle tient un des premiers rangs sous le rapport du style élevé.

Ce groupe de trois *figures* assises sur un nuage dans un coin du Zodiaque est saisissant par son imposante dignité. L'idée tout d'abord est neuve et d'une heureuse originalité. De ces trois ravissantes jeunes femmes, quelle est la plus belle? Est-ce celle qui tient la quenouille et dont la poitrine est d'une si délicieuse forme et d'un si charmant coloris, ou celle qui, pour dévider le fil, allonge son bras d'une pureté de lignes adorable, ou bien enfin la troisième qui, plus bas, les contemple rêveuse, assise dans une pose qu'Ingres seul eût pu trouver? N'ont-elles pas toutes les trois des attitudes sévères et gracieuses à la fois, des physionomies régulières et suaves, des pieds et des mains d'une forme exquise? Ne sont-elles pas drapées dans des tuniques aux plis harmonieux et aux couleurs tendres, tuniques qui, suivant certains critiques, servent depuis trois cents ans, mais que l'on revoit toujours plus fraîches et plus gracieuses lorsqu'elles sont ajustées sur un joli corps par une main délicate et savante? Et comme ce groupe, construit avec la triple harmonie de la composition, de la ligne et de la couleur, se détache avec puissance sur cette voûte bleue et profonde où scintillent les étoiles.

M. Ehrmann est dans une excellente voie, il possède l'art presque perdu aujourd'hui de faire grand et de retracer les choses surnaturelles. Il a le style, incontestablement la plus rare de toutes les qualités. Il dessine purement, peint harmonieusement, compose avec sagesse et pourtant avec originalité. *Le Fil d'or*, au milieu des toiles qui l'entourent, me fait l'effet d'un pur diamant au centre d'une parure de strass.

Mᵐᵉ **Escallier** (672) compose lourdement ses bouquels, elle serre trop ses fleurs les unes contre les autres; sa peinture est un peu mollement accusée, mais elle est d'une richesse de couleur remarquable.

Mlle **Eudes de Guimard** a fait une jolie petite scène avec ses *Deux Sœurs* (676) : une jeune fille d'une quinzaine d'années porte sa sœur qui peut avoir deux ou trois ans. Leur pose est très-gracieuse et très-naturelle, leurs physionomies douces et distinguées. L'ensemble du tableau est harmonieux.

La même simplicité n'existe pas dans *la porte d'Arroux*, à Autun (677). Il y a trop de détails et le tout est baigné dans une teinte bleuâtre, d'un aspect monotone ; cela papillote aux yeux d'une assez désagréable façon.

M. Faivre (Emile). Un panneau décoratif de salle à manger, *Fruits et légumes* (678), assez largement peint, un peu dur de ton, moins pourtant que son second tableau : *le Cygne mort* (679), plus vigoureux, mais plus noir.

M. Faruffini. — *Première entrevue de Machiavel et de César Borgia* (686). — Grande toile où l'on trouve de très-fortes qualités de peinture. La perspective y est remarquablement observée. Certaines parties sont colorées avec une rare puissance; l'artiste a obtenu des tons pleins de vigueur et d'harmonie. Seulement je trouve la scène un peu nue et moins expressive que le sujet ne le comportait.

L'autre toile : *Charles-Quint et son fils Don Juan à Saint-Juste* (687), est beaucoup plus faible.

M. Faure (Eugène). — *Une Négresse* (689), panneau

décoratif. Bien dessiné, pose juste, bonne peinture et coloris harmonieux.

Le *portrait de madame R. H*..... (690) est gracieux, la figure, douce et jolie, les fonds sont simples. Il est fâcheux que la robe soit un peu *fripée* et d'un blanc trop plombé.

M. Félon. — *Notre-Dame de Sainte-Espérance* (704). — Carton d'une grande simplicité de poses et de lignes et d'un bon sentiment religieux.

M. Ferrandiz. — Avec une *Sortie de la mairie*, *Fête de Valence* (706), d'un éclat de couleur et d'une gaieté de mouvement exagérés, M. Ferrandiz expose une très-agréable petite toile : *la Visite à la nourrice* (707).

La composition est parfaite de naturel et d'entrain. La jeune mère, une Andalouse au teint mat et aux dents de lait, a pris son enfant dans ses bras et le montre avec une vive joie à une espèce de *Basile* dont l'air narquois prête à penser.

Le mari se courbe, les paumes des mains appuyées sur ses genoux, pour voir de plus près le petit dont la nourrice découvre le visage. Cette brave femme semble heureuse de prouver que le bébé a bien profité. Le père nourricier, dans une pose de suffisance très-bien saisie, regarde la scène avec un air de précieuse dignité. Dans le fond une vieille bonne femme, toute rajeunie par cette joie de famille, tient entre ses genoux une petite fille qui se cache, effrayée de voir chez elle tous ces beaux seigneurs.

Je le répète, la scène est très-vive, très-gracieuse et d'un excellent naturel. Les physionomies sont finement rendues, les personnages dessinés avec souplesse, les accessoires traités avec soin et l'ensemble peint avec des couleurs très-harmonieuses et très-brillantes.

M. Feyen (EUGÈNE) a une très-jolie exposition. Son tableau : *les Musiciens de la rue* (709), est certainement un chef-d'œuvre d'observation. Devant la porte d'un palais, sur une marche peu élevée, deux pauvres enfants de quinze ans se sont endormis. Le jeune garçon est appuyé sur sa harpe, et sa sœur, tenant son violon entre ses bras croisés sur sa poitrine, repose sa tête sur l'épaule de son frère. Leurs figures amaigries par le jeûne, leurs physionomies éteintes par la souffrance, leurs membres brisés par la fatigue de la marche, sont d'une poignante vérité. Un chien qui passe devant eux, se retourne et les flaire avec une espèce de dédain. On ne saurait rien voir de plus navrant que cette tête de jeune fille, qui eût pu être belle et à qui la misère a fait un masque que l'on ne peut regarder sans frémir. Ses paupières, alourdies par un sommeil forcé, sont gonflées et les cils desséchés sans doute par l'excès des pleurs. Le nez rétréci respire avec peine, la bouche laisse voir entre des lèvres charmantes, mais d'un écarlate bruni par le hâle, des dents que chacun envierait. On se prend à penser devant cette toile, tant elle est vraie. M. Feyen a supérieurement observé ces pauvres êtres voués dès l'enfance à la paresse et à la plus dure souffrance. On voit qu'il a dû s'apitoyer sur le sort de ces infortunés, car il en a compris et su retracer toutes les angoisses.

L'exécution est à la hauteur de l'idée. La composition est simple et sévère, le dessin fin et précis, la peinture vigoureuse et la couleur sobre et harmonieuse. C'est là une œuvre de genre excellente sous tous les rapports.

Ne croyez pas, après avoir lu ceci, que M. Eugène Feyen

soit un philosophe triste et pleureur. Il vous offre la contre-partie de cette situation cruelle, avec son second tableau : *la Promenade dans le parc* (710). Ici tout est gai et sent le bien-être.

Trois petits enfants, dont l'aîné n'a pas sept ans, se promènent dans un parc, conduit par un jeune nègre plein d'espiéglerie et qui semble prendre plaisir à caresser, avec une branche d'arbre qu'il a ramassée, le nez d'un faune antique dont il s'efforce d'imiter le rire sardonique.

Les trois marmots marchent avec gravité. Les deux aînés tiennent chacun par la main un petit bébé gras et frais au visage souriant. La petite fille porte sa poupée, comme une jeune mère porterait son enfant ; sa démarche est raide comme celle d'une *petite demoiselle*, et sa figure est pleine d'une sévérité calculée. Le frère aîné, d'une physionomie douce et distinguée, a moins de prétention jusqu'à présent ; il traîne son cheval de bois sans autre arrière-pensée que celle de promener un joujou. Le nègre les suit portant l'ombrelle, les petits pardessus et les fichus.

Tout cela est très-lestement arrangé, dessiné avec élégance et d'une couleur très-harmonieuse. Il y a, entre autres, des tons d'un violet tendre d'une extrême douceur. Ce gracieux ouvrage forme un heureux contraste avec la tristesse sévère du premier. Si M. Feyen n'obtient pas une médaille pour ces deux toiles étudiées soigneusement et rendues avec un très-beau talent d'observateur et de peintre, j'en serai bien surpris.

M. Feyen-Perrin n'a pas été aussi bien inspiré cette année que l'année dernière. Dans ses *Femmes de l'île de Batz attendant la chaloupe de passage* (711) il y a bien une teinte de mélancolie et une poésie agréable , mais la peinture est molle. Le ciel est martelé, les rochers sont cotonneux ; l'ensemble manque de précision et de vigueur.

M. Fichel est un des plus habiles metteurs en scène de l'école de Meissonnier. Il a le sentiment juste des attitudes et des physionomies. Sous ce rapport, *Diderot et le neveu de Rameau au Café de la Régence* (712) est un petit tableau très-réussi. Je voudrais cependant une peinture moins lourde et plus de transparence dans les chairs, qui sont un peu comme du *ciment*.

Ce défaut est moins sensible dans *le Colporteur* (713), qui, sous tous les autres points de vue, est également supérieur à la première toile. Il y a plus de vie et une observation encore plus pleine de vérité.

M. Fischer. — *Le Conteur breton* (717) est une jolie scène de genre, comme composition et comme justesse des poses et de l'expression, mais la peinture est sans relief et sans couleur.

M. Flahaut (LÉON). — La ligne est sévère et non sans grandeur dans : *une Falaise, près d'Oulgate* (720), mais les rochers et les terrains sont trop noirs et le ciel d'un violet désagréable.

Les mêmes effets de couleur forcée se retrouvent dans *un Soir* (721).

M. Flandrin (PAUL) expose un *Paysage en Languedoc* (722), qui est peut-être une des meilleures toiles qu'il ait signées. C'est toujours de la nature arrangée d'après les principes de la vieille école classique , mais dans la bonne manière. Les ombrages sont frais, et on trouve un très-joli effet de composition avec le troupeau couché sous les arbres. Des petites *académies* de jeunes femmes qui viennent puiser de l'eau à la rivière donnent de la gaieté et de la grâce aux premiers plans où je ne trouve à reprocher qu'un mélange un peu confus des eaux et des terrains.

Mais que le *Souvenir du Bugney* (723) est donc un triste paysage. Est-ce noir, dur, sans air? Oublions-le en mémoire du premier tableau. .

M. Fontenay (ALEXIS DE) est, lui aussi, un vieil ami des paysages classiques. Il a mis dans ses deux toiles une perspective irréprochable, et donné à sa composition un joli aspect. La peinture, d'une sobriété excessive, est néanmoins d'une sagesse qui a bien son mérite quand même.

Mlle **Forest** (PAULINE DE LA) peint ses *fleurs et fruits* (729-730) avec beaucoup de naturel et une couleur d'une grande douceur.

Mlle **Fougère** (AMANDA) a un talent consciencieux : *la dernière Pièce d'or* (735) indique de la distinction dans l'esprit, du goût dans l'arrangement et une recherche sérieuse du modelé. Sans doute tout cela est petitement traduit, mais enfin n'est-ce point déjà pouvoir beaucoup que d'obtenir ce résultat?

Le jeune Paysan en voyage (736) est surtout digne d'être remarqué pour l'ajustement des vêtements, et la douceur de la physionomie.

M. Foulongne. — *Un Soir de moisson, hymne à la nature* (739), paysage grec, poétique. Intentions estimables dans la composition, un peu diffuse. La peinture est maigre et la couleur rappelle celle de beaucoup de monde.

M. Français. — De tout temps M. Français a entrevu la nature à travers un brouillard. Souvent cette intuition particulière lui a porté bonheur et a donné une poésie vague et précieuse à ses toiles, témoin son ravissant *Clair de lune*, actuellement au musée du Luxembourg.

Aujourd'hui, cette vapeur de l'air baigne encore ses *Environs de Paris* (744) et fort avantageusement. Dans cette toile, les herbages qui forment les premiers plans ont peut-être une importance un peu exagérée, mais ils sont si bien reproduits qu'il y aurait mauvaise grâce à en faire l'objet d'un reproche à M. Français. La partie la plus remarquable est toutefois la perspective de ses lointains, qui s'enfoncent dans le paysage et se perdent à l'horizon avec une étonnante vérité.

Les environs de Rome (743) ne me plaisent pas autant. La simplicité de ce tableau engendre trop le vide, et le pâle coloris fond ensemble tous les objets au point d'en détruire complétement l'effet.

Comme M. Corot, M. Français n'appartient pas à cette phalange de paysagistes qu'ils ont tous les deux certainement contribué à faire naître, mais que la nature seule a formés, et qui ont fait une place à part à l'Ecole française parmi toutes les écoles du monde entier.

M. Frère (THÉODORE). — *Une noce arabe au Caire* (751). — Sous un dais pourpre et or, la mariée et ses demoiselles d'honneur sont promenées voilées par toute la ville. Le cortége, ayant en tête des musiciens conduits par un chef, espèce de tambour-major, est terminé par les parents et amis. Quatre individus portent des torches enflammées. On va ainsi frapper à toutes les portes des autorités ou des connaissances et on leur donne une petite sérénade. M. Frère a traité avec beaucoup d'originalité ce bizarre sujet; sa toile est très-intéressante.

Je lui préfère cependant *la Prière du soir* (752). — Le sujet est plus grand quoique plus simple, et l'exécution en est moins dure. Cet Arabe à genoux sur sa natte est dans une excellente attitude. Il se dégage, de plus que dans l'autre toile, une poésie intime qui charme davantage.

M. Théodore Frère a une manière à lui de reproduire l'Orient. Il a la connaissance profonde de ce pays qu'il a parcouru et dont il a rapporté de précieuses études faites par lui-même sur la nature : aussi attaque-t-il de front les difficultés et ne craint-il pas de rendre les effets bizarres qu'il a vus et observés. C'est à ce parti pris d'être vrai qu'il doit son succès auprès des artistes et sa réputation dans le public.

M. Frère (EDOUARD) excelle dans les petits intérieurs tels que l'*Ouvroir, à Ecouen* (753), qu'il expose cette année.

Rien n'est plus charmant que cette réunion de petites filles travaillant avec assiduité et dans des poses d'un naturel parfait. Elles sont toutes à leur couture au milieu du silence le plus absolu. La scène est délicieusement éclairée et composée avec une certaine grandeur. L'exécution est fine, distinguée et telle qu'il la faut pour un tel sujet.

Je n'en puis dire autant du *Jour des Rameaux* (754). Je

cherche en vain ce que fait ce chiffonnier devant sa hotte. Pourquoi lève-t-il son buis en l'air? Son attitude n'est pas définie, sa figure n'exprime rien. Les accessoires et les fonds qui l'entourent n'ont pas de caractère. Qu'il y a loin de cette idée à celle si finement exprimée par M. Antigna dans ses *Rameaux.* Là, au moins, le sujet était clairement indiqué, et la douce physionomie de la petite marchande attendrissait le cœur. Ce simple mur contre lequel elle s'adossait , avait bien autrement de cachet que la perspective, d'une précision douteuse, qui forme le fond du tableau de M. Frère.

M. Fromentin a poussé le *raffinement* de l'esprit jusqu'à sa dernière limite dans sa *Tribu nomade en marche vers les pâturages du Tell* (759). — Il est impossible de mettre plus d'habileté dans le détail tout en conservant à l'aspect général une grandeur et une harmonie véritables.

Le site reproduit par M. Fromentin est excessivement joli, cette rivière qui tourne la montagne est du plus gracieux effet; elle se perd à l'horizon à une profondeur magique. Des milliers d'Arabes ont déjà gravi la colline, leur course est précipitée, bientôt ils auront disparu. Rien n'est joli comme ces petits chevaux à la robe éclatante, et d'une couleur tendre et variée. Tous les personnages, dans des attitudes d'un goût parfait, se remuent avec aisance. Ils sont groupés avec un soin infini. On ne saurait dire quelle recherche l'artiste a mise dans les moindres détails. C'est le dernier mot de l'esprit et du savoir-faire, et le *procédé* disparaît devant une si parfaite réussite ; car, il faut le reconnaître, M. Fromentin peint de plus en plus par *procédés;* mais malgré tout, ses toiles sont d'un ensemble plein de caractère et d'harmonie. Il s'est fait une place sous ce ciel ardent où Decamps et Marilhat ont puisé une couleur de feu. Il a vu sous un autre point de vue ces endroits pittoresques. Négligeant le climat et la campagne, il s'est attaché à étudier particulièrement l'habitant, ses mœurs et son costume. Il a reproduit avec un tact exquis les habitudes de ces peuples si originaux. Toutes ses toiles, parmi lesquelles celle qui nous occupe ici est peut-être la plus belle, sont des pages savantes et spirituelles qui donnent une complète idée des instincts de l'Arabe.

M. Fromentin donne à ses œuvres un cachet si particulier qu'il est impossible de les confondre avec celles d'aucun autre artiste. Il a un dessin à lui, imprime un mouvement d'un caractère unique dans les attitudes de ses personnages, les revêt d'une façon tout à fait exceptionnelle par le choix des costumes. Sa couleur a des tons d'une finesse inouïe. Certains *blancs* et certains *violets* caressent l'œil et le retiennent longtemps sans fatigue.

L'Etang dans les oasis; Sahara (760), n'obtient pas un si grand succès que la *Tribu nomade*. Le ton n'en est pas si agréable et l'effet de soleil couchant, un peu naïvement indiqué, tranche avec trop de crudité sur le feuillage. Mais quelle distinction dans les groupes, quelle vérité dans les mouvements ! Comme l'eau est pure et reflète profondément les objets qui l'entourent !

L'exposition de M. Fromentin est, sans contredit, une des plus remarquables du Salon, et je m'attends bien à lui voir des voix pour la médaille d'honneur.

M. Gallard-Lepinay. — *Plage à marée basse au soleil levant* (765). — Vive impression de la nature, masse imposante de rochers, belle ligne d'horizon. Un peu trop d'empâtement dans les eaux. L'effet du soleil sur les vagues demanderait davantage de transparence.

M. Gaume doit faire le bonheur des amis du *naturalisme*. Voilà, certes, un artiste qui n'a rien de commun avec Raphaël et M. Ingres, Titien et Véronèse; il est bien *original;* mais je crains que ce soit le sens vulgaire de ce mot qu'il faille lui expliquer.

Quelle idée burlesque d'avoir traité ce sujet : *le Marché aux fleurs, place de la Madeleine* (777). Quel rapport cela peut-il avoir avec l'art? Faites des croquis sur un tel canevas ; mais un tableau de vingt pieds !

M. Gaume doit être un pur élève de la nature ; s'il avait eu un *maître*, c'est-à-dire un homme expérimenté qui lui eût donné un conseil, il n'aurait pas dépensé ses aptitudes à produire un aussi inutile résultat.

M. Gebhard. — *La parabole de Lazare et du mauvais riche* (785) est une œuvre moyen âge. On la dirait conçue et exécutée par un élève d'Albert Durer ou d'Holbein.

Malgré cette imitation par trop sensible, le tableau de M. Gebhard mérite qu'on s'y arrête et qu'on félicite son auteur. Il serait impossible de donner une plus vivante expression aux physionomies des divers personnages que comporte le sujet.

M. Gelibert (JULES). — *Chevreuil, hallali courant* (786). — Les chiens se ruent avec furie sur l'animal, les mouvements sont justes et souples, la peinture est un peu commune.

L'autre toile : *Hallali de sanglier* (787), est plus colorée, plus énergique et plus intéressante. On sent que M. Gelibert a dû voir souvent ces sortes de combats. Les chiens sont d'une grande vérité de mouvement, la scène est d'un effet saisissant.

M. Genaille n'a pas rendu avec bonheur la figure de *saint Louis faisant un vœu dans la Sainte-Chapelle* (789). La physionomie du roi est sans expression bien arrêtée, une certaine simplicité dans le dessin et la couleur rachète un peu ce défaut capital.

Un jeune artiste (790) est une peinture d'un tout autre genre. Un petit enfant, couché à plat ventre sur le tapis du parquet, dessine un *bonhomme* sur une ardoise. Sa mère a interrompu sa broderie pour l'admirer. Il y a du naturel dans les poses et l'ordonnancement du tableau est excellent. Mais l'exécution manque de souplesse ; la peinture est lourde, les parties nues sont principalement trop brunes. M. Genaille devra se défier des *bitumes* et employer davantage les *blancs* et les *outremer*.

M. Gendron. — *Chacun prend son plaisir où il le trouve* (791). — L'artiste a divisé son panneau décoratif en trois groupes. D'abord le travail et la coquetterie, 2° le jeu et la danse, 3° et dans la partie inférieure du tableau : le sommeil. L'arrangement dans la toile est fort habilement disposé. Certains détails sont très-jolis. Si M. Gendron pouvait donner un peu plus d'éclat au coloris, il ferait de ce tableau une œuvre fort agréable.

M. Gérôme. — *Cléopâtre et César* (800). — Je ne saurais trop répéter ce que j'ai déjà dit cent fois : La première chose pour un critique, c'est de placer l'artiste qu'on juge sur le plan qu'il occupe, et de subordonner ses appréciations au degré de valeur reconnu par tous. Plus un homme est haut placé par son mérite, plus on doit être sévère pour lui s'il ne demeure pas à la hauteur où l'estime l'a porté. Un éloge peut être donné à un homme inexpérimenté pour une œuvre qui sera pourtant très-inférieure à celle d'un autre qu'on se croira obligé de blâmer.

Cette profession de foi m'est suggérée à nouveau par la *Cléopâtre* de M. Gérôme. Je ne puis accepter le succès qu'on voudrait faire à cette œuvre très-médiocre et certainement au-dessous du talent de l'artiste qui l'a conçue. Si, devant elle, les badauds s'arrêtent, c'est que le pavillon couvre la marchandise, mais on ne peut l'admirer que par *convention*, je tâcherai plus loin de le prouver.

M. Gérôme a, je le crains bien, perdu tout à fait la possibilité de *faire grand*. A force d'avoir renfermé son talent dans des cadres étroits, il a acquis une science minutieuse qui ne peut plus s'exercer que sur de très-petites dimensions. Il faut qu'il en prenne son parti, il ne peut plus peindre une figure grande comme nature avec son pinceau ; l'espace à couvrir est trop vaste pour la touche qui est trop mesquine, et les grandes lois de l'harmonie seront invariablement rompues. Si M. Gérôme veut encore nous retracer l'histoire, qu'il le fasse à la façon de l'architecte ou de l'archéologie, il a toutes les connaissances voulues pour cela ; mais il ne peut plus être l'historien aux larges idées. Or, César et Cléopâtre sont deux physionomies trop accusées dans l'histoire pour que nous puissions consentir à les voir représentés, l'un avec des traits et une tenue de bourgeois, l'autre sous l'apparence d'une demoiselle de mauvaise compagnie. Cléopâtre était puissamment belle, elle était reine, et ne pouvait avoir aucune analogie de visage et de tenue avec une petite actrice d'un de nos théâtres de genre.

La scène, telle que l'a comprise M. Gérôme, manque totalement de grandeur. César me fait l'effet d'un chef de bureau dans une administration publique; il semble dire à cette dame peu vêtue qui le vient déranger dans ses travaux *importants :* « Madame, vous vous êtes trompée de porte, ici on travaille à la prospérité publique. Voyez plutôt derrière vous ces quatre vieillards chauves. » Je ne sais ce que pourrait répondre la demoiselle, mais, quant à moi, je trouve que messieurs les ministres, que j'aperçois à peine, il est vrai, par dessous les aisselles de Cléopâtre, me font l'effet de jouer un bézig à quatre plutôt que de *veiller au salut de l'empire.*

Quelle est en ce moment la pensée qui traverse l'esprit de la belle ambitieuse? Je vous défie bien de me le dire. Pense-t-elle à la ruse qui vient de lui assurer l'entrée chez le monarque, ou laisse-t-elle voir son amour et son ambition? Assurément rien de cela ne perce sur son visage. Elle est là raide et guindée comme une poupée qu'Apollodore viendrait de déballer et de soumettre au jugement de César. « Voyez, pourrait dire celui-ci, tout en ramassant le superbe tapis qui couvrait son trésor, voyez comme elle est bien vêtue; elle est tout habillée et pourtant on la dirait nue. N'est-ce pas là le comble de l'habileté de la part d'une couturière, et la mienne ne mérite-t-elle pas un brevet d'invention avec garantie de votre gouvernement? » — « C'est vrai, pourrait répondre le maître tout-puissant, cette fille est bien ajustée, cette aigrette et ce collier de perles bleues dans les cheveux, cette chaîne bleue qui entoure le cou, cette bandelette or et rouge qui soutient les seins, cette ceinture toute semblable qui presse le ventre et porte la jupe de mousseline viennent certainement de la première maison d'Alexandrie. Je reconnais là le goût exquis de notre faiseuse à la mode, mais n'auriez-vous pu les poser sur une créature plus belle et plus noble? Ne voyez-vous pas que cette fille est inintelligente, son front bas révèle peu d'instincts, son cou épais n'a pas la souplesse et l'élégance de nos femmes italiennes. Cette poitrine est fine et délicate, la sang y circule peut-être, mais ce torse, ces hanches sont-ils véritablement de chair et d'os? Je ne crois voir qu'un morceau de bois sculpté. Ah ! qu'à Milo les *Vénus* elles-mêmes sont bien autrement femmes et comme la puissance de la création se fait sentir plus vigoureusement qu'ici. »

Je suis réellement étonné que M. Gérôme n'ait pas aperçu combien la figure principale de son tableau était composée de parties si peu homogènes. Dessin et couleur, rien ne se suit avec justesse des pieds à la tête de Cléopâtre. Autant de morceaux entre deux bandelettes, autant de procédés différents. La ligne entre le bras droit et le torse est raide, le ventre est de carton, les pieds sont cambrés outre mesure. Quant à l'*académie* nue qui roule le tapis, il est impossible de l'accepter. Sa taille est disproportionnée. La tête s'emmanche sur les reins sans cou ni clavicules apparentes entre les épaules et la nuque. Le bras droit est tout contourné, et la main est placée dans une pose impossible même pour le plus habile de nos *hommes caoutchouc.*

Signez cette toile : Bastien, et vous verrez combien de personnes prendront la peine de l'étudier. Mais vous avez eu soin de lui créer un *historique*, d'annoncer qu'elle est achetée 40,000 fr., et aussitôt moutons de Panurge de courir devant et de se prosterner.

Certes, cette toile n'est pas sans mérite, et produite par le premier venu serait moins critiquée. On y sent une main habile, une touche qui sait être fine, un coloris d'un goût précieux dans les accessoires. Mais sortant des mains d'un homme jeune encore et qui est à la tête de l'art aujourd'hui, elle n'a pas droit d'être complimentée, elle est tout à fait insuffisante.

Combien je lui préfère *la Porte de la mosquée du Caire* (801), où sont exposées les têtes des beys immolés par Salek-Kachef. Voilà le genre où M. Gérôme est passé maître et dans lequel il devrait forcément se renfermer. La scène n'est pas amusante, mais elle a beaucoup de caractère. Les deux geôliers qui veillent à la porte du temple ont des attitudes à vous faire frissonner. Ils ont bien le type de leur race, leurs figures trahissent la bassesse de leur caractère et l'infime emploi qu'ils occupent. Tous les masques des malheureuses victimes sont effrayants. On les dirait encore travaillés par d'atroces convulsions.

Afin de reposer un peu les yeux attristés par ces horribles détails, M. Gérôme a placé au centre de sa toile une éclatante échappée de lumière qui permet de pénétrer, par la pensée, dans les cours splendides de la mosquée. L'effet est plein de grâce et délicieusement rendu. On ne saurait donner plus de finesse à des tons plus jolis. C'est d'un goût exquis et d'une habileté rare.

Giacomotti. — *Portrait de Mme *** * — Depuis quelques années M. Giacomotti est passé maître dans le portrait. En voici encore un parfaitement réussi. Noblesse d'attitudes, richesse de couleur, grandeur et vérité de la ligne s'y trouvent réunies.

Le modèle, il est vrai, a de la puissance ; c'est une brune magnifique au regard sévère et au teint mat. Elle porte une robe blanche soyeuse, aux reflets d'argent. Son corsage de dentelle, délicieusement fouillé, laisse à découvert des épaules d'une blancheur de neige, où les fines attaches des clavicules font jouer leurs ombres bleuâtres et produisent le plus charmant effet. Ses bras, un peu plus colorés, ont un galbe élégant. Elle pose, dans une boîte placée sur une console dorée, une parure de corail. Dans ses cheveux plus noirs que le jais, passe un velours rouge du même ton que ses boucles d'oreilles en corail également. A son corsage elle a mis un œillet de la même couleur.

Sa pose est noble. La ligne générale de la tête et du corps est pure et agréable à l'œil. La physionomie est franchement accusée. Le modelé est gras et vrai, la tête surtout est peinte avec une grande justesse de tons et de plans. La joue, notamment, est éclairée d'une délicieuse manière, il semble que sous la chair on voie la vie circuler.

A côté de ce remarquable portrait, M. Giacomotti expose un autre petit portrait de fantaisie tout à fait charmant. La pose est excessivement franche, le bras tombe bien le long du corps, les jambes se croisent avec beaucoup de naturel. Le coloris et le modelé en sont extrêmement fins, et la toile entière, paysage et figure, est rendue avec un goût exquis.

M. Giacomotti travaille en ce moment à trois grandes compositions qui doivent décorer une église de Paris. L'une d'elles : *Laissez venir à moi les petits enfants*, eût pu parfaitement être exposée cette année. Quelques touches eussent suffi après l'exposition pour achever l'œuvre presque entièrement terminée. Mais l'artiste, soucieux de sa réputation, a préféré ajourner la production en public de cette immense composition qui lui eût assuré au Salon un double succès.

M. Gibert. — *Monte Pellegrino* (810) est une petite toile où se montre la trace d'études sévères. La mer est profonde et le mont se dessine avec grandeur dans le lointain.

M. Gide. — Placée à côté de la *Cléopâtre*, de M. Gérôme, *la Répétition d'une messe en musique* (811) acquiert un éclat encore plus brillant, bien qu'il ne soit guère possible de peindre sous de plus vives couleurs un sujet plus divertissant.

La composition de M. Gide est excellente. Les groupes sont très-heureusement distribués. Chaque personnage est bien à sa place et l'ensemble est parfaitement entendu.

Le chef de musique se plie avec une aisance et une dignité superbes. Sous sa baguette, conduite avec autorité, les voix s'harmonisent forcément. Ici, les sopranos et les ténors lèvent la tête et font entendre un cri guttural, tandis que les basses, le cou ramassé, arrondissent leurs notes et exhument des sons caverneux. Le curé, assis dans son grand fauteuil, et le vicaire, debout à ses côtés, président magistralement à la répétition.

Les physionomies, les poses sont d'un naturel charmant. La peinture est ferme et d'une couleur remarquablement vive et harmonieuse. Cette petite scène est tout à fait réussie et mérite les plus sincères éloges.

M. Gigoux a voulu nous peindre la Poésie, et il nous représente, couchée sur la peau d'un animal que je ne saurais nommer, une fillasse rougeaude qui aurait besoin de prendre plusieurs bons bains pour se décrasser.

M. Gigoux est, hélas! lui aussi, un peu élève de la nature, un réaliste! Qui le croirait? Il a obtenu les trois médailles anciennes. L'année dernière, ses fidèles prétendaient qu'il avait exposé le meilleur portrait du Salon. Je me hâte de dire que je ne partageais pas leur avis. Je ne me suis jamais expliqué l'engouement de certains pour cet artiste. Enfin, ne parlons pas du passé; contentons-nous d'examiner le présent; il est singulièrement attristant.

Le corps de cette campagnarde est cerné par un trait de bitume du plus détestable effet; les membres trop arrondis sont d'un modelé cotonneux et d'une couleur fausse et sans transparence. La pauvre enfant paraît être dans un état de complète hébétude. J'ai vu souvent à la Salpêtrière des idiotes ainsi accroupies auprès d'un arbre, dans les promenoirs et les jardins. Le paysage qui sert de fond n'est qu'un amas de coton peint en vert; on n'y distingue rien qui puisse faire songer à la nature. Voilà où conduisent le mépris des traditions et le manque de goût. Avis eux jeunes!

M. Ginain a composé avec originalité son tableau du *Grand Schérif se rendant à la mosquée* (813). Les types arabes sont vrais; la couleur est bonne.

Dans les *Chevaux de halage* (814) on ne sent pas bien le sujet. Les deux animaux n'ont pas assez de caractère pour remplir à eux seuls la scène.

M. Girard (FIRMIN) ne tient pas cette année les promesses que sa *Princesse de Lamballe* nous avait faites. *Le Jugement de Pàris* (815) est une œuvre d'une extrème pàleur. La composition est mauvaise, les personnages sont trop près les uns des autres et l'air ne circule nullement dans le tableau. Pàris ressemble au berger des *Variétés*, Junon n'a pas de fierté, Vénus est d'une beauté peu noble. J'avoue que le choix pouvait être sérieusement embarrassant et qu'à la place du beau Pàris, j'aurais gardé la pomme pour une meilleure occasion. La peinture est fouettée, la couleur trop blanche et d'une monotonie peu agréable. Cette toile n'est pas cependant sans mérite ; elle renferme des qualités de dessin sérieuses et dans certaines parties, l'Amour notamment, le coloriste montre le bout de l'oreille.

Le Miroir improvisé (816) est peint avec un parti pris regrettable. Les deux femmes sont maniérées, l'enfant ressemble à une poupée. Les robes blanches sont d'un bleu excessivement cru. M. Firmin Girard a une revanche à prendre.

M. Girardet (Karl). — *La Vue prise sur les bords du Cher* (817) est un ravissant petit paysage, simplement reproduit, frais, poétique et du plus agréable effet. Les eaux coulent avec limpidité et reflètent avec précision les objets qui bordent la rive.

Le soleil levant sur la Toccia rappelle, comme finesse, les toiles de Karel Dujardin. Le ciel, l'eau, les montagnes unies constituent un fort joli paysage.

M. Girardon n'a pas autant de fermeté dans sa peinture, les touches en sont molles. Mais son *Rhône à Arles* (820) est poétiquement rendu.

M. Giraud (Charles) ne pousse pas assez loin son exécution. Elle est dure et indécise tout à la fois. Son *Musée Napoléon III* (822) et son *Intérieur de salon* (823) sont surtout remarquables par l'arrangement et la perspective.

M. Giraud (Eugène) est un de nos artistes les plus originaux. Il a un pinceau tout à fait particulier et sa palette possède des tons que l'on ne retrouve chez aucun autre de nos peintres. C'est là, assurément, une preuve certaine de valeur.

Sa Danseuse au Caire (824), posée dans une attitude si étrange, charme par la souplesse extrême de ses membres et la grâce de ses mouvements. C'est une belle jeune fille, vigoureuse et coquettement vêtue dont l'aspect frappe immédiatement, étonne d'abord et captive peu à peu. La toile est peinte avec beaucoup de franchise dans son parti pris de couleur et les étoffes sont d'une richesse et d'un goût parfaits.

Une Nuit parisienne (825) représente des gens masqués à la sortie de l'Opéra. Pierrot donne le bras à Colombine en domino rose. Il allume son cigare à la lanterne d'un égouttier qui s'est détaché du groupe de ses camarades en train de faire leurs travaux de nuit. Le sujet, comme vous le voyez, est bizarre, mais la façon dont il est rendu le rend très-intéressant. L'expression des figures est traduite avec une verve de bon aloi et une extrême finesse.

M. Giroux (André). — *Vue prise dans la vallée du Grésivaudan* (826). — Grande composition où tout est gigantesque. Les monts escaladent le ciel, la nature est vigoureuse et sévère, les ravins sont profonds. Ce troupeau qui vient boire à la source vive égaie ce paysage abrupt où l'on sent que l'homme n'a rien dérangé de la création.

M. Gisbert, un des artistes qui se révélèrent au dernier Salon, expose une grande toile historique moins saisissante que son *Débarquement des Puritains*, mais qui accuse des qualités nouvelles, principalement sous le rapport du coloris.

*L'Entrevue de François I*er *avec sa fiancée, Eléonore d'Autriche* (827), est rendue avec simplicité ; l'intérèt se concentre bien sur les deux personnages principaux, dont les attitudes sont naturelles et gracieuses. Je voudrais un modelé plus gras dans les chairs et un ton plus solide. Mais la ligne générale est distinguée et la couleur des étoffes d'un éclat suffisant. Les fonds sont simplement traités, mais sans originalité. Véronèse a fourni ses plans et ses dispositions pour l'architecture de ce palais.

M. Glaize. — *Monna Belcolore* (830).

> Deux anges destructeurs marchent à son côté,
> Doux et cruels tous deux : la MORT, la VOLUPTÉ.

Sa figure est d'une mâle beauté, ses deux bras nus se dessinent avec éclat sur sa robe noire. Elle tient une couronne de lauriers et d'immortelles. Derrière elle se dresse la Mort vêtue de blanc. Elle n'est point hideuse, mais *douce et cruelle* comme la veut Musset. La Volupté, le front ceint d'une gracieuse couronne, la figure d'une tendresse ineffable, est aussi blonde que Monna Belcolore est brune. Le galbe de toute sa personne est gracieux et la peinture douce et claire fait ressortir l'énergique exécution des deux autres figures.

M. Glaize comprend admirablement l'allégorie et rend les sujets qu'il traite sans embarras ni diffusion. Chez lui pas de personnages inutiles destinés à remplir les toiles, pas d'accessoires autres que ceux qui sont réellement indispensables à l'idée. Aussi naît-il de là une grandeur véritable dans ses tableaux.

M. Glaize (LÉON).—*Le Christ et les dix lépreux.*—Le premier mérite d'une œuvre exécutée dans des proportions hors nature, c'est d'être saisissante par son aspect grandiose. Dans un travail de ce genre, il faut qu'un artiste soit *lui*, quand même; il est perdu s'il cherche à se rattacher à des *conventions*. M. Glaize l'a parfaitement compris et son immense toile n'a rien de commun avec les *religiosités* produites par les trois quarts des peintres qui peignent pour les églises. Son Christ est monumental; il se dresse majestueux dans sa tunique blanche aux lignes sculpturales. Le geste est sobre, la pensée sévère et la physionomie pleine de douceur. Les dix lépreux sont groupés avec grandeur; les femmes sont agenouillées : une d'entre elles, la tête levée, tend les bras en suppliant. Derrière elle un paralytique, appuyé sur ses béquilles, soulève la draperie qui couvre sa figure afin de contempler les traits du Sauveur. Sur le dernier plan d'autres malheureux tendent les mains vers celui de qui ils attendent leur guérison.

L'ensemble de cette vaste composition est vraiment important. L'exécution large du dessin et de la peinture augmente encore la grandeur de l'effet général. Il y a beaucoup de puissance dans les mouvements. L'artiste a concentré sur la poitrine du Christ les rayons du jour, de manière à fixer l'attention sur le point principal de son sujet. Cette lumière contraste avec les tons sombres et en même temps vigoureux des personnages qui composent le groupe.

On sent que l'artiste a cherché à se rendre original. Il ne prend rien comme ordonnancement aux maîtres d'autrefois et sa brosse ne procède d'aucun parti pris. On ne saurait trop louer une œuvre semblable exécutée par un tout jeune homme. Il y a là plus qu'une promesse d'un bel avenir ; c'est déjà une toile d'un grand mérite qu'une de nos églises sera heureuse de posséder.

A côté de cette conception hardie, M. Léon Glaize nous donne une œuvre du genre néo-grec, qui contraste avec elle d'une façon tout à fait intéressante. *Les nuits de Pénélope* prouvent chez lui une grande souplesse de pinceau, et montrent que sa peinture sait être large ou d'une extrême finesse suivant les sujets qu'il traite. La pose de Pénélope est très-gracieuse. Les moindres détails sont rendus avec un goût parfait. L'architecture notamment est très-soignée.

M. Léon Glaize est entré le premier en loge cette année pour le grand concours de Rome ; il me paraît avoir bien des chances pour sortir victorieux de la lutte. D'après les deux toiles si différentes dont je viens de parler, il est impossible de ne pas lui reconnaître : l'entente du sujet, une certaine science d'arrangement, une palette sobre d'effets, mais sagement distribuée, et beaucoup de connaissances anatomiques. Or, on ne trouve pas cela souvent dans les tableaux couronnés aux concours académiques. Pour ma part, je serais très-heureux de son succès, parce que je vois en lui un artiste sérieux et amoureux de son art.

M. Gosse expose deux portraits (846-847), d'un dessin et d'un modelé fermes et précis.

M. Gosselin prend rang au nombre de nos meilleurs paysagistes. Il rend la nature telle qu'elle est, puissante et poétique. Ses *Environs de Beuzeval* (848) sont remarquables sous bien des rapports. Les arbres, pleins de séve et de vigueur, baignent dans une atmosphère chaude et transparente. L'air et la lumière circulent au travers des feuillages, les rayons du jour se projettent sur la campagne tout entière. Les animaux qui paissent sous l'ombrage semblent vivants et contribuent à l'harmonie générale comme à l'effet poétique. Le ciel est joli, les horizons vastes se perdent bien dans les lointains. Je recommande M. Gosselin à ceux qui ont inventé le *naturalisme*, en voilà du vrai et du bon.

J'espère que M. Gosselin obtiendra cette année sa seconde médaille. Il est, selon moi, dans la meilleure voie où le paysagiste puisse marcher. L'expression de la nature le préoccupe autant que le rendu des détails, et il sait ne pas sacrifier l'un à l'autre.

M. Gourlier a reproduit avec une ligne simple et une peinture sévère *la Fabrique du Poussin*, *Campagne de Rome* (853). Le ciel trop martelé gâte un peu l'harmonie des couleurs.

M. Grund peint un peu trop *proprement*. Il n'a pas assez d'audace. *Sa Lettre d'amour interceptée* (876) rappelle certaines peintures de Winterhatter. *La dernière Rose* est dans le même sentiment. Ces deux toiles néanmoins sont recommandables par la façon dont elles sont étudiées.

M. Guérard. — *Le Trésor du pauvre* (879) est d'une peinture un peu commune, mais d'un joli sentiment.

M. Guiaud expose un paysage, *la Baie de Nice* (883), d'un aspect pittoresque ; les horizons fuient très-harmonieusement derrière les arbres des premiers plans.

Palma (884) est une fort jolie marine ; la mer se brise avec énergie contre la digue, et dans le port se dresse une forêt de mâts.

M. Guifard. — Dans *Butor et héron* (887), nature morte, la ligne est serrée, la peinture manque d'originalité.

M. Guillaumet. Je ne sais si c'est le voisinage de Théodore Frère, un peu sec de ligne, qui me fait paraître *les Joueurs de flûte au bivouac* (891) d'une forme indécise. Quoi qu'il en soit, je trouve encore dans cette toile cet excellent sentiment des types arabes et cette vague harmonie qui suffisent pour rendre une œuvre remarquable.

Dans *la Veillée* (892) principalement, M. Guillaumet se tient à la hauteur de la médaille qu'il a si lestement gagnée l'année dernière. Ces Arabes accroupis autour du feu, leurs chameaux couchés près d'eux, ce ciel de plomb sur leurs têtes, ces vastes ombres qui se prolongent et semblent s'agiter lourdement, nous transportent par la pensée sous ce climat d'Afrique au milieu des indigènes. La nuit est d'un aspect saisissant.

L'exécution a un cachet véritable d'originalité. Les mouvements souples et vrais des personnages, leurs attitudes variées, se dessinent sous une forme un peu vague comme à travers un voile d'harmonie.

M. Hagelstein a mis beaucoup de soin dans ses *Huguenots* (902). La peinture est un peu commune, mais cependant ne manque pas d'une certaine largeur. La couleur est assez bonne et le dessin, raide peut-être, est précis et rend avec naturel les moindres détails.

M. Hamman ne nous donne pas cette année de grandes compositions, mais dans les deux petites toiles qu'il expose on le retrouve tout entier.

La dernière Entrevue (908) se résume tout entière dans une jeune femme d'une distinction parfaite. L'homme qui se retire n'a pas d'autre importance qu'un accessoire et n'est là que pour motiver la pose et l'expression de la dame. Cette petite toile est peinte avec cette brosse chaude et fine que M. Hamman tient du grand Véronèse. La ligne élégante et pure est baignée dans une tiède harmonie. Jamais rien de heurté, tout se fond avec une douceur de tons pleine de charme.

Bluette (909) est une perle véritable. La toile, grande comme la main, nous représente un coin de la campagne. Sur un mur couvert d'herbe et de mousse une jeune et jolie fille est assise prêtant une attention, qu'elle s'efforce de rendre discrète, à un robuste et beau gaillard qui lui parle d'amour. On ne saurait mettre plus de vérité, d'éclat et de charme dans une aussi petite scène. Ce petit rideau de ciel et ces arbres qui couvrent quelques centimètres de toile sont un chef-d'œuvre de coloris. Et, quelle grâce dans l'attitude de cette jeune femme, quel naturel dans la pose de son amant ! Comme on assiste bien à leur conversation ! Ah ! l'harmonie est une belle chose. Etre en contemplation devant une œuvre et la pouvoir embrasser dans un seul regard, n'avoir point ici ou là un détail qui vous tire l'œil et vous empêche de résumer vos impressions! M. Hamman a la brosse la plus douce que je connaisse, elle caresse et vous retient sous le charme. Son dessin, toujours élégant, donne à tout ce qui sort de son pinceau un cachet très-précieux de distinction.

Hamon (LOUIS). — *Les Muses pleurant sur les ruines de Pompéi.* — Entre toutes les œuvres de grâce et de jeunesse, celles de M. Hamon occupent une place à part. Sans être plus parfaites que beaucoup d'autres, elles plaisent davantage par l'aspect poétique, la gamme tendre des couleurs, le charme enfantin des jeunes fillettes qui en sont presque toujours les principaux ornements. Aussi, attendait-on cette année avec une impatiente curiosité la toile des *Muses* pour laquelle l'artiste avait, dit-on, prodigué tous ses soins, et qu'il avait travaillée avec un amour tout particulier.

Des amis de M. Hamon, des connaisseurs éclairés ont en vain chauffé mon enthousiasme, je ne puis crier au chef-d'œuvre devant ce tableau dont j'ai étudié le sens, la portée et l'exécution, et qui me paraît pécher essentiellement par le style, qualité indispensable pour un tel sujet. Je ne saurais même accorder à cette œuvre le charme qu'on y veut bien trouver, et je vais constater que la composition diffuse et le dessin par trop incorrect empêchent de goûter certains détails rendus avec un bonheur véritable.

Il m'est tout à fait impossible de louer les erreurs de mes amis ou des gens qui me sont le plus sympathiques. Il faut qu'ils en prennent leur parti comme je le prends moi-même. Ma conscience ne s'accommode que de ce que je crois être la vérité. Après tout, M. Hamon est homme à avoir iant de revanches ! il est si peu avare de produire de belles choses ! il a un passé si aimable, il a un si long avenir devant lui, qu'on lui doit plus qu'à tout autre un franc parler. Et d'ailleurs, ce que je trouve mal venant de lui, je le vanterais peut-être dans le travail d'un autre. Tout est relatif ; et c'est là le premier devoir du critique, de savoir mettre chaque chose à son plan.

Puisque M. Hamon nous a habitué à le louer si justement et depuis si longtemps, aujourd'hui nous avons le droit d'être exigeant, car, sachant combien il peut, nous fondons sur ses productions l'espérance de bon nombre de jouissances que nous ne lui pardonnons pas de ne point nous procurer.

Le sujet choisi par M. Hamon est un des plus poétiques qui se puissent traduire par le pinceau.

Il comporte le développement des sentiments les plus exquis. La moindre colonne, le plus petit bas-relief, venant de Pompéi, éveille l'idée d'une civilisation inouïe. Là, plus que partout ailleurs, on sent que l'intelligence a dominé la matière. Quiconque a une âme élevée, un esprit artistique, aime à se reporter au milieu des ruines de ces cités modèles. On se demande si ce n'est pas pour les mieux conserver à la postérité, que Dieu a versé sur elles les cendres du Vésuve. Ainsi protégées par le volcan qui les a englouties, elles n'ont pas eu à craindre le *zèle* des édiles, qui ont été contraints d'en respecter les moindres vestiges. Elles sont demeurées jusqu'aujourd'hui et se conserveront presque éternellement telles qu'elles furent au moment de leur splendeur. Mais lorsqu'elles disparurent sous les flammes et qu'on les put croire à tout jamais dévorées, quel ne dut pas être le désespoir des Neuf Sœurs qui s'y étaient bâti leurs demeures? N'étaient-elles point la seconde patrie de ces filles divines qui avaient consenti à descendre sur la terre, au milieu des mortels , dans ces murs habités par leurs plus chers adorateurs?

Aussi, en présence de ce deuil immense , par une belle nuit telle qu'il en est de si pures sous ce climat privilégié, un artiste comme M. Hamon ne devait-il pas être inspiré , et sa pensée, qui comprenait si bien la grandeur d'un pareil désastre, n'aurait-elle pas dû guider sa main habile , et la forcer à traduire noblement , avec largeur de style , cette scène solennelle où l'intelligence humaine, sous la forme des servantes d'Apollon , de qui découle toute inspiration, venait pleurer son dernier jour !

Or, à première vue, la seule sensation que l'on éprouve en regardant ce tableau de M. Hamon provient simplement de la sérénité de la nuit qui enveloppe d'un voile grisâtre les personnages et la nature. Mais ce que l'on ressent n'a rien de défini, et viendrait aussi bien à l'esprit en présence d'un autre sujet qu'éclairerait la clarté poétique d'une belle nuit. La double idée de Pompéi et de la destruction qui vient de s'opérer ne nous pénètre pas. La grandeur du fait qui se passe ne se révèle point suffisamment à notre esprit, parce que, d'une part, les muses ressemblent plutôt à des femmes qu'à des filles de dieu, et que, d'un autre côté, les ruines qui s'étalent sous nos yeux sont mollement esquissées et infidèlement traduites. C'est à peine si sur la droite nous distinguons la physionomie, pourtant si originale, du Vésuve. Quant aux palais et aux simples demeures qui toutes ont dans ces ruines un cachet remarquable , il n'est pas possible d'en découvrir la moindre trace : aucune ligne n'est accentuée; tout s'efface dans une teinte homogène.

Ensuite, pourquoi M. Hamon n'a-t-il pas tenu compte de la mythologie en gratifiant les Muses des attributs dont elles étaient dotées? Uranie seule se fait immédiatement reconnaître. Mais Clio, au lieu d'emboucher la trompette de la Renommée, écoute les conseils du *petit dieu malin* qui se penche sur son épaule. Laquelle est Erato? laquelle Terpsychore? laquelle Polymnie? Melpomène et Thalie qui règnent aujourd'hui sont reléguées dans un lointain où il est à peine permis de les distinguer. Aucune d'elles ne captive soit par la pensée qui rayonne, soit par la sévérité qui force à l'admiration, soit par la grâce de la pose ou la douleur du visage. Ce sont de jeunes demoiselles enfants par la figure, femmes par le corps, vêtues comme de simples filles de l'antiquité, et pourtant trop modernes par le jeu de leur physionomie. Elles sont éparpillées dans le tableau, les unes assises, les autres couchées, debout ou volant dans l'espace, et cela sans raison d'être expliquée, sans autre intention de la part de l'artiste, que d'arriver à placer ses personnages dans le tableau pour échapper à la monotonie des poses. Voici pour la composition telle que M. Hamon l'a rendue ; certes, elle est peu en rapport avec la beauté du sujet. Où est ce deuil immense dans l'âme des Muses? quels vestiges voyons-nous de ces innombrables richesses artistiques englouties? Ressentons-nous au milieu de cette scène le moindre serrement de cœur, y puisons-nous une émotion véritable? Non, mille fois non! Je ne vois rien là de cette philosophie de l'art qui se lit sous chaque coup de pinceau dans l'œuvre des grands penseurs. Je veux bien qu'il y ait dans la gamme générale des tons une harmonie qui ressemble à de la poésie, mais c'est tout ce que je puis concéder aux admirateurs quand même de ce très-aimable artiste.

Si je passe à un examen sérieux du tableau en tant qu'exécution, je ne suis pas plus satisfait. J'ai déjà dit que les
ruines étaient seulement esquissées. On ne les devine même
pas; elles sont couvertes d'un voile grisâtre à peine transparent. Les nuits italiennes ne défigurent pas ainsi les
objets. La nuit choisie par M. Hamon est pure et sous sa
clarté blafarde tout doit prendre une forme *précise*. Une
erreur aussi grave existe dans la perspective. Telle des
Muses qui est au troisième plan est plus grande que telle
autre placée au second, et si on voulait tenir compte des
proportions, Melpomène et Thalie seraient à une distance
incalculable de Clio et d'Uranie. Prenons encore séparément
chacune des neuf sœurs : nous trouverons des défauts de
proportions exorbitants. Ainsi Thalie a les jambes deux
fois trop longues pour le corps, Uranie de même; chez Clio
c'est pire encore!

Où l'on retrouve M. Hamon, c'est par la finesse des tons
dans plusieurs morceaux. Ainsi l'Amour est adorable de
toute manière. Certaines draperies s'ajustent aussi avec une
rare élégance. Mais ici le détail devrait être noyé dans l'ensemble en raison de la grandeur du motif, et c'est pourquoi
je regarde cette œuvre comme tout à fait manquée.

Pour me résumer, je dirai : M. Hamon est comme
M. Gérôme, il a trop sacrifié depuis longtemps l'idée philosophique à l'idée ingénieuse; il a trop visé à créer un
genre où le *métier* est appelé à jouer le principal rôle. Il
s'est trop préoccupé du *débit* de ses œuvres, et aujourd'hui
comme toutes les fois qu'il voudra s'attaquer à un sujet
grandiose, il subira le contre-coup de ses succès. Peut-être
est-il trop tard pour lui de faire un retour sur le passé, de
réchauffer les germes de ses études premières? alors qu'il

s'en tienne à la création de tendres églogues et d'aimables
métamorphoses. Là il est certain de réussir avec éclat et de
nous voir tous sous le charme de sa palette délicate et de
ses gracieuses idées.

M. Hanoteau est un réaliste qui ne redoute aucune
des bizarreries de la nature. Il exagérera plutôt l'*effet* que
de le diminuer. Dans *le Soir à la ferme* (912) la couleur est
moins uniforme et plus éclatante que dans *Après la pêche* (911), où le ciel, l'eau, les personnages, les arbres et les
animaux sont peints avec une brosse trop égale. Dans ces
deux toiles il y a cependant de grandes qualités. M. Hanoteau entrevoit bien la nature, il en rend certaines parties
avec puissance et vérité, mais il se préoccupe trop de l'aspect *positif*, si je puis m'exprimer ainsi ; il copie trop, et ne
prête pas à ce qu'il retrace le sentiment dont son esprit doit
être pénétré en présence de la création. La reproduction de
la campagne pour être exacte doit être poétique, car du
moindre objet il se dégage une sensation qui en fait tout
le charme.

M. Harpignies. Entre tous les artistes qui peuvent se
récrier contre les faveurs de la fortune, je classerai au premier rang M. Harpignies.

J'avoue bien humblement que moi-même, avant d'avoir
fait une descente dans l'atelier de ce courageux lutteur,
j'étais loin de lui concéder la place qu'il mérite. Tout en
ayant remarqué ses œuvres aux salons antérieurs, je n'y
avais point mis un examen assez sérieux, empêché que je
l'étais par la place peu favorable dont on les avait gratifiées

et par l'entourage des autres tableaux, exigence forcée, mais détestable, des expositions.

Aujourd'hui que j'ai pu étudier les paysages de M. Harpignies, ses aquarelles, et me rendre compte de l'immense labeur de cet artiste, je ne puis comprendre comment il lui a fallu tant de temps pour obtenir la médaille que ses deux toiles de cette année vont lui faire obtenir, car elles sont de nature à déjouer le mauvais sort, tant elles sont remarquables à tous les points de vue.

Vue prise de Sorrente. — Le golfe de Naples étale ses flots limpides plus bleus que le ciel si bleu de cet admirable climat ; au fond du paysage le Vésuve se déroule dans un horizon tiède tel qu'il n'en existe qu'en cet endroit. Il est environ quatre heures du soir. Des paysans portant des fruits sur leurs têtes descendent un petit sentier à travers les bois. Sur la droite s'avance dans la mer un rocher derrière lequel on aperçoit quelques maisonnettes. A gauche, de grands arbres se dressent vers le ciel plein de force et étendent en tous sens leurs rameaux gonflés d'une séve puissante. Des amandiers au feuillage cendré viennent mêler leurs plus hautes feuilles aux branches les plus basses de ces arbres majestueux. Entre ces premiers plans et les petits arbres qui bordent le rivage, la lumière se glisse à travers un gracieux sentier.

Ce qui frappe au premier abord dans ce paysage, c'est l'unité de la composition, la sobriété et en même temps la largeur du dessin. On pense aussitôt à Wynants, un des grands maîtres de la ligne. Le calme règne dans ses grands bois ; ces oliviers, ces citronniers, ces orangers si rapprochés de nous, semblent répandre une agréable senteur de verdure.

La brosse de M. Harpignies est ici d'une puissance remarquable. A côté des frais tons bleus du ciel vient trancher l'ocre des toits, et les touches verdâtres de la mousse qui grimpe aux arbres sont d'un coloris vigoureux auprès des feuilles vertes déjà roussies par les ardeurs du soleil.

Le soir, Souvenir de la campagne de Rome. — Cette toile, moins vigoureuse de tons que la première, n'en est pas d'un aspect moins saisissant et lui devient préférable lorsqu'on a pu la regarder longtemps et en comprendre toutes les beautés.

Cette magnifique campagne de Rome, si largement dessinée par la nature, et si poétiquement éclairée par le soleil de l'Italie, se devine tout entière dans ces lointains où l'œil voit se dérouler en mouvements accidentés de superbes collines dont les terrains sont merveilleusement reproduits comme caractère et comme coloration.

Le paysage est coupé en deux parties presque égales par un petit ruisseau qui fait serpenter ses eaux à travers des sentiers verdoyants, passant sous des pierres jetées comme autant de petits ponts, tantôt par la main de l'homme, tantôt naturellement. De chaque côté on a des rochers peuplés de grands arbres dont les feuilles ne sont pas encore entièrement repoussées, car, malgré cette riche température, on voit que nous sommes ici par une journée d'hiver. A droite des chênes gigantesques forment un rideau presque impénétrable, et pourtant le soleil qui se couche perce le feuillage de ses rayons, qui apparaissent comme autant de pointes de feu.

Les touches employées par M. Harpignies pour produire cet effet lui sont tout à fait particulières. Ce ne sont en réalité que des petits points rougeâtres d'un millimètre à peine de diamètre; il semble pourtant qu'on ne les saurait mesurer tant ils offrent de transparence. On sent positivement qu'ils n'ont point de limites, on les voit s'étendre par derrière les arbres et se fondre dans l'horizon vaporeux et chaud qui borde le paysage.

Je le répète : M. Harpignies expose là deux toiles tout à fait remarquables, et il n'est pas possible que son talent trop méconnu ne soit pas apprécié tout d'un coup à sa juste valeur, pendant l'exposition de cette année. Il possède en effet les qualités principales qui font le grand paysagiste : la clarté dans la composition, un dessin large et mouvementé, une brosse vigoureuse, un coloris plein d'éclat.

Nous retrouverons encore M. Harpignies quand nous en serons au compte-rendu des aquarelles, genre dans lequel il est également passé maître.

M. Hébert. — Lorsque je traverse une galerie où se trouve une œuvre de M. Hébert, malgré moi je me sens attiré vers elle et j'admire même avant d'avoir observé. C'est que M. Hébert est un grand artiste et possède cette rare faculté de pouvoir donner à tout ce qui sort de sa palette un cachet particulier et de suprême grandeur. Toutes ses toiles sont couvertes d'un voile poétique, dont le charme est pénétrant ; et, plus ou moins réussies, elles offrent à l'esprit de qui les regarde une pâture délicieuse.

C'est ainsi que je comprends l'art. Son premier but doit être d'éveiller nos sensations, de nous captiver par l'impression générale, de nous envelopper dans une atmosphère élevée où rayonne l'intelligence. Une fois transportés dans cette saine région où l'esprit se meut à l'aise, nous pouvons admirer plus ou moins, mais nous admirerons quand même.

M. Hébert excelle dans les portraits d'enfants. C'est le

propre de son talent de retracer cette expression insaisissable du jeune âge, de baigner dans une chaude vapeur ces fronts intelligents, de noyer ces regards presque divins dans un *outremer* limpide et plein de profondeur. Le petit portrait de *mademoiselle Charlotte de G...* (927) est sous ce rapport une adorable *création*. Rien n'est gracieux et joli comme cette blonde créature, à la chair diaphane. Ses cheveux cendrés, jetés en arrière, laissent à découvert sa figure d'une suave coloration, ses grands yeux bleus où se mire la jeunesse animent d'une vie puissante sa nature délicate. Ses petites épaules sorties de sa blanche chemisette frissonnent au seul contact de l'air. C'est une femme et une sensitive, une intelligence et une matière; on est en présence d'un être vivant et l'on croit voir un idéal rêvé.

Le portrait de M. André P..... (928) est aussi une charmante chose. Ce jeune enfant debout, la canne à la main, dans une pose simple et naturelle, est d'une parfaite distinction; son habillement, d'un goût irréprochable, offre les nuances les plus fines et les plus harmonieuses.

Voilà certainement deux trésors inappréciables pour des parents; car on ne saurait mieux combler l'absence ou rappeler le passé. Il y a dans chacune de ces toiles, non-seulement une reproduction exacte des traits, mais le caractère et l'intelligence des petits êtres qu'elles représentent, et j'irai même plus loin, on y peut sentir l'éducation de la famille.

M. Hédouin expose deux panneaux décoratifs : *la Pêche* (930) et *la Chasse* (931), du plus gracieux arrangement.

Dans les deux toiles le paysage est frais, plein de gaieté,

d'une couleur tendre et vive tout à la fois. Trois petits Amours représentent ici les pêcheurs, là les chasseurs; leurs attitudes sont souples et d'un effet piquant. La peinture, tantôt légère, tantôt ferme, est toujours agréable.

M. Heilbuth nous transporte dans une antichambre. Le sujet n'est pas compliqué : deux personnages, le solliciteur et le valet. Avec le pinceau de M. Heilbuth, il n'en faut pas davantage pour faire une œuvre remarquable.

Il est impossible, en effet, de rendre avec plus d'esprit la physionomie des deux individus, de comprendre et de peindre avec plus de justesse leurs attitudes, de dessiner avec un relief plus vrai les moindres détails de leur ajustement. La scène est originale, amusante, vraie. C'est une fable qui porte avec elle sa moralité.

M. Henner est à peine sorti des bancs de l'école, et il est passé maître depuis son retour de Rome, qui remonte à deux ans. Sa brosse est vigoureuse, ferme, colorée, vraie. Il peint avec une largeur étonnante au point que sous ce rapport on ne lui reconnaît déjà que peu de rivaux.

Sa *jeune Fille* (934) est peut-être moins sûrement peinte que sa fameuse *Suzanne*. On y sent une certaine indécision dans la couleur, bien que le modelé soit d'une justesse admirable. Telle qu'elle est pourtant, cette étude est, de toutes celles exposées au Salon, la plus grandement exécutée et la plus riche de tons.

Le portrait de la baronne T.... (935) est un véritable tour de force. Le profil, d'une pureté de contour précise et distinguée, se détache avec vigueur et finesse sous la toque de velours noir. La bouche puissante va parler, le nez respire,

l'œil pense ; c'est la nature elle-même simplement reproduite. Le châle rouge est exquis de couleur, et l'harmonie
générale est un prodige de coloriste, vu la réunion des couleurs employées.

Mais je répéterai ce que je disais l'année dernière : à
quand la composition sévère et grande que nous promet
un si habile pinceau? M. Henner se doit à nous, puisque
nous savons si bien reconnaitre sa force et sa valeur.

M. Héreau est aussi un réaliste. Il copie de toutes ses
forces ce qu'il a sous les yeux. *La Maison du maréchal-fer-
rant* (940) est une œuvre qui révèle beaucoup d'observation,
mais j'y voudrais voir un peu moins de désordre dans l'arrangement général.

La Ronde du berger (941) prouve encore le sentiment de
la nature ; il est fâcheux qu'il n'y ait pas plus de précision
dans les formes. M. Héreau est consciencieux et chercheur,
il acquerra certainement ce qui lui manque. Dès aujourd'hui
on peut lui reconnaitre du talent et de l'avenir.

M. Hersent. — *Le Bataillon carré en Crimée* (948) est
une œuvre de talent , mais d'une peinture que l'on rencontre assez communément. M. Hersent manque d'audace et
vise trop à la froide correction.

M. Hillemacher est très-faible cette année. *L'Indécision* (953) vaut mieux pourtant que la *Marguerite d'An-
jou* (952).

M. Holfeld est le peintre bourgeois par excellence, il
lime son modelé jusqu'à la dernière limite. Ses effets sont

toujours les mêmes et consistent en reflets de lumière. *Le Livre classique* (958) et *le premier Amour* (959) sont deux œuvres exactement semblables sous le rapport de l'exécution. Les têtes des enfants sont jolies, les poses apprêtées, les fonds sans valeur, la couleur miroitante. Ces deux toiles brillent aux yeux inexpérimentés, mais elles se rapprochent plutôt de la photographie peinte que de l'art véritable.

M. Hopkins ne pourrait pas renier son origine anglaise en exposant ses *Paysans irlandais se rendant au marché* (960). La composition est bonne, et les physionomies comme les attitudes pleines d'observation ; mais le dessin est incorrect et maigre, le coloris pèche par abus des bleus et des violets. Cela se découpe sans harmonie et offre une crudité de tons fatigante.

M. Horovitz. — Des deux toiles exposées par cet artiste, j'ai surtout remarqué le *Portrait d'enfant* (966). Il est bien posé, d'un modelé fin et d'une coloration charmante. L'emploi des bleus d'outre-mer donne aux chairs une fraîcheur et une vérité recommandables.

M. Huet (PAUL) nous rappelle toujours qu'il est un des premiers maîtres de cette grande école de paysagistes qui règne aujourd'hui. Comme autrefois, il aime la nature dans ce qu'elle a de vaste et de pittoresque. *Le Bois de La Haye* (973) forme une scène grandiose. Les brouillards d'automne noient les derniers rayons du soleil couchant qui dessine les silhouettes des arbres. Le sujet a sans doute forcé M. Paul Huet à amollir un peu sa brosse, et il n'y a pas lieu à lui reprocher de ne pas avoir peint avec sa fermeté ordinaire.

Quoi qu'il en soit, son œuvre, sévère et intéressante, doit être comptée parmi les meilleures du Salon.

M. Hugrel. — *Agar et Ismaël dans le désert* (978) forme un joli groupe. Les attitudes sont bonnes, la ligne est puissante, le modelé plein de largeur. La figure d'Agar est belle, son ajustement simple et sévère. Voilà de bonnes études qui serviront à M. Hugrel. Puisse-t-il persister dans cette voie malheureusement aride, à l'époque où nous sommes, mais qui seule peut mener un jour à la vraie popularité.

M. Imer est loin, ce me semble, de tenir ce qu'il promettait l'année dernière. Son *Ile Saint-Honorat* (988) est fade et terne de coloris. L'air manque totalement.

Les Bords de la Creuse (989) sont plus colorés, mais la peinture est molle encore. Cette dernière toile est cependant composée simplement et renferme beaucoup de poésie.

M. Israels a mis une poésie véritable dans son *Intérieur de la maison des Orphelins à Katwyk* (992). La composition est très-simple. Trois jeunes filles sont occupées à coudre. Le silence, le mystère qui les enveloppent sont parfaitement rendus ; la peinture est un peu épaisse et glacée.

Dans *le Bateau* (993) la peinture est empâtée et lourde.

M. Jacquand expose les *Portraits de M. et de madame Mimerel* (997-998). Le dessin est juste, mais trop sec, la couleur lourde et noire, la peinture assez commune. C'est de la peinture bourgeoise sans de trop grands défauts, mais sans qualités bien saillantes.

M. Jalabert est un de nos plus gracieux portraitistes. Il donne à ses figures une douce mélancolie comme
dans le *portrait de madame C...* (1006) et met beaucoup de
distinction et de simplicité dans ses ajustements.

Le portrait de madame C... (1005) est plus précis de
forme et plus sévère de couleur que ne le sont la plupart
des précédents ouvrages de l'artiste. La ligne est savante et
conserve en même temps son élégance et sa souplesse.

M. Janet Lange. — *Allant à l'ambulance* (1008) et *le
dernier Ami* (1009) sont deux petites scènes touchantes,
peintes sobrement et toute de sentiment.

M. Janmot (Louis). — Voici un de ces lutteurs courageux
qui s'efforcent de nous faire croire que la tradition a conservé des adeptes et que le grand art n'est pas perdu. Chez
ces disciples fervents de la vieille école romaine, il peut
y avoir des faiblesses d'exécution, il n'y a pas de défail-
lances de pensée. Certains ont beau vouloir les classer dans
les races antédiluviennes, eux savent bien que tout ce qui
s'appuie sur le bon sens et les grands sentiments survit
aux éphémères enthousiasmes pour les choses à la mode.

M. Janmot, élève de Ingres et médaillé depuis vingt ans,
n'a jamais sacrifié aux maigres dieux du jour ; dans la mesure de sa force, il a lutté contre les entraînements du faux
goût, et ses grandes tentatives avec leurs côtés incomplets
méritent quand même de fixer notre attention. Il se présente à nous cette année avec deux compositions religieuses
importantes.

Condamnation de saint Étienne. — Saint Étienne compa-
raît devant ses juges. Après avoir longtemps protesté de

son innocence, se voyant toujours accusé, il oublie les colères humaines et, levant les bras, il s'écrie : « Je vois le ciel, le reste m'importe peu. »

Le sujet est vaste et M. Janmot n'a pas cherché à en diminuer l'importance. Il a divisé son tableau en deux motifs principaux. Sur le plan supérieur, dans le ciel entr'ouvert, il nous représente Dieu et le Rédempteur assis sur le nuage et entourés d'une phalange de séraphins. — Dans la partie inférieure, seconde moitié de sa toile, il a placé le tribunal, les juges et le condamné.

Saint Étienne est sous l'empire de sa vision, son esprit est entièrement détaché des choses de la terre, et ses yeux, qui se reposent avec amour sur son Dieu, ne voient point l'embarras de certains de ses juges, la fatigue et l'ennui de quelques autres, la colère de plusieurs et l'attention extraordinaire de deux ou trois.

L'exécution, excellente sous plus d'un rapport, n'est pas cependant à la hauteur de l'entente du sujet. La préoccupation de M. Janmot de satisfaire aux lois antiques l'entraîne à accuser certains détails que l'on voudrait voir se fondre dans l'ensemble. Chaque pied, chaque main, étudiés avec une conscience méritoire, attirent trop le regard au détriment de la scène générale. L'ordonnancement du tableau est sagement compris, mais en admirateur par trop docile de l'*École d'Athènes*. La peinture un peu compacte, les couleurs un peu crues, laissent désirer plus de modelé et d'harmonie.

Saint Étienne lapidé. Le second tableau de M. Janmot a également les qualités et les défauts que nous venons d'énumérer. Seulement ici, le paysage, qui a une certaine importance, découpe moins les silhouettes des figures et tempère la crudité du ton.

Sur la droite du tableau on peut remarquer un groupe de sept personnages pour lequel l'artiste semble avoir rassemblé tous ses soins. On sent là une recherche sincère et bien entendue du dessin, du style et de la couleur. Il semblerait que, pour se rendre un compte exact des mouvements et des oppositions de tons, l'artiste ait fait poser sept modèles en même temps.

M. Jeanron sait donner à ses *marines* (1016) un aspect pittoresque et une forme poétique. Sa peinture, un peu uniforme de ton, manque d'ampleur et pèche par l'abus des glacis.

M. Jobbé-Duval. — *La Descente de croix* (1019) manque du grand caractère dont doit être empreinte toute œuvre religieuse. C'est plutôt une promenade de saints et de saintes qu'une descente de croix. La composition n'est pas seule défectueuse, l'exécution est commune, les personnages sont courts et assez grossiers.

Je n'aime pas beaucoup non plus *la Douceur* (1020), représentée par une jeune fille appelant à elle des petits oiseaux. Cependant la pose est assez nouvelle et ne manque pas de grandeur. Les mouvements sont justes et le dessin étudié. La peinture, maigre et incolore, rend l'aspect du tableau plutôt froid que sévère.

M. Jollivet est au Salon de cette année un des plus purs défenseurs de l'art néo-grec. *L'Inconstance* (1022) se recommande par de bien jolis détails : un dessin, une couleur très-agréables. La jeune fille qui tient la rose est gracieuse et attrayante. C'est de la peinture un peu mince,

mais bien réussie et très-aimable. Je suis certain que
cette toute petite toile trouve chaque jour beaucoup d'a-
mateurs.

M. Jourdan. — *Les Secrets de l'amour* (1027) sont
une de ces œuvres franchement peintes qu'on aime à contempler parce qu'elles sont conçues et exécutées par un
artiste amoureux de la forme, et pour qui l'art est à la fois
une étude et un besoin de traduire ses sensations.

La scène se passe au fond d'un bois charmant où les
arbres ainsi que les terrains ont des tons caressants. Une
jeune fille y est surprise par l'Amour, qui, pour lui parler
bien bas à l'oreille, s'est hissé sur une roche recouverte par
la verdure. Le bambin est malin et pressant : tandis qu'il
conte son dangereux secret, sa petite main se pose sur la
poitrine de l'adolescente qui, par un mouvement d'une grâce
exquise, porte elle-même la main à la même place, ce qui
prouve qu'elle a à se défendre d'une sensation. Le profil
délicieux de l'enfant se pose avec hardiesse sur la figure
délicate de sa confidente, chez qui la pudeur et le plaisir se
livrent un adorable combat.

Le galbe de ces deux *figures* nues est d'une élégance et
d'une distinction remarquables. La ligne souple et caressante,
le modelé doux et gras, le coloris tendre et naturel, retiennent très-agréablement l'attention. M. Jourdan est dans une
excellente voie. Sa peinture est sérieuse et n'emprunte rien
à des *procédés* de rencontre. Avec un peu plus de style, ce
qu'il acquerra, je le crois bien, il arrivera à une très-belle
place dans l'art contemporain.

M. Jundt. — *Une Ondée* (1036). — La noce revient de

l'église et traverse la campagne. Une pluie abondante la surprend en chemin. Heureusement un grand arbre est là pour prêter son épais feuillage. La mariée monte sur une pierre pour éviter l'humidité d'en bas, le marié la soutient dans ses bras. Le reste de la bande cherche en vain à s'abriter. La scène est spirituelle et amusante. Malheureusement, il n'y a là qu'un semblant de peinture. Ce parti pris, dont M. Jundt ne démord pas, n'a rien de joli. On dirait qu'on a passé quelque chose sur la toile fraîchement peinte et que toutes les couleurs se sont mélangées.

Ponrquoi ne pas donner plus de consistance et de solidité? M. Jundt le peut assurément, je n'en veux pour preuve que son autre tableau *le Matin* (1037). Une jeune Alsacienne, d'une jolie tournure et d'un frais visage, apporte à ses oiseaux leur premier déjeuner. A part les bras un peu trop gonflés, toute sa personne est gracieuse et solidement peinte. Cela est infiniment plus harmonieux que cette gamme de tons fouettés qui recouvre la première toile.

M. Jutz. — *Poulets et paon* (1038), petite toile peinte avec une extrême finesse, accuse un peu trop de préciosité.

M. Kalckreuth expose un *paysage* (1039) peint sans vigueur et sans éclat, mais qui se recommande par un aspect pittoresque.

M. Kienlin montre d'excellentes qualités dans sa *Marie Stuart marchant au supplice* (1042). On y peut reprendre de la raideur dans les attitudes et une peinture un peu monotone.

M. Knyff (ALFRED DE). — Les maîtres, et M. de Knyff en est un, ont le sentiment si exact de la mesure, qu'il leur suffit de peindre un détail pour donner une idée de la magnificence de la création. Ils n'ont pas besoin pour faire un paysage, d'un fleuve, d'une ville, d'un rocher, d'un horizon qui se développe ; un coin du ciel, un terrain, l'arbre qui l'abrite, en voilà assez pour faire songer à l'immensité et dévoiler les mystérieuses beautés de la terre.

Souvenir de Chennevières-sur-Marne (1046). — Quelques pommiers, aux branches touffues avec des repaires d'ombres inaccessibles aux rayons du soleil, des enfants en train de ramasser les fruits tombés à terre ; en bas, derrière les troncs d'arbres, la ligne de l'horizon aussi droite que la surface unie de la plaine ; une petite rivière qui serpente mince comme un filet d'argent ; au-dessus des feuillages, un coin du ciel d'un bleu profond semé de petits nuages blancs dorés par le soleil couchant : et voilà un chef-d'œuvre.

Mais combien peu d'artistes sauraient donner à un tel sujet tant de grandeur et de poésie ! Les arbres, fouillés avec une vérité incroyable, sont comme baignés dans des flots d'or. Les jeux des ombres et de la lumière font naître ici et là mille reflets harmonieux et engendrent cette suprême majesté.

La peinture sévère, le coloris vigoureux, les masses habilement distribuées font de ce tableau une œuvre à part, exécutée sans le secours des *ficelles* malheureusement trop souvent employées pour obtenir des *oppositions* et des *effets*.

M. Kuwasseg possède la ligne sévère des classiques.

Sa *Vue des Cordillières* (1054) est une grande composition d'une recherche d'exécution un peu précieuse, mais d'un aspect très-pittoresque et d'une très-jolie peinture. La rivière est belle et les monts se perdent admirablement dans le ciel.

Les mêmes qualités et les mêmes défauts se retrouvent dans les *Falaises sur les côtes d'Angleterre* (1055). Les plans sont exactement posés, les tons justes et l'effet général harmonieux.

M. Labouchère. — *La mort de Luther à Eisleben* (1063) forme une petite scène dramatique qui offre un intérêt plus grand que le *Charles-Quint* (1064) ; mais, dans les deux toiles, la peinture n'a pas de consistance et se compose de petites touches vertes, roses et jaunes qui ne se fondent pas ensemble.

M. Lacroix (GASPARD). — J'aime beaucoup le talent de M. Gaspard Lacroix. Il a la poésie de son maître M. Corot, et de plus que lui il possède la ligne sévère et la forme précise.

Son *paysage* (1069) est conçu tout à fait dans les données de M. Corot. Mêmes arbres élevés, mêmes taillis épais, une échappée de jour et des petits personnages baignés par la lumière. Seulement il est plus moderne, le dessin a plus de fermeté, la gaieté et la chaleur y règnent et le rendent attrayant.

Cette petite toile : *Vue prise de Romainville* (1070), n'a que quelques centimètres et pourtant son aspect a de la grandeur. L'inclinaison des terrains est habilement rendue, les plans en sont justes, la nature y est représentée avec vérité.

M. Lafond (ALEXANDRE). — Cette tête d'étude : *Michelina* (1077), est d'une étrange beauté. Le regard sévère et profond, la lèvre puissante, la chevelure épaisse et flottante, le teint basané, donnent une mystérieuse grandeur à cette figure largement esquissée et si simplement peinte.

Je retrouve les mêmes éléments de force dans le portrait de M. M... (1078), avec plus de charme, plus d'onction dans la physionomie, un modelé plus gras. La souplesse des lignes, le sentiment poétique de l'attitude, ont une grâce remarquable. Ce portrait est, sans contredit, un des plus beaux que nous puissions rencontrer au Salon.

M. Lambert (ALPHONSE). — *Un matin après la pluie à Auvers* (1084) est une œuvre poétique. L'influence de M. Daubigny s'y fait sentir directement.

M. Lambert (LOUIS-EUGÈNE). — Doit-on classer M. Lambert parmi les peintres animaliers ?

Ne serait-il pas placé, aussi bien, au premier plan comme paysagiste ? Ne traduit-il pas la nature avec une largeur et une vérité égales à celles que possède un maître ? Je n'en veux pour preuve que son admirable tableau de la *Meute passant une rivière*.

M. Lambert a pris son paysage dans cette délicieuse vallée des Orveaux où Michelet écrivit son beau livre sur l'*Oiseau*. Nous sommes en présence d'un magnifique coteau où de verts arbustes croissent sur de riches terrains. Un rideau de pelouse velouté et d'une fraîcheur exquise s'étend au bas de la colline et la sépare d'une petite rivière aux eaux nacrées où de luxuriants herbages se dressent pleins d'une séve puissante. C'est au milieu même de l'automne ; l'on sent qu'entre deux pluies le jour brille et illumine les horizons d'une grande clarté qui n'est pas celle du soleil. Le ciel est chargé de nuages blanchâtres; les coteaux sont roussis par les feux ardents de la saison. L'on ne se lasse pas d'admirer le jeu des ombres et la grande lumière qui se meut positivement sur le dos velouté de la colline.

Prise à part, cette riche nature suffirait à charmer; pourtant, ce n'est là, pour M. Lambert, qu'un cadre destiné à renfermer une scène adorable, un de ces récits comme en écrivait l'inimitable La Fontaine.

Des chasseurs, servis par une meute d'une cinquantaine de chiens, poursuivent un cerf. L'animal a franchi la rivière et ne paraît pas disposé à s'offrir aux coups de l'ennemi. Pour le joindre il n'y a pas à hésiter : il faut passer l'eau. Heureusement une barque se montre au rivage et le batelier offre ses services.

Les chiens se sont précipités haletants dans la nacelle. En tête la présence d'un chasseur maintient leur empressement à courir sur l'animal. Les derniers entrés sont plus calmes, étant moins près de la trace. Quelques-uns jettent un œil d'envie sur un courageux camarade qui s'est jeté à la nage pour arriver plus vite. Au centre, le Nestor de la bande, véritable philosophe, rompu aux ruses de la guerre, attend patiemment le débarquement. Il sait très-bien par expérience que tout vient à point à qui sait attendre et qu'il ne faut pas dépenser vainement son ardeur.

A l'autre extrémité de la barque est assis le donneur de cor, à côté du batelier qui agite la rame. Sur le rivage, un troisième chasseur tient en laisse d'autres chiens qui n'ont pu trouver place dans le bateau et que l'on voit impatients de se joindre à leurs camarades. Plus loin une douzaine de limiers, les uns attentifs à l'action, les autres couchés à terre, entourent le gardien des chevaux restés forcément sur le rivage.

Il faut voir avec quel amour M. Lambert a étudié chacun des animaux peuplant son paysage. Les races pures, les races croisées, les types anglais et français se distinguent à première vue. Chaque type porte l'empreinte de la famille dont il relève. Il est impossible de ne pas admirer tant d'intelligence dépensée au service de la vérité. Tous ces animaux semblent des portraits et parlent à l'esprit. Nous croyons assister à l'épisode qui se déroule sous nos yeux et nous prenons part au plaisir de ces chasseurs.

L'exécution répond amplement à l'idée de l'artiste. Le dessin est précis et serré, le coloris est frais, lumineux, tendre. Les vêtements des hommes sont peints avec une grande vigueur; la barque fend l'eau et laisse une trace ombrée d'un très-bel effet. Sur le coteau roussi par les chaleurs de la saison, les ombres disputent le terrain à la lumière. Ce sont bien là les purs reflets de la nature. Rien n'est apprêté, et telle est la splendeur du vrai qui resplendit à nos yeux avec un charme infini.

Les Relais de chasse (1088) ne sont pas moins remarquables. Le temps est affreux, la pluie tombe depuis longtemps et a forcé un chasseur et sa meute de suspendre leur marche. Les terrains sont défoncés, impossible d'aller plus loin. Une croix est là sur la route, le chasseur s'y adosse et attend résolûment la fin de l'averse. Les chiens trempés jusqu'aux os ne savent quelle attitude prendre. L'un d'eux n'ose pas s'appuyer sur ses pattes de crainte de s'enfoncer en terre. Chaque animal est un modèle d'observation. La scène est amusante et rendue avec le même pinceau qui a traduit la

Meute passant une rivière. En louer l'exécution serait m'exposer à une redite. M. Lambert a bien gagné sa seconde médaille.

M. Lambinet n'est pas en progrès, ce me semble. Il a bien mis, comme à l'ordinaire, une certaine fraîcheur dans son *Pâturage* (1089), mais les premiers plans y ont trop d'importance et les quelques petits arbres qui s'élèvent sur les terrains sont maigres et découpés.

L'effet cherché dans la *Rivière sous bois* (1090) est peut-être obtenu, mais il n'est pas heureux. L'eau est jolie cependant et on est bien aise de la regarder, afin d'éviter ce feuillage sec et vert qui vous crève les yeux.

M. Lambron finira-t-il de tirer des fusées qui ont pu un jour éborgner le public, mais dont chacun aujourd'hui se moque assurément? On a pu croire un moment au talent de cet artiste; bientôt on ne fera plus attention à ses pasquinades s'il ne nous prend pas davantage au sérieux. Qu'il y prenne garde, la masse des gens n'aime pas qu'on se moque d'elle trop longtemps ; tous les farceurs deviennent ennuyeux à la longue.

Cette *Exécution* (1091) attire la vue par un certain effet bizarre qui de loin a quelque originalité, mais bientôt l'œil se rend maître de ce marbre et des tons voyants qui fourmillent autour de ce grand gaillard sec et noir, dont le masque est de cire, sans mobilité dans la physionomie, sans esprit et simplement grotesque. Le dessin, arrêté avec une fermeté qui veut faire croire à la science, est loin d'être correct. Voyez la longueur de ces deux jambes qui ont quelque analogie avec des fourreaux de clarinette. Pas le moindre modelé ; une sécheresse de pâte détestable ; la couleur, d'un éclat exagéré dans les accessoires, est terne et monocorde dans les parties nues. Tout cela est très-médiocre comme exécution et absolument nul comme composition. Il n'y a là ni l'esprit qui perçait dans les *Croque-morts* ni le dessin dont on sentait la recherche dans la *Vierge et l'Enfant-Jésus.*

En continuant à se gâter ainsi la main en voulant nous tirer des pétards, M. Lambron perd le peu qu'il a appris chez deux maîtres illustres, et sera bientôt dédaigné par la foule comme il l'est déjà par les gens qui veulent qu'on respecte l'art.

M. Landelle expose deux beaux types orientaux d'un bon caractère et peints avec une conscience très-louable.

La Femme fellah (Asie-Mineure) (1095) porte une robe noire rayée de vert, entr'ouverte à la poitrine. Dans l'attitude du repos, elle appuie ses mains sur un vase de terre, sa figure est belle et sévère ; les traits sont purement dessinés. La couleur bistre du visage est bien celle d'une habitante de ces contrées.

L'Arménienne (1096), non moins belle, est plus femme. Son profil est provoquant. Elle porte sur une robe rose foncé un manteau rouge d'une très-belle couleur. Un cercle en or ciselé relève ses cheveux, deux longues boucles d'oreilles finement travaillées pendent sur son cou. Ses cheveux, d'un noir de jais, brillent derrière sa tête. La *Cléopâtre*, de M. Gérôme, est loin de lui ressembler.

La peinture de ces deux belles toiles est sévère et distinguée. Le modelé manque un peu de puissance, mais là tout est de bon aloi, et franchement présenté.

M. Lanfant, un des fournisseurs ordinaires de nos petits marchands de tableaux, n'a jamais fait, je crois, aussi bien que *la Leçon de tapisserie* (1097). Les deux figures sont expressives et justement observées, les fonds sont simplement tracés, la peinture trop fouettée et cependant harmonieuse ; en résumé, la toile est agréablement remplie.

M. Lanoue est un de nos plus sévères paysagistes. Il cherche avant tout le style et l'atteint souvent. Sa *Vue du rocher des Nazons, campagne de Rome* (1101) est savante par la ligne. L'aspect en est imposant ; les terrains sont solides et bien à leurs plans.

M. Lansyer est chercheur et plein de hardiesse. Il serre un peu trop son exécution, ce qui lui donne de la sécheresse. Il abuse aussi des pierres recouvertes de mousse, on en voit dans toutes ses toiles et sur une trop grande surface. Ce défaut est surtout sensible dans sa *Rivière en Espagne* (1104), qui cependant est une œuvre agréable et finement travaillée.

Un *Lavoir à marée basse, côtes de Bretagne* (1105), forme un paysage d'un effet bizarre et dur, mais remarquable, notamment dans la mer et le ciel. Le coloris, très-puissant dans les endroits sombres, est fin dans les parties éclairées.

M. Lapierre. — *Le Jardin de Fontainebleau* (1108) est joli d'arrangement et fin de coloris.

M. Lapito a vu cette année la nature par le petit

bout d'une lorgnette, il a réduit aussi petitement que possible l'aspect de la campagne dans ses deux *vues de Pont-l'Évêque* (1109-1110). Ces peintures sont vraiment traitées avec trop de minutie, ce n'est plus là de la finesse. Pourtant on ne peut leur refuser des éloges. Les plans sont bien indiqués, la perspective est juste, la lumière distribuée avec savoir et avec goût. Mais que M. Lapito s'arrète dans ce besoin de faire *petit* auquel il semble s'assujettir depuis quelques années, car il ne produirait que des œuvres mesquines. Son talent éprouvé peut s'exercer sur une plus large échelle, qu'il conserve sa ligne fine, mais sans préjudice des masses et de l'effet pittoresque.

M. Laugée. — *La petite Curieuse* (1124). — Après son grand succès de l'année dernière, M. Laugée eût mieux fait de ne pas exposer cette année que de nous présenter une aussi faible toile. Il n'y a pas là de sujet à proprement parler. Cette jeune domestique, qui cesse de balayer pour lire une lettre, n'offre pas grand intérêt, surtout représentée dans de telles proportions. Rien n'attire les regards dans ce tableau, personne n'y prendrait garde, si le nom de l'auteur ne le recommandait à l'attention. La peinture transparente et molle, le coloris terne et commun, ne comblent pas le vide laissé par la nullité de la composition.

On peut bien parler franchement à M. Laugée, dont la réputation n'est plus à faire et qui prendra si facilement une éclatante revanche.

M. Laurens. — *Le Cimetière turc* (1129) est parsemé de petites touches fraîches et roses qui surabondent, c'est cependant une jolie œuvre.

Tcheschmeh-Aly, à Rey (1130), est d'une exécution moins cherchée ; la couleur en est terne.

M. Lauron. — *Fleurs* (1135). — Une gerbe de fleurs et de fruits, peints, avec beaucoup de finesse et un coloris délicieux.

M. Lavieille a peint avec mollesse *la pointe de l'île Saint-Ouen* (1140). Les eaux sont fouettées, l'aspect général est d'un vert dur à l'œil.

M. Lazerges a le culte des sujets élevés, il combat dans la mesure de ses moyens contre le matérialisme qui nous enveloppe. C'est un vaillant champion de l'art religieux. Il doit lui être beaucoup pardonné de ses faiblesses d'exécution, car il vise haut et le but qu'il se propose est atteint par bien peu de gens.

Le Christ descendu de la croix (1143) est une œuvre étudiée avec soin. M. Lazerges dessine correctement, il peint avec simplicité. Si son Christ n'a pas de grandeur, au moins il est d'un sentiment assez pur. Je regrette la façon dont il l'a éclairé, on le dirait baigné par un rayon de lumière électrique.

L'Évanouissement de la Vierge dans le palais de Pilate (1144) me plaît davantage. La scène est réellement touchante. Les chairs sont un peu violettes, mais, au résumé, cette petite toile est l'œuvre d'un homme d'un talent sûr.

M. Lecadre. — *Le petit Baigneur*. — Voici un début de bon augure. M. Lecadre est un tout jeune homme, et nous trouvons dans sa toile les qualités les plus précieuses : naïveté de composition, de pose et de figure ; dessin correct et élégant ; tons frais et justes, solidité de peinture.

La toile est bien remplie ; les fonds sont larges et sobres d'effet ; les arbres peints avec une grande sûreté de main. L'attitude effrayée du jeune garçon en apercevant à ses pieds une vipère est rendue avec une heureuse simplicité. Le galbe des jambes est d'une distinction charmante. L'ensemble de la figure nue présente bien les formes d'un adolescent ; certaines touches, principalement dans la cuisse droite, dénotent chez M. Lecadre une connaissance déjà très-expérimentée de la palette.

M. Le Cointe. — *La Mort et le Bûcheron* (1151). — Voilà un beau sujet à traiter pour un paysagiste, mais comment rendre sur la toile les trente vers de l'inimitable fabuliste ? Il n'y avait qu'un moyen : saisir par l'aspect général tout d'abord. C'est ce qu'a fait M. Le Cointe. Il a couvert son bois d'un manteau de neige, et une première impression de tristesse nous empoigne en arrivant devant sa toile. Puis, alors, en apercevant ce pauvre homme :

Il met bas son fagot et songe à son malheur........

On s'apitoie d'autant mieux sur son sort.

Il appelle la mort. Elle vient sans tarder........

Toute la fable revient aussitôt en mémoire.

M. Le Cointe a pris la nature au moment où elle est dépourvue de tous ses charmes ; il l'a faite sévère, en se bornant à reproduire des lignes. Son tableau a de la grandeur et une sombre poésie.

M. Lecomte-Dunouy trouve des enthousiastes pour son *Invocation à Neptune* (1152). Cette petite toile est pourtant, selon moi, très-ordinaire. J'y retrouve tous les procédés de l'école, les poses académiques, la peinture éteinte; et cela copié sans grandeur.

M. Lefebvre (JULES) est un des jeunes pensionnaires de Rome qui promettent le plus pour l'avenir. Il n'a pas le tempérament de peintre de M. Henner, mais il a du goût, du savoir, de la fraîcheur, tout ce qui contribue à rendre une peinture agréable.

Nymphe et Bacchus (1166) nous représente une nymphe assise sur une roche dans un bois sacré, et s'amusant à tenir élevé un oiseau vers lequel l'enfant tend ses petits bras. La pose du petit dieu est originale et charmante. En face de ce groupe simplement agencé et savamment traité, M. Lefebvre a placé un buste du faune antique dont la figure narquoise semble se moquer des vains efforts de Bacchus pour atteindre l'objet de sa convoitise.

Le dessin de cette œuvre charmante est distingué, le modelé précis et la couleur d'une grande finesse.

Nous retrouvons aux envois de Rome *le Jeune Homme peignant un masque tragique* (3316) dont nous avons parlé en temps et lieu et qui continue dignement la série des études de ce jeune artiste.

M. Legendre. — *Le Mur mitoyen* (1172) est un charmant tableau de fleurs, très-joliment arrangé. Les petites plantes grimpantes, qui poussent entre les pierres, sont très-grassement peintes et très-vraies de ton. La corbeille est remplie de fleurs variées aux nuances harmonieuses.

La richesse des couleurs captive la vue et empêche de remarquer les fonds qui manquent de solidité.

M. Lehmann ne soutient pas sa réputation avec son *Tobie* (1182). Les poses sont entachées de préciosité. Le dessin est raide, la peinture sèche et la couleur uniforme. Il y a bien dans les accessoires et le fond quelques jolis détails, mais cela est insuffisant pour rendre son œuvre intéressante.

Le portrait de *M. S. Dumon* (1183) est sagement dessiné ; la peinture est commune et le coloris sans valeur.

M. Leleux (ADOLPHE) sera également peu remarqué cette année. Il n'a pas su, comme précédemment, nous retracer des scènes gaies et gracieuses. Ses deux toiles sont insignifiantes comme composition, et la peinture en est molle et fouettée.

M. Leleux (ARMAND) est, au contraire, très-intéressant. Son *Tabellion* (1189) est une œuvre réussie. La charmante jeune fille et le bonhomme qui écrit sous sa dictée sont d'un naturel parfait. L'exécution est serrée, les tons sont justes et harmonieux.

Les *Tresseuses de paille* (1190) ont des attitudes délicatement reproduites. La toile est joliment éclairée, les fonds sont sobres et participent à rendre très-agréable l'effet général du tableau.

Voilà encore deux œuvres aimables et qui font honneur au talent si souvent éprouvé de M. Armand Leleux.

M. Le Poittevin. — *Les Bains de mer à Étretat*

(1215) sont ce que sont toutes les toiles de M. Le Poittevin : des faits divers. Dans la *Plage de Skevening* (1216), la peinture est plus sérieuse et on trouve un certain sentiment de tristesse qui ne manque pas de poésie.

M. Le Roux (EUGÈNE) a peint avec une grande solidité et beaucoup de naturel sa *Servante bretonne*, mais je n'ai pu la regarder sans songer à cette délicieuse *Lecture* que Jules Breton nous avait donnée l'année dernière. Combien ce coloris, frais et transparent, rendait belle la tête de sa jeune fille. Chez celle de M. Le Roux le *noir*, trop uniformément employé, alourdit la physionomie et enlève beaucoup de charme à la peinture.

La Bouillie (1220) est une jolie scène d'intérieur, avec de bons types bretons bien observés. L'exécution est ferme et large et ne pèche également que par l'abus excessif du noir.

M. Leroux (HECTOR). — *Un improvisateur chez Salluste* présente une scène composée avec art, mais un peu trop selon les règles de l'École des Beaux-Arts. L'élève apparaît plus que l'artiste dans l'ordonnancement général. Nous sommes dans une salle à manger dressée au milieu d'un jardin. Un repas est servi et les convives couchés sur les lits entourent la table. Les physionomies sont spirituelles, les poses un peu apprêtées. Les tapis et la tenture sont riches de tons, le feuillage qui grimpe sur la tonnelle est frais et gai, en général le coloris des accessoires est assez brillant. Mais toutes les parties nues sont peintes avec des siennes qui les rendent lourdes et épaisses. On peut reprocher aussi à M. Leroux une profusion de détails qui enlève de la grandeur au sujet.

César à Formies (1222) est une autre scène antique moins bien réussie que la première. Il y a dans l'attitude des deux personnages une hésitation regrettable. On ne sait trop ce qui peut se passer. La peinture est terne et le modelé sans fermeté. On sent aussi beaucoup de convention.

En général, jusqu'à présent, M. Hector Leroux a montré dans ses tableaux plus d'esprit que d'invention, plus d'étude que de recherches. C'est un talent d'école. Qu'il soit plus hardi, il ne peut qu'y gagner.

M. Lévy (EMILE). — Il est doux, lorsqu'on marche depuis le matin sur une belle route et que l'on se sait à la moitié du chemin, de trouver, à l'ombre d'un arbre touffu, un tertre couvert de mousse, où l'on puisse s'asseoir, et, plongeant sa tête dans ses mains, se recueillir un moment.

Me voici à peu près au milieu de ma course à travers le Salon. J'ai rencontré de belles œuvres, mais aucune n'a laissé jusqu'ici mon esprit sans inquiétude pour l'avenir de l'art. Où j'ai vu le bien, j'ai cru apercevoir l'écueil qui conduit au mal. A côté d'un esprit hardi, un besoin de désordre s'est fait sentir ; tel qui respecte son art m'a paru se trouver trop satisfait du passé, et tel autre, ne se préoccupant que de nier le présent, s'est offert à mes yeux comme entraîné par un besoin irréfléchi d'être original à tout prix.

Or, puisque je rencontre un esprit distingué, amant de la Muse et habile à la servir, laissez-moi causer avec lui et m'instruire en étudiant son œuvre.

Vous aurez beau faire et beau dire, ô matérialistes ! puisque vous ne voulez admettre que des idées définies, vous n'aurez jamais que des jouissances limitées. La pensée ne vous conduira pas dans ces pays enchantés où l'on ne voit que ce qui est agréable à l'œil, où l'on ne goûte que ce qui est doux au cœur. Là plus rien n'apparaît de notre triste humanité ; nous trouvons dans un rêve l'accomplissement de nos désirs, le salaire de nos études.

Ah ! la belle et bonne chose que d'être ravi un moment aux exigences de la vie ; de se croire sur une terre plus riche que la nôtre, au milieu d'un monde peuplé d'êtres plus parfaits que ceux avec qui nous vivons.

Les anciens, moins positifs que les modernes, avaient découvert cet admirable Eden : *la Mythologie*, et les plus beaux génies de Rome et de la Grèce, poètes, peintres ou sculpteurs, aimaient à s'y promener. Ils avaient le sentiment inné du Beau, et trouvaient dans cette création sublime de leur cerveau tout ce qui pouvait rassasier leur ardente imagination aussi bien que l'extrème délicatesse de leurs sens.

Y a-t-il rien, en effet, d'aussi beau qu'un rêve accompli. Voir une personne, une chose supérieure à la réalité ; combler un vide de la nature ; façonner à son image un être à qui l'on communique ses propres sensations ; cela n'est-il pas aussi digne d'occuper l'intelligence de l'homme que le puisse être la scrupuleuse admiration de la création ? N'est-ce pas se servir à la louange du Créateur de la plus belle parcelle de son amour ? Aussi, la mythologie ouvre à l'artiste des horizons multiples ; elle lui permet et d'embrasser la nature et d'étendre ses vues au-delà. Elle exclut forcément tout ce qui n'est pas noble de forme et entraîne l'artiste, malgré lui, à reproduire le Beau.

Les deux toiles de M. Lévy sont conçues dans ce sentiment délicat de l'antiquité, et c'est pourquoi, en arrivant devant elles, on sent tout d'abord comme un frais zéphyr qui vous caresse le front; on respire à l'aise, on se trouve en présence d'un talent sûr et pour qui l'avenir ne saurait plus désormais nous inquiéter.

La mort d'Orphée (1231) est une œuvre forte, malgré ses petites proportions. Le sujet en est double, c'est-à-dire qu'il comporte à la fois un drame : la mort d'un homme, et une idée : la matière, qui prend le dessus sur l'intelligence. Cette définition me servira de point de départ pour répondre de suite à un critique éminent qui reproche à M. Lévy d'avoir donné à Orphée un âge trop tendre et des formes féminines.

Eh! parbleu, M. Lévy savait fort bien qu'Orphée avait été l'époux d'Eurydice, et que déjà il n'était plus un adolescent. Mais l'artiste a parfaitement compris que, dans le sujet qu'il traitait, le fils d'Apollon ne pouvait avoir *un âge;* il ne représente pas un individu, mais une idée. Ici, Orphée, c'est la muse, et aussi la grâce et la jeunesse; il fallait donc le faire apparaître sous d'aimables traits, afin justement d'élever la pensée et de la forcer à se reporter sur la partie philosophique de l'œuvre.

Orphée est étendu sur le premier plan, au bord d'une nappe d'eau où poussent de gras nénuphars et des plantes aquatiques. Les Ménades, heureuses de sa chute, se ruent sur son cadavre avec une farouche cruauté. L'une le tire par le bras et le frappe avec violence, d'autres se jettent sur lui afin de bien s'assurer s'il est mort. Celle-ci, les cheveux en désordre et les bras tendus en l'air, proclame à hauts cris la victoire que celles-là fètent par des danses et des chants. M. Lévy a placé ses personnages de telle sorte qu'ils semblent tomber comme une avalanche, en tourbillonnant. Cette disposition est très-heureuse et donne du mouvement à la scène. Chacune de ses figures nues est traduite avec un pinceau savant et plein d'élégance, l'anatomie en est accusée sans sécheresse, mais avec précision. Le coloris est tendre et cependant plein d'éclat. Une extrême distinction règne dans l'ensemble comme dans les détails. Est-ce à dire que cette œuvre soit complète? Non. On pourrait reprocher à l'artiste de n'avoir pas donné à ses Ménades une force physique en rapport avec leur énergie. Ces filles, habituées à une vie active, courant au milieu des bois et en plein air, devaient avoir un corps plus puissant et des membres plus vigoureux, et ce n'était pas un mal de les faire telles, car elles représentent ici la matière, la force brutale.

Mais c'est surtout la conception qu'il faut louer dans cette toile, et la recherche absolue du beau dans la forme. On est réellement heureux de voir que le faux goût du jour n'a pas entraîné tous nos peintres, et qu'il en est encore qui respectent les saines traditions.

Le paysage qui encadre la scène mérite une mention spéciale. Il est impossible de pénétrer avec plus de vérité dans le domaine de la mythologie.

La mort d'Orphée vaudra-t-elle à M. Lévy la médaille d'honneur? Je ne le sais. A l'heure où j'écris ces lignes, le moment de voter est proche, mais je veux, avant de connaître le résultat de l'élection, proclamer mon choix. En raison de la pensée qui a présidé à la composition, en raison surtout des grâces sévères de l'exécution, ce tableau est, selon moi, le plus élevé par l'idée et par la forme; je lui donnerais le pas sur les autres, voire même sur l'*Idylle* (1232), autre toile de M. Lévy plus aimée de la foule, parce qu'elle est d'un sentiment plus généralement compris.

Rappelez-vous l'adorable poème de Longus ou le conte exquis de Bernardin de Saint-Pierre : Deux jeunes amants dont les sens n'ont point encore parlé, mais dont le cœur soupire et tressaille au moindre regard de l'objet aimé. Tels sont les deux gracieux adolescents que nous montre M. Lévy : Daphnis et Chloé, Paul et Virginie. Comme ces purs enfants dont l'Amour s'est fait le maître, leurs pensées sont confondues, leurs plaisirs et leurs fatigues sont communs. Ils viennent de folâtrer à travers les bois et, craignant sans doute les approches de la nuit ou voulant rattraper le temps perdu, ils se dirigent vers leurs demeures, par le plus court chemin. Mais, un ruisseau leur barre le passage; heureusement quelques pierres placées de distance en distance permettent au jeune homme de passer le gué; il prend dans ses bras sa tendre compagne et, muni de son précieux fardeau, il s'avance avec sûreté, enjambant par-dessus les obstacles.

Le groupe de ces deux charmantes créatures ainsi enlacées est une véritable trouvaille. M. Lévy excelle dans le choix des sujets. Vous vous souvenez, sans doute, des *Enfants buvant dans une vasque*, une des idylles des plus gracieuses qu'un poète ait soupirées. Eh bien! ici le motif est aussi plein de jeunesse et exhale, de plus, un parfum pénétrant de candeur et de virginité. Ces deux jeunes têtes qui se touchent respirent le bonheur : l'une exprime une douce fierté, l'autre une sécurité mêlée de tendresse. Ces deux enfants, ainsi pressés l'un contre l'autre, ne redoutent aucune fatigue ni aucun péril; pour eux l'univers est dans cette douce étreinte et l'avenir importe peu.

L'exécution offrait un danger. L'agencement des pieds et

des mains demandait beaucoup de naturel et de simplicité. Il fallait que dans cet ensemble resserré l'idée se fît jour et que la matière se contentât de lui prêter une enveloppe discrète. M. Lévy l'a compris et rendu avec beaucoup de bonheur. Sa ligne souple et élégante, son modelé plein de finesse et son coloris délicat l'ont servi admirablement. Un ton un peu plus pâle aurait peut-être été préférable ; mais tel qu'il est, l'aspect général est fort harmonieux.

J'aime ces œuvres suaves où la main brutale de l'ouvrier ne se fait pas sentir. La pensée erre avec bien plus de charme autour de ces contours idéalisés. Rien n'arrête l'essor de l'esprit, on peut prolonger sa rêverie sans être ramené à la triste réalité de la vie. Tel devrait être le but des poètes et des peintres : élever les sentiments du cœur ou de l'intelligence et les forcer à vivre quelque temps dans des sphères enchantées. Laissons aux philosophes et aux économistes la tâche d'améliorer les mœurs et ne demandons aux artistes que de pourvoir à l'agrandissement de nos facultés intellectuelles en nous initiant aux inspirations dont Dieu leur a donné le privilége.

Quelle que soit la décision des votants pour la médaille d'honneur, M. Emile Lévy n'a qu'à se féliciter de son exposition, car elle fixe désormais sur lui les yeux des vrais amis de l'art qui le reconnaissent comme un défenseur éclairé des sains principes indispensables à un artiste pour lui permettre de survivre à sa génération. Qu'il poursuive donc son but en dépit de ceux qui l'en veulent détourner ; que le goût dépravé du jour ne monte pas jusqu'à lui et ne le fasse pas descendre des hauteurs sereines où règne l'*Idéal*, pour l'amener aux domaines étroits de ce qu'on est convenu d'appeler la *Réalité*.

M. Lobrichon a mis de l'observation dans ses deux toiles : *un Coin du jardin du Luxembourg* (1256) et *la Toilette* (1257). Cette dernière scène est amusante par les physionomies de la mère et de l'enfant.

Mlle Longchamp (HENRIETTE DE) peint les fleurs et les fruits avec une vérité remarquable. Pour faire des chefs-d'œuvre, il ne lui manque guère qu'un coloris plus vigoureux.

Dans son *Groupe de fruits* (1262), le dessin est d'une exactitude parfaite. Les raisins, les pêches et les groseilles sont de véritables trompe-l'œil. La couleur seule est terne et éteint les qualités de la peinture.

Les *Roses à cent feuilles* (1263) sont délicieuses. Celle qui est à peine ouverte répand un véritable parfum, tant elle est vraie de forme et de ton. Les feuilles manquent de solidité, mais les boutons sont ravissants.

M. Loudet. Le portrait du *général Renault* (1268) est le meilleur morceau officiel du Salon comme ordonnancement et sûreté du dessin. La tête et les mains sont un peu empâtées, mais la peinture n'est pas commune et décèle un coloriste.

Mme Ve Loustau a peint grassement et avec vérité trois *Pavots* (1271), qui forment un des bons tableaux de fleurs du Salon.

M. Luminais a descendu de plusieurs degrés dans les bas-fonds du réalisme. Ses *Pilleurs de mer* (1280), afin d'être plus laids et plus repoussants, nous montrent la plante squalide de leurs pieds affreux. C'est tout simplement malpropre; l'œil passe avec dédain.

M. Maillot nous a montré, il y a tantôt douze ans, qu'il était de taille à disputer le prix de Rome à MM. Lévy et Giacomotti. Ces trois artistes sont partis à la villa Médicis en 1854, comblant ainsi le vide laissé par les mauvais concours de 1852 et 1853.

Que M. Maillot se fasse juge de la distance qui le sépare aujourd'hui de ses deux rivaux! Qu'il compare son *Portrait de M. V...* (1289) avec celui exposé par M. Giacomotti!

M. Maisiat est un des coloristes les plus vrais parmi nos peintres de fleurs. Ses *Roses mousseuses* (1290) sont fort belles de ton et soutiennent dignement la réputation désormais acquise à l'Ecole des beaux-arts de Lyon.

M. Maison expose deux peintures à la cire (1291-1292), destinées à la chapelle des morts de l'église Saint-Louis en l'Ile, qui renferment des qualités d'ordonnancement. Le dessin en est faible; l'inspiration ne s'y fait pas voir, et le sentiment religieux n'y a pas de caractère.

M. Marchal (CHARLES). — *Le Printemps* (1295). — Oh! la douce et riante image de la jeunesse que cette petite toile de M. Marchal! comme on se sent le cœur ému et l'esprit rêveur en pénétrant dans cette chambrette où tout respire un parfum d'innocence! Qu'elle est belle et touchante cette gracieuse enfant de seize ans que l'odeur des premières fleurs enivre et qui se prend à songer à l'aspect du rayon de soleil se glissant par la fenêtre entr'ouverte! Quelle pose à la fois pudique et enamourée! Comme les sens s'éveillent au souffle de la brise d'avril! comme cet œil est limpide, et que cette tresse blonde tombe avec grâce derrière ce cou légèrement ployé! Oh! la mise décente et coquette! la délicieuse collerette blanche! quelle grâce exquise dans toute cette sensitive qui palpite sous le réveil de la nature! On ne saurait rien faire de plus complet que cette scène adorable, éclose du cerveau d'un poète et retracée par le pinceau délicat et caressant d'un peintre admirablement doué.

M. Marchal nous avait fait pressentir, avec ses *Servantes*, combien son esprit renfermait de poésie et combien sa main était légère et distinguée, mais il n'avait jamais résumé avec cette perfection toutes les qualités qu'il possède. La fraîcheur de l'idée, la délicatesse du sentiment, la distinction des formes, l'élégance des accessoires, la finesse des tons, tout ce qui constitue une peinture poétique, aimable, simple dans sa science et brillante sans éclat, se trouve dans *le Printemps*, qui est certainement un des meilleurs ouvrages de l'exposition et que la gravure et la lithographie s'empresseront heureusement de reproduire.

M. Mariller. — *Phœbé* (1298) est une étude de figure nue qui accuse une recherche consciencieuse, aussi bien comme dessin que comme coloris. Mais le ton jaunâtre qui baigne la toile n'est pas agréable. M. Mariller doit apprendre à modeler davantage afin de donner plus de consistance à sa peinture.

M. Masson (Bénédict) expose une esquisse des peintures murales exécutées sous la galerie de la cour d'honneur de l'hôtel des Invalides, le sujet est vaste : *le Siècle de*

Charlemagne (1313), et la façon magistrale dont il est traité fait honneur à l'artiste.

M. Masure a deux marines d'une fraîcheur de ton délicieuse. Ce sont des marines de *Fréjus* (1314) et d'*Antibes* (1315.) La mer tient à peu près les trois quarts de la toile, les eaux sont d'une transparence et d'une vérité remarquables. Les lointains apparaissent voilés par une légère brume, et se reflètent en vous rosés dans les flots nacrés de la Méditerranée. Des roches grises légèrement colorées et peintes avec une extrême finesse, un ciel clair et profond, complètent l'harmonie générale, très-douce et très-jolie.

M. Mazerolles. — *Le Moineau de Lesbie* (1327). — Frise décorative contenant une trentaine de personnages. La scène est bien disposée, la couleur est un peu dure à l'œil. *La Chasse* (1328) est plus sévèrement traitée, mais la même crudité règne dans les tons. Les fonds, d'un bleu ardoise, sont lourds et manquent de transparence. Néanmoins, M. Mazerolles a dépensé beaucoup de talent et produit deux œuvres au résumé fort agréables.

M. Meisonier (fils) manque de grâce et de légèreté dans sa peinture. Dans : « *En prenant le thé* » (1330), les deux personnages ont de vilaines figures, la dame a les poignets cassés. Les parties nues sont ternes et sans modelé, les vêtements en carton-pâte. Ces défauts sont peut-être encore plus sensibles dans *Leusen et Rosine* (1331). Il semble que si l'on touchait les habits de cet homme ils se fendraient tant ils sont en pâte sèche.

Cela, paraît-il, n'empêchera pas M. Meisonier fils d'être médaillé. J'avoue que je ne trouve point ces deux toiles dignes de cette distinction. Elles renferment certainement des qualités d'*arrangement*, mais c'est à peu près par là seulement qu'elles méritent l'attention. Le dessin en est pauvre, le coloris d'une crudité excessive, et l'expression forcée.

M. Mélin. *Les Chiens vendéens* (1334) sont deux magnifiques animaux d'une intelligence remarquable, vigoureux et pleins de souplesse. Le dessin est large et vrai, la brosse puissante et colorée. Il me semble difficile de faire beaucoup mieux ; cette toile est réussie à tous les points de vue. M. Mélin est passé maître depuis longtemps.

M. Mercadé. — *Translation du corps de saint François d'Assise* (1342). — Cette grande toile ne flatte pas l'œil ; le dessin en est étroit, la couleur terne ; les figures des personnages sont cadavéreuses. Il faut l'étudier avec soin pour passer sur ses graves défauts, et pour apprécier les qualités sérieuses qu'elle renferme. La composition est imposante, il y a beaucoup d'onction dans les attitudes, une simplicité pleine de grandeur dans les physionomies. En somme, tout ce qui est remarquable dans cette grande scène constitue de rares qualités, et, d'autre part, il sera facile à M. Mercadé d'apprendre ce qui lui manque.

M. Mérino n'est ni un *réaliste*, ni un *naturaliste*. Être vrai n'est pas pour lui la première préoccupation, il ne demande qu'à faire *laid*. Il peut désormais dormir tranquille, son but est atteint.

« *Mort* » (1349). — Tel est le titre d'un travail très-curieux fait avec un ébauchoir dans un large fromage. Voilà bien la pâte des délicieux produits de la Brie avant qu'on ne les nettoie pour les servir sur la table. C'est assez écœurant, il n'en faudrait pas davantage pour vous dégoûter à tout jamais du fromage.

Il n'était pas besoin d'exhiber avec cela un *Jésus-Christ à Emmaüs* (1350) sur lequel j'ai entendu de bonnes plaisanteries que, par pudeur, je ne puis rapporter. Mais, vraiment, le Sauveur a une attitude bien amusante, et ses disciples ne semblent pas s'opposer à ce qu'il sorte pour un instant.

La première des deux toiles de M. Mérino était sale, celle-ci est burlesque. Je ne sais laquelle est la moins blâmable. Il y a deux ans, cet artiste promettait presque un coloriste, l'année dernière il faisait preuve d'un certain talent d'observation, aujourd'hui... je me suis, je pense, assez expliqué.

M. Merle (Hugues). — *Marguerite essayant les bijoux* (1351). — La jeune fille debout, devant son grand fauteuil, a repoussé sur sa droite son rouet et sa quenouille; elle se pare des bijoux que Marthe lui présente. La bonne dame tire encore de la cassette un magnifique bracelet. Appuyé sur le dos du fauteuil, Méphistophélès penche la tête en ricanant. La réunion de trois figures de grandeur naturelle dans une aussi petite toile, sans que les mouvements des personnages semblent gênés, est d'abord un véritable **tour de force**. Non pas que je prétende faire de cela un grand mérite pour le tableau, mais je veux au moins constater qu'il y avait là une difficulté à laquelle M. Merle s'exposait

et qu'il a su vaincre. Marguerite est fort jolie, l'expression
de son visage témoigne de son innocence et de sa surprise,
peut-être cependant est-elle trop enfant. Sa mise est charmante. Ce petit sachet qu'elle porte au côté est d'une couleur délicieuse. L'exécution du reste est excellente. On sait
quels soins M. Merle apporte à tout ce qu'il fait. Toujours
précis et élégant, son dessin n'a besoin que d'un peu plus
de largeur pour être parfait; son modelé n'a qu'un défaut,
c'est d'être trop serré, et sa couleur agréable a un attrait
irrésistible sur le public. Cette toile obtient le succès le plus
grand et le plus mérité; elle compte certainement parmi les
plus aimables du Salon.

Mais, à côté d'elle, combien est plus véritablement belle
cette *Pauvre mère* (1352)! Il n'est pas possible de l'étudier sans se sentir ému. Cette femme, jeune encore, a dû
être d'une rare beauté ; ses traits tirés par la souffrance
ont une distinction extraordinaire. Elle lève la tête vers la
fenêtre d'où, sans doute, lui vient habituellement un secours. Son anxiété est extrême : l'enfant qu'elle porte dans
son tablier n'a peut-être pas mangé depuis la veille, et l'autre adorable petite fille qui se penche sur elle a l'œil ha-
gard et le front plissé. Oh! oui, M. Merle a raison de dire :
pauvre mère! car on sent bien que la douleur qui serre le
cœur de cette malheureuse, se renouvelle chaque jour et
qu'après un passé brillant peut-être, elle n'a plus devant les
yeux que l'affreuse misère pour elle et ses pauvres petits
enfants.

L'exécution est à la hauteur de la pensée. La ligne est
simple et distinguée, la couleur, d'une gamme triste et tout
à fait heureuse, jette sur l'œuvre une mélancolie profonde.
Je ne trouve réellement rien à reprendre dans cette toile,

une des meilleures qu'ait produites l'artiste, une des plus touchantes et des mieux peintes parmi celles qui font honneur à l'exposition de cette année.

M. Méry. — *Combat entre abeilles et frelons* (1356) est une œuvre originale. Un tronc d'arbre forme le fond du tableau; devant, des centaines d'abeilles se ruent les unes sur les autres avec une vigueur effrayante. La peinture est fine et harmonieuse.

Mésange poursuivant des abeilles (1357) est un sujet exactement semblable et que M. Méry a traité avec la même verve et la même finesse de coloris.

M. Meyerheim est de l'école de Knauss. On trouve dans sa *Ménagerie* (1362) autant d'esprit, un talent d'observateur aussi profond, un dessin précis, une couleur brillante dignes de l'auteur de la *Cinquantaine*. La scène est très-bien ordonnancée et fort amusante. Les attitudes sont en rapport avec les physionomies d'une vérité parfaite. Chacun a bien son âge et laisse percer sur sa figure sa nature et son emploi. Les chairs sont travaillées par un pinceau délicat et tendre; les accessoires sont peints avec une brosse large, vigoureuse et colorée. Dans son genre, la *Ménagerie* de M. Meyerheim est le morceau le plus complet du Salon.

M. Millet (JEAN-FRANÇOIS) a fait fausse route cette année. *Un bout du village de Greville* (1376) est une toile où le *réalisme* reprend ses oripeaux. Il y a loin de là à *la Gardeuse de moutons*. Ici tout est peint semblablement : maisons, terrains, arbres, ciel, personnages et volatiles. C'est mou, terreux, sans caractère, sans forme précise. M. Millet, qui est un homme d'un vrai talent, prendra certainement sa revanche. C'est avec M. Courbet le seul de cette école qui, pour moi, peut avoir un très-bel avenir à la condition que ces deux réalistes feront de fortes concessions au BON GOUT.

Mlle Mingaud. — *Rosier Jacqueminot* (1377). — Très-vrai, d'un beau coloris, peinture un peu molle.

M. Monet. — M. Manet ayant été poliment éconduit, M. Monet a été choisi pour le chef de file de cette brillante école de la fanfaronnade. Il en est certes bien digne. Il ne sait pas ce que cela peut être de composer un sujet. Il n'a jamais dessiné d'après aucun principe ; le modelé est lettre close pour lui, en un mot, c'est la négation de l'art. Regardez sa *Forêt de Fontainebleau* (1387) et dites-moi s'il existe dans les 2,000 toiles du Salon une œuvre plus nulle sous tous les rapports. Je ne prendrai certes pas la peine de la discuter.

Avec *Camille* (1386), c'est différent. Certains critiques, éreinteurs des gens qui suivent le droit chemin, se sont jetés sur la robe rayée vert et noir de cette princesse de bas étage, ils en ont fait un drapeau et le promènent dans tous les endroits de Paris, en criant au miracle et en protestant de leur admiration pour ce superbe morceau artistique.

Qu'est-ce donc que cette *Camille ?* Un mannequin déhanché, avec un masque vitreux, et des mains décharnées sur lesquelles le gant s'ajuste mal. Cela n'a ni vie ni intelligence. Ce mouvement prétendu énergique est sans vigueur ; c'est la copie brutale d'un modèle de bois articulé auquel l'artiste a donné une pose que la nature ne saurait présenter. Déshabillez cette prétendue dame et vous ne trouverez qu'une statue en son avec un masque de plâtre comme il en faut dans tous les magasins de nouveautés pour l'étalage des marchandises.

Reste donc la robe de soie. — Or, je vous le demande sérieusement : une robe de soie habilement reproduite pût-elle constituer une œuvre d'art, cela ne serait même pas suffisant pour un tableau d'*attributs*. Si encore on se bornait à espérer chez M. Monet un coloriste d'avenir, ce serait déjà risquer beaucoup, car deux couleurs franchement données ne constituent pas l'harmonie, sans laquelle il n'y a rien de beau. Mais vouloir considérer ce peintre comme un homme vraiment fort et prendre sa *Camille* pour une œuvre remarquable, c'est tout bonnement de la plaisanterie. La poudre que M. Monet et ses amis veulent nous jeter aux yeux nous laisse la vue parfaitement claire, et nous pouvons très-froidement calculer la petitesse de leurs efforts.

M. Monginot expose deux natures mortes : *Dans le parc* (1390) et *Dans la vigne* (1391), d'un arrangement assez savant. La couleur en est éclatante, mais non sans dureté.

M. Moreau (Gustave) dédaigne évidemment les observations qui lui arrivent de toutes parts et qui toutes sont conçues dans le même sens ; il s'enfonce de plus en plus dans la recherche et la préciosité. La froideur avec laquelle le public le traite cette année le fera-t-il réfléchir ? Je l'espère. M. Moreau avec un très-beau talent ne nous offre que des œuvres médiocres. La science mal combinée ne vaut pas le talent naïf, et l'artiste a beau être admirablement doué, s'il ne sait pas se faire comprendre, il emportera avec lui son savoir qui ne lui aura point été utile.

J'entends dire que M. Gustave Moreau a le tempérament le plus absolu et que rien ne pourra l'influencer ; que des hommes de sa valeur savent ce qu'ils valent et poursuivent obstinément leur but, certains de l'atteindre. Je comprends que la critique soit sans efficacité auprès de certains génies dont l'ardente imagination fait la puissance, il est évident que Delacroix, pour n'en citer qu'un, avait une personnalité trop forte pour qu'on puisse détourner le cours de ses travaux. Mais M. Gustave Moreau n'en est pas là ; le vrai génie, même le plus profond, s'impose toujours aux masses ; or, les œuvres de l'auteur de Jason sont jusqu'ici pour elles de véritables hiéroglyphes. Nous sommes donc en présence d'un esprit distingué, chercheur, possédant à fond la science du dessin et de la couleur, tenant tout de l'étude et pouvant par conséquent profiter de l'expérience des autres.

Si M. Gustave Moreau refuse de compter avec nous, nous ne ferons pas comme lui. Son talent est trop beau, trop réel pour que nous ne le tenions pas en haute estime, mais nous lui dirons alors de dures vérités ; au lieu de ne voir dans ses œuvres que les côtés forts, nous découvrirons les parties faibles et tâcherons au moins de lui faire comprendre que, si savant qu'il soit, il peut pécher par ignorance, et que son tempérament, si accusé qu'il puisse être, n'est pas à l'abri d'influences étrangères.

Ainsi, cela est bien évident, le peintre d'*Orphée* (1404) emploie les mêmes *procédés* que l'auteur de *la Tribu nomade*. *Le Diomède dévoré par ses chevaux* (1405) emprunte tous ses tons à *la Chasse au héron*. Comme coloriste M. Moreau est un copiste exact de M. Fromentin. Mêmes touches fines et délicates, mêmes tons violacés, mêmes gris frottés, avec un supplément de nuances groseille et verdâtres qui le rendent bien moins harmonieux. Cette seule tendance d'imitation suffirait à prouver le manque d'originalité de l'artiste, la couleur est en effet la qualité la plus distinctive de l'homme qui veut affirmer sa manière. Cependant on ne sent point par là seulement combien M. Moreau a besoin des autres pour produire ; sa composition, comme celle des artistes du moyen âge, est compliquée et veut trop prouver son savoir, mille détails y fourmillent, placés là pour témoigner de son érudition. Son dessin juste, mais étroit, est celui de Mantegna, on le contesterait en vain ; je sais bien qu'il n'en a pas la naïveté, mais il en imite de son mieux la simplicité et de là naît dans ses toiles une sécheresse fâcheuse.

Les tableaux de M. Moreau sont habilement *travaillés*, ils contiennent des petits morceaux de peinture, tous complets pris séparément, qui se rajustent avec beaucoup d'art. Mais en évitant de montrer les soudures l'artiste tombe forcément dans la recherche, et ses toiles sont d'une exécution tellement serrée qu'on les dirait séchées au four.

Orphée est un sujet qui, pour le public, serait indéchiffrable sans la note du livret. Cette jeune fille n'exprime absolument rien, ni dans sa pose ni par sa physionomie. *Le Diomède* a plus de mouvement, mais ce n'est pas encore de la vie ; cela est plus fantasque que vrai.

Pour me résumer je répéterai : beaucoup d'art, beaucoup de savoir, un esprit distingué et visant aux sphères les plus élevées, mais une mauvaise direction qui entraîne l'artiste à faire de plus en plus *étroit et sans vie*. Les œuvres de M. Moreau resteront lettres closes pour la foule s'il ne modifie pas sa manière, et s'il ne retrempe pas son talent dans des sources plus vives et plus fraîches. Aimons l'antique, adorons l'idéal, respectons la science, et luttons contre la matière, mais soyons intelligibles, simples, pleins de charme et de séduction ; autrement nous ne servirons que fort peu les intérêts de l'art.

M. Morel-Fatio expose deux marines pâles de ton, mais d'une ligne correcte et élégante.

M. Mouchot.—*Le bazar des tapis.*—M. Mouchot est un orientaliste distingué ; il n'a pas la poésie de Berchère ni la couleur éclatante de Théodore Frère, mais nul plus que lui ne représente avec vérité les usages et les costumes de l'E-gypte.

On voit qu'il a pénétré lui-même dans ces bazars curieux où la lumière ne se peut livrer passage qu'à travers mille obstacles placés par la main des hommes pour en tempérer la chaleur. Il reproduit bien l'aspect de ces terrasses qui re-couvrent chaque maison, et de ces toiles frangées qui abritent les cours à l'intérieur. On sent que par excès de fraîcheur l'humidité doit régner dans ces endroits, car c'est à peine si l'architecte a pratiqué des ouvertures pour amener l'air du dehors.

Des marchands déroulent devant les acheteurs des tapis d'une richesse peu commune. Les costumes et les types de ces Egyptiens sont reproduits avec fidélité.

M. Moulinet. — Il est fâcheux que le tableau repré-sentant *la petite Amie* (1422) soit si faible de peinture, car le sentiment en est remarquable.

M. Muller peint ses *Fruits* avec une extrême finesse ; un peu plus d'éclat et ce serait parfait.

11.

Mme Muraton a mis beaucoup de souplesse et de grâce dans ses *Marguerites* (1432).

M. Navlet — *L'Intérieur de l'église Saint-Pierre de Rome* (1443) est très-réussi comme perspective. La peinture gagnerait à être plus serrée d'exécution.

M. Nazon. — Jamais cet artiste n'avait couvert d'un or plus pur la voûte des cieux ; jamais sa poésie rêveuse et nourrie des délicieux écrits des chantres anciens ne s'était donné cours avec autant d'ardeur. La nature, si bien représentée qu'elle soit, disparaît là pour faire place à l'idéal. On sent, à côté des vérités terrestres entrevues par l'œil du peintre, les aspirations rêvées par l'esprit du poète.

Ulmus amat vitem, sed vitis non deserit ulmum.

C'est de ce vers d'Ovide que s'est inspiré M. Nazon. N'y a-t-il pas, en effet, dans cet *enlacement* du chêne et de la vigne une délicieuse et consolante allégorie, dont le pinceau d'un paysagiste nous devait le développement?

L'aspect général du tableau rend admirablement l'idée du sujet. Tout s'enlace, en effet, dans ce paysage, le lierre grimpe le long des arbres et se tord sur toutes les branches, la vigne vierge et toutes les plantes montantes s'attachent aux pierres ou se nouent entre elles. Séparés par un buisson, sur une verte pelouse, deux jeunes amants se tendent les bras.

Sur les premiers plans de droite, coule une belle rivière dont les ondes bienfaisantes nourrissent des nénuphars ; ces eaux sont tellement grasses qu'on sent qu'elles doivent engraisser toutes ces plantes et les faire souvent refleurir. Au centre du tableau une large voûte sert à traverser la rivière et laisse apercevoir l'horizon dans toute sa profondeur et son immensité. Le soleil le plus ardent se couche par derrière et la dore de ses feux.

Mille détails charmants jettent une poésie indéfinissable à travers le paysage. Ainsi sous la voûte est une petite cascatelle qui coule en écumant, et dans le ciel l'artiste a placé un délicieux motif d'oiseaux.

Tout cela est rendu avec une brosse souple et grasse et avec ce coloris doré qu'affectionne particulièrement M. Nazon.

Le Crépuscule. — Ici le motif est beaucoup plus simple. C'est par un dernier beau jour; le soleil est sur son déclin et se perd à l'horizon qu'il rougit de ses feux. Le ciel est encore coloré d'une teinte dorée et transparente. Au bord d'une rivière et sur les premiers plans sont des herbages vivaces et de gras terrains. Derrière le fleuve, le rivage s'étend en ligne droite et produit un effet très-original. Des montagnes rosées se dressent dans le lointain et devant elles quelques arbres dénudés contiennent des nids sur leurs branchages épars.

L'exécution est la même que celle du premier tableau. De plus, il naît de cette extrême simplicité dans la composition un charme qui berce comme une douce mélodie.

Des deux toiles de M. Nazon, l'une est plus variée, plus riche, plus poétique, l'autre a plus de grandeur dans son uniformité; la première éveille agréablement l'esprit, la seconde le berce et l'endort. Les deux sont de belles et bonnes œuvres comme pensée et comme exécution.

M. Niederhausern a mis beaucoup de poésie dans

son *Paysage d'automne* (1449). — Il y a des détails charmants et très-finement rendus, par exemple : ces petits arbres roux qui se détachent avec vigueur sur les seconds plans.

M. Node abuse un peu des jeux de lumière dans son *Chemin creux* (1454), mais ce paysage est bien composé.

Je lui préfère ses *Fleurs et Fruits* (1455) bien ordonnancés dans le paysage, la couleur en est très-agréable, on voudrait plus de transparence.

M. Noël (JULES). — *La Baie de Douarnenez* (1458) forme une marine d'un aspect très-gai; on lui peut reprocher trop de convention dans la couleur.

M. Noter (DAVID DE). — *Les Fleurs et Fruits* (1460) sont remarquables de vérité; les giroflées jaunes et les pensées principalement. Les couleurs ont de l'éclat et s'harmonisent parfaitement. Cette toile est très-réussie.

M. Ouvrié (JUSTIN) a peint avec finesse *le Château d'Heidelberg* (1476) et *la Cathédrale de Fribourg* (1477). Ces deux vues sont jolies et rendues avec art ; la peinture comporte un peu trop de glacis.

M. Pasini a représenté d'une façon originale *des Cavaliers persans chassant devant eux des prisonniers de guerre* (1498). Il se tient entre Decamps et Fromentin et se fait au-dessous d'eux une assez jolie place.

Dans son *Courrier endormi* (1499), il a trop abusé du noir. L'effet de cette toile est cependant saisissant. La peinture de

M. Pasini a le grand mérite de n'être pas commune. Elle n'est pas sévère, mais elle a des défauts qui servent encore à la rendre intéressante ; or, n'intéresse pas qui veut.

M. Patrois. — *Jeanne d'Arc insultée dans sa prison* (1504). — Cette œuvre est originale, bizarre même, mais elle est remarquable par la vivacité et la justesse des physionomies. La figure effrayée de la prisonnière est pleine de détermination ; Jeanne attire sur elle une épaisse couverture, afin de se préserver des insulteurs, dont les rires sardoniques indiquent les brutales intentions.

L'exécution est attachante, le dessin précis, le coloris n'est pas commun, le modelé accuse trop de sécheresse. Au résumé cela plaît, intéresse et se fait distinguer des œuvres avoisinantes.

M. Pécrus. — *Don Quichotte* (1506) aux prises avec quatre demoiselles qui lui font la barbe forme une scène amusante et rendue avec distinction. Les jeunes filles, habillées de blanc, sont jolies et gracieuses, les figures des autres personnages sont également pleines d'élégance. La peinture n'a pas beaucoup d'originalité, elle manque de transparence et de brillant.

M. Penguilly l'Haridon a mis beaucoup de sa science et de son goût pour les recherches dans *Protée et ses phoques* (1515). Un tel sujet n'est pas très-plaisant à regarder, aussi le tableau n'est-il pas apprécié de tous comme il devrait l'être.

M. Pérignon. — *Le portrait de mademoiselle G. T.....*

(1518) est gracieusement posé. La personne est d'ailleurs fort jolie : cheveux noirs, œil vif et intelligent, bouche fine ; il n'en faut pas tant pour plaire. La figure est de face ; le corps assis et de trois quarts, les mains reposent sur les genoux et tiennent un éventail. La mise est simple : robe de soie bleue avec corsage de mousseline blanche, décolleté ; un petit ruban bleu dans les cheveux, un bracelet, et rien de plus.

M. Pérignon sait faire joli, ses portraits peuvent plaire aux dames : il dessine assez bien, mais son modelé n'est pas assuré, sa peinture est trop transparente, ici par exemple on dirait que cette charmante jeune fille est éclairée en dedans.

Je ne parle pas du second portrait (1517) de M. Pérignon ; on a peine à y reconnaître la main légère et élégante de l'artiste.

M. Perrault (Léon) appartient à l'école de M. Bouguereau ; sa *Vierge à l'agneau* (1520) est conçue dans les mêmes données classiques. La composition est sage. Les figures se rapprochent de l'idéal créé par Raphaël ; le dessin et la peinture sont très-étudiés ; il y a de la grâce et même de la force dans cette toile ; rien n'y est laissé au hasard, c'est consciencieux et réussi. Les progrès de M. Perrault sont très-appréciables, il suit les traditions sévères et peut les défendre très-honorablement.

Dans un genre moins sérieux, la *Nichée* (1521) est une œuvre recommandable. L'enfant est joli et gracieusement posé, les petits chiens sont vivants et peints avec souplesse. La scène est amusante et vraie. Peut-être y a-t-il un peu de *préciosité* dans l'exécution, mais qui peut plus peut moins. Que M. Perrault *lime* moins sa peinture, cela donnera plus de consistance aux partie nues. Sans doute, il n'y a pas là d'originalité, mais n'est-ce pas posséder beaucoup que d'avoir de la science et du goût?

M. Perret (FÉLIX). Je tiens M. Félix Perret pour un coloriste. Certes, il est très-inexpérimenté : son dessin est boursouflé, sa peinture est molle, le modelé se sent à peine, mais il y a dans ses toiles un talent jeune, gracieux, fin, qui charme et fait beaucoup pardonner.

Les Colombes (1522) se becquettent dans un coin du bois, tandis qu'une jeune fille, sortant sans doute de se baigner, sèche au soleil ses membres délicats. On le voit, c'est là tout simplement un prétexte pour une étude nue. L'enfant est vue de dos, ses formes sont gracieuses, bien qu'un peu larges, les jambes renferment des tons extrêmement fins, il est fâcheux que les plans ne soient pas assez accusés. Malgré tout, l'œil se repose volontiers sur cette gamme de couleur douce et distinguée.

Le coloris est moins vif dans *la Grappilleuse* (1523); pourtant, cette jeune fille, posée dans le sentiment de Greuze, et rappelant un peu, par l'aspect général, la *Cruche cassée* de ce célèbre artiste, plaît par la distinction de sa petite personne, où l'innocence se révèle avec une naïveté charmante.

M. Philipard a peint avec vérité des *Oranges et grenades* (1538). J'aime surtout dans cette toile une petite branche de bruyère fraîche et délicatement rendue. Il est fâcheux que les fonds soient mal ordonnancés et dessinés sans précision.

M. Piot. — Cette *jeune Fille au bain* (1558) est par trop naïvement posée et peinte avec bien de l'inexpérience, pourtant il y a là des qualités réelles de couleur et de sentiment. Si M. Piot est un jeune homme, ce que je crois d'après ceci, j'espère compter un jour plus longtemps avec lui.

M. Plassan. — *Au dessert* (1567) est une petite toile où se retrouvent, en partie, les précieuses qualités de M. Plassan, la souplesse des lignes et la finesse des tons. Mais on sent trop chaque touche de pinceau, et les physionomies sont maniérées. Certaines étoffes ont un agréable coloris.

Le Matin (1568) est représenté par deux petites femmes de deux centimètres de hauteur; cela est tellement petit qu'on n'y voit plus ni dessin, ni peinture.

M. Pommayrac (PAUL DE). — *La Nymphe désarmant l'Amour* est sagement dessinée et peinte avec goût. Je regrette la position du bras droit, le coude y prend forcément une pose trop anguleuse. C'est là cependant une œuvre de talent et dénotant des aptitudes distinguées et de réelles connaissances de la peinture.

M. Poncet a un talent sérieux et élevé, je l'ai reconnu déjà, aussi je lui puis bien dire que je n'aime pas beaucoup son exposition de cette année.

Son *Apparition de Jésus à Madeleine* (1578) n'est qu'une reproduction du *Noli me tangere*, de Signol. Le Christ y est moins simple, la pose des mains sent la recherche, la peinture est commune, la couleur vilaine dans certaines parties, notamment les bras et la poitrine de Jésus.

La *Vénus* (1579) est d'un dessin lourd et d'une peinture épaisse ; le modelé est ferme et les plans sont justes, mais l'aspect général ne charme pas.

M. Porion. — *Les Bohémiens de la province de Constantine* (1583) forment une scène bien ordonnancée, et assez amusante. Le danseur et celui qui chante en s'accompagnant de la guitare sont très-heureusement posés, leurs physionomies expriment bien leurs jeux ; les deux autres personnages ont aussi des expressions fort justes. Il est fâcheux que la peinture soit si épaisse et la couleur *terreuse*, cela enlève beaucoup de charme au sujet, qui sans cela attirerait à cause de la verve et de l'esprit qui y y règnent.

L'autre toile : *un bon Andalous* (1584), est assez commune, je n'en parle pas.

M. Potémont. — Des deux tableaux : *l'Eté* (1587) et *l'Automne* (1588), le premier est préférable. C'est une petite reproduction bien peinte et vraie des passe-temps de nos Parisiens dans les bois de Clamart ou de Saint-Cloud. Cela amuse, c'est déjà quelque chose.

M. Protais. — *Le Soldat blessé* (1598) est couché sur un lit d'herbes tendres où poussent des fleurs fraîches et délicates. Cela est peint *proprement* et sans caractère. Il y a du sentiment et de la poésie.

Le Bivouac (1599) est peint de la même façon, tout y est bien *nettoyé, bien arrangé*. Le type des soldats est toujours ce même profil allongé et mélancolique, aux cheveux rouges qu'affectionne M. Protais. Le dessin n'est pas irréprochable, les jambes des personnages sont longues, l'effet général du tableau est monotone.

M. Puvis de Chavannes est un des artistes contemporains que je loue le plus volontiers. Il pourrait par les procédés ordinaires arriver à la popularité, il préfère se maintenir dans une sphère élevée et gagner lentement ses titres artistiques.

La Vigilance (1600) est une œuvre sévère, la ligne en est large et sûrement construite. *La Fantaisie* (1601) a plus de grâce. La composition est ingénieuse, le dessin distingué, le ton par trop voulu devient dur en raison des toiles avoisinantes ; mais on ne doit pas oublier que c'est là une peinture décorative.

M. Quesnet a deux jolis portraits exécutés dans la manière de Dubufe. Celui de *M*^me *L....* (1606) est fin et doux de couleur, mais le dessin des mains est mauvais.

Le portrait de Mme *Van S....* (1607) est mieux réussi. La figure est jolie, la toilette est gracieuse, une robe bleue garnie de dentelles et un châle de dentelles blanches. Le dessin est élégant ; la couleur un peu froide; on y voit trop les touches d'outremer. Comme ensemble ce portrait est agréable.

M. Ravel. — *Les Châteaux de Bretagne en 1793* (1617). — Scène intéressante où chaque personnage joue bien le rôle qu'il doit remplir dans la famille. Il y a du mouvement et de l'expression. La peinture, sans être distinguée, ne manque pas de valeur.

M. Ray. — *Le Retour de la prairie* (1619) est un petit paysage frais et joli, dans le sentiment des premières toiles de Corot.

M. Renault (VICTOR) peint absolument comme M. Ray avec un peu plus de finesse peut-être. C'est également du Corot.

M. Ribot paie aujourd'hui la dette que ses flatteurs lui ont fait contracter l'année dernière. Que cela puisse servir de leçon à M. Roybet ! On a vanté outre mesure M. Ribot, et voilà déjà qu'il exagère tous ses défauts pour paraître davantage original.

Je défie qui que ce soit de deviner sans le secours du livret que cette grande toile représente *le Christ et les Docteurs* (1639). Il est de ces sujets et de ces personnages pour la reproduction desquels il faut, malgré tout, compter avec les traditions : on ne s'en affranchit pas impunément. Le *Jésus* de M. Ribot est un petit être idiot, aussi pauvre au physique qu'au moral, et les docteurs de lourds paysans sans aucun caractère. La composition n'a pas d'originalité, les personnages sont disposés absolument comme dans *l'Adoration des mages,* de Ribeira: les attitudes des têtes sont toutes semblables, les figures se ressemblent, on dirait le même modèle qui a posé pour toutes. Mais si l'ensemble est froid d'aspect et mauvais d'arrangement, le détail est encore bien plus pauvre. Le dessin est raide, la peinture sale et empâtée. Cet énorme pied exposé sur le premier plan est hideux à voir.

Tout cela serait à peine pardonnable si la vie était répandue dans la toile, si l'on sentait de la verve, de la jeunesse, de la force; mais cette peinture est morte, sans vigueur et sans esprit.

Et ce *Flûteur* (1640), en carton-pâte, à quoi ressemble-t-il? Par quel côté peut-il être intéressant? Le geste est faux, l'expression nulle, le dessin lourd; la couleur détestable!

Est-ce à dire que M. Ribot soit sans talent? Non! sans cela je ne prendrais pas la peine de discuter ses toiles. Il a montré précédemment des qualités de mise en scène et de vigueur qui peuvent permettre d'attendre, un jour, de lui des œuvres distinguées, mais à la condition expresse qu'il épurera son goût détestable. M. Ribot aime la laideur et la confond avec l'originalité, il prend pour de la force cette épaisse peinture qui ne donne qu'un relief plein de sécheresse. Il vise à être le chef d'une bande d'excentriques et ne semble pas voir que, le fût-il, il serait au-dessous du plus humble disciple de l'Ecole des traditions dont il a grand tort de ne pas tenir compte. Le génie seul dispense des règles admises, parce qu'il apporte une vie surnaturelle avec lui, mais le simple talent a besoin de s'appuyer sur les autres sous peine de faire fausse route.

Je préfère pour M. Ribot la froideur très-franchement accusée du public de cette année à l'engouement exagéré de l'an dernier. Cette leçon lui fera du bien, et peut-être, comme M. Courbet, se verra-t-il contraint de rentrer dans la voie du bon goût.

M. Richard (Louis) a mis de la naïveté dans *Fleur de bruyère* (1641), une jeune fille assise rêveuse et grappillant des noisettes. La peinture est faible et le dessin peu correct.

M. Riesener. — Avec un panneau décoratif : *la Victoire ramène la Paix* (1651), d'une laideur peu commune et sur laquelle je ne veux pas m'appesantir, M. Riesener expose des *Raisins* (1652) très-vrais, très-colorés, et d'une grande justesse de tons.

M. Rigo. — *Bataille de Solferino* (1654), d'un aspect noir; trop de détails, propreté excessive, dessin peu correct. Les mêmes défauts se retrouvent dans *l'Episode de la bataille de Solferino* (1655). M. Rigo a fait beaucoup mieux. Et dire que c'est encore le peintre de bataille le plus fort du Salon ! Nous sommes loin de Pils et d'Yvon.

M. Robert-Fleury (Tony). — *Varsovie le 8 avril* 1861 (1666). — Nom magique et date mémorable qui ont noblement inspiré le jeune artiste !

« Une foule d'environ quatre mille personnes, dans laquelle se trouvaient beaucoup de femmes et d'enfants, prosternés à genoux, entourait la colonne Sigismond, sur la place du Château.... Les troupes cernaient de tous côtés.... L'infanterie fit feu.... »

(Extrait du *Moniteur* du 12 avril 1861.)

L'infanterie fit feu, tel est le moment choisi par M. Robert-Fleury ! Un des deux moines qui portent la croix, en tête de la foule, tombe mortellement frappé. Devant lui, sont étendus deux malheureuses victimes, dont l'une a déjà succombé. Ici, un père soutient dans ses bras son fils expirant. Là, une femme, la poitrine couverte de sang, est retenue dans sa chute par la foule qui se presse près d'elle, une mère serre contre son cœur son enfant nouveau-né ; s'il doit mourir, au moins ils périront ensemble. Qu'elle est belle cette jeune fille noble de race, qui croise les mains en signe de désespoir, en contemplant le cadavre d'un jeune homme étendu sur le premier plan ! Qu'elles sont touchantes ces vieilles mères qui marchent à la mort avec le mot « patrie » sur les lèvres ! Et dans toute cette foule recueillie, calme dans le danger, comme les types sont vrais et sympathiques.

Certes, en présence d'une scène, aussi émouvante, aussi dramatique, on aurait mauvaise grâce à relever des faiblesses de détails. Voilà une œuvre trop belle par les sentiments du cœur qu'elle révèle, trop sage par l'exécution, pour que devant elle on n'applaudisse pas des deux mains. Que M. Robert-Fleury persiste dans cette tendance de peindre largement l'histoire, il a tout ce qu'il faut pour succéder à son maitre, Paul Delaroche, dont la place n'a pas été prise. Il sait ordonnancer un vaste sujet, le rendre intéressant par les episodes en conservant dans l'aspect général l'unité de l'idée. Il donne de la grandeur à l'expression des figures, de la souplesse aux mouvements du corps. Sa peinture, sans être vigoureuse, a de l'ampleur et le ton voulu. Nul doute qu'en peu d'années il ne devienne un des favoris de la foule, qui se presse déjà devant sa toile avec avidité. Les peintres voués aux idées modernes sont trop rares pour ne pas être vite appréciés. Nous avons plus d'artistes poètes ou amoureux des belles formes que nous ne possédons d'historiens.

M. Rochenoire (DE LA), dans ses deux tableaux (1671-1672), a largement peint les vaches et les a nuancées avec goût. La partie du paysage est lourde et n'a pas, à beaucoup près, le même mérite d'exécution.

M. Rodakowski peint le portrait avec autorité. Son *Prédicateur* (1673) m'a semblé un peu plus mollement exécuté que ses dernières toiles. C'est néanmoins une œuvre sévère de dessin et d'arrangement.

M. Roller a complétement manqué le *portrait de* Mme *B...* (1677). C'est lourd, mal posé, sans plans, d'un modelé épais, d'une couleur fouettée. Celui de Mme *C...* (1678) est sévère et bien coloré.

M. Ronjat montre de sérieuses qualités dans le *portrait de M. Michaux* (1679). Il est fâcheux que la jambe gauche soit cassée et que le coloris des chairs soit si rouge.

M. Ronot. — *Un four.*— Pendant que le four chauffe, quatre *commères* babillent dans un coin. Deux petits enfants regardent avec intérêt les galettes s'engouffrer dans le feu. La scène a de l'animation et beaucoup de naturel. Plusieurs attitudes sont très-heureusement trouvées. La peinture est solide, les têtes des personnages sont très-soignées. Je regrette sur le mur une trop grande clarté. Si M. Ronot avait un peu éteint cette lumière blanchâtre, il eût donné encore plus d'harmonie à son tableau; mais c'est là une critique de détail qui n'a qu'un intérêt secondaire et je me hâte de reconnaître que l'artiste a du talent et un talent original. La naïveté dont il fait preuve est un mérite rare et a droit aux encouragements.

M. Rousseau (Léon). — *Une Fleur* (1689) est un tableau composé dans le genre de Desgoffes. Un lis dans un vase du Japon, un éventail, un mouchoir de dentelle, un flacon, un bouquet de violettes, tout cela simplement peint et d'un coloris doux.

Un Faisan (1690) et une gibecière, sur une table en bois sculpté, forment une petite toile finement peinte, élégamment dessinée et très-harmonieuse.

M. Rousseau (Philippe) obtient son succès habituel d'homme d'esprit avec son singe qui « *opère lui-même* » (1691), mais ses *Fleurs d'automne* (1692) sont bien autrement remarquables.

Il est matériellement impossible de rien produire de plus vrai que ces trois pots d'anémones. Chaque fleur est admirable par la justesse des tons et du dessin. Cela remue, embaume, est plein de séve et de lumière. C'était un chef-d'œuvre à conserver dans notre musée du **Luxembourg**, mais son A. I. la princesse Mathilde a eu l'heureuse idée d'en faire l'acquisition.

M. Rousseau (Théodore). Pauvre maître, qui donc ici vous reconnaîtrait? N'avez-vous pas le droit de laisser reposer cette main, qui nous a ouvert la grande porte donnant sur la nature? N'ayez peur que l'on oublie votre passé et laissez à nos souvenirs le soin de vous conserver votre place dans l'art contemporain.

M. Roux a mis de la poésie dans sa petite toile : *Van der Neer* dessinant un effet de clair de lune, à la lueur d'une lanterne.

Le portrait de M. le duc P... est bien dessiné. La peinture est froide et le modelé *limé*.

M. Roybet obtient, avec un *Fou sous Henri III* (1702), un succès semblable à celui que M. Ribot obtenait l'année dernière avec son *saint Sébastien*. Je veux comme tous applaudir à cette attitude prise sur nature, au coloris remarquable de ce vêtement, à la solidité de la peinture. Je reconnais et je constate qu'il y a là une main ferme et prodigieusement habile, je crie bravo, mais je l'avoue : la vue de cette œuvre distinguée m'attriste singulièrement.

J'ai peur que M. Roybet ne pénètre trop profondément dans cette voie funeste de la matière, poussé par des applaudissements irréfléchis. Je crains que ce pinceau un peu grêle, que cette couleur un peu sèche ne le mènent rapidement à produire des *choses* telles que le *Flûteur* de M. Ribot. Qu'il me pardonne cette note inharmonieuse dans le concert général des bravos. Je prétends le servir, en ayant le courage de lui dire la vérité. Oui, le rire est immobile sur ce visage sculpté dans la pierre ; oui, cette main qui s'appuie sur la cuisse est pauvre et désarticulée ! Non, cette ligne rude et noire n'a pas de charme. Là n'est pas la beauté. Véronèse et Titien comprenaient autrement la couleur ; on n'est pas coloriste si l'on n'a pas de souplesse et si l'on ignore les secrets du clair-obscur. Voyez Delacroix, voyez Decamps et comparez.

M. Roybet est très-jeune, il a des qualités de premier ordre ; s'il veut les conserver qu'il étudie les grands maîtres et la nature. Sans concessions faites à ceux-ci et à celles-là on forme mal son talent. Pas de faux amour-propre : puisqu'il imite M. Ribot, il peut bien se modeler sur Véronèse. Rien n'est précieux comme le choix des études, surtout que l'heureux vainqueur ne croit pas avoir atteint le but; il est en chemin d'arriver, il ne lui manque plus qu'un guide intelligent pour écarter devant lui les broussailles de la route.

M. Ruiperez. — *Un cabaret sous Louis XIII* (1707) est une charmante petite toile dans le genre Meisonier. Les quatre buveurs et la servante ont des attitudes et des physionomies très-simples et très-naturelles. A l'exception des chairs qui se rapprochent des étoffes par le ton, je ne vois rien à reprendre. Cette petite scène est vivante, bien ordonnancée, finement peinte, sûrement dessinée et colorée avec harmonie.

M. Saal se place parmi les maîtres du Salon. Son *Souvenir de la Belle-Croix* (1710) est un pur chef-d'œuvre.

Nous sommes dans cette riche forêt de Fontainebleau, où les arbres vigoureux s'élancent vers le ciel avec une suprème élégance, et nous errons par une de ces belles nuits qui enveloppent la terre d'un voile noir d'une transparence mystérieuse. La lune, un peu au-dessus de l'horizon, éclaire le paysage de son disque argenté. Ses rayons tremblotent sur la surface limpide d'une nappe d'eau, où se mirent les moindres objets. Mille sensations poétiques s'éveillent dans notre esprit. Nous goûtons avec délice le calme de la solitude. Il semble qu'on entend la nature s'endormir, les vagues bruits de la terre se sont effacés. Tout n'est plus que mystère et poésie dans les masses d'ombres impénétrables, comme sous la pâle clarté de la lune.

Ah ! que telle est bien la mission de l'artiste : non pas seulement reproduire avec vérité la matière, mais la sublime poésie qui se dégage des choses inanimées comme des êtres vivants !

Ce paysage de M. Saal est admirable de composition et d'exécution. La ligne ne saurait être plus élégante, la perspective plus vaste, la transparence plus aérienne, le coloris plus délicat et plus charmant. Tout vit dans cette belle nature, car tout est profondément vrai. Voilà une œuvre de maître, originale et forte, conçue avec une imagination vive et distinguée, exécutée par un esprit d'un goût parfait, par une main d'une habileté consommée.

M. Saal a une profonde intuition des mystérieuses beautés de la création. Sous quelque climat qu'il se rende, il en pénètre les lois rigoureuses. En retirant nos yeux si doucement reposés sur cette forêt de Fontainebleau, où nous croyons être réellement, et en les fixant sur cette seconde toile (1711), *Scène de voyage en Laponie pendant l'hiver* (1711), nous sommes en une minute transportés à des milliers de lieues de notre patrie. Notre cœur tressaille et nos membres s'engourdissent sous ce ciel de glace parsemé d'innombrables points argentés. Quelle nature désolée ! La neige couvre toute la surface de la terre et, par un effet d'aurore boréale, tout ce que l'œil peut embrasser ne revêt plus qu'une couleur bleuâtre d'une monotonie effrayante. Au sein de cette immensité, un homme est seul, enveloppé dans une fourrure épaisse, il regarde d'un œil désespéré son renne mort de froid, étendu à ses pieds, le seul animal qui le pouvait ramener à sa chaumière. A côté de lui, est également sans vie un ours, des jeux duquel il tirait sans doute profit. Le voilà donc abandonné des êtres et de la nature, qu'a-t-il de mieux à faire que de s'ensevelir sous cette neige éternelle ?

Je le répète, M. Saal a un magnifique talent, plein de séve et d'originalité. Il est poète autant que peintre, et sait mettre une main extrèmement habile au service d'un esprit d'une rare distinction.

M. Sain (EDOUARD-ALEXANDRE). — *Fouilles à Pompéi.* — Comme M. Hamon, M. Sain nous conduit à Pompéi. Disons-le de suite : pas plus que l'auteur des *Muses*, il n'a réussi à nous présenter ces ruines féeriques si fidèlement reproduites et si savamment étudiées par MM. Français et de Curzon.

Il faut l'aide du livret pour comprendre le sujet choisi par M. Sain, c'est déjà là un défaut immense de composition. Qui pourrait dire en effet que ces personnages sont occupés à déblayer les ruines ? Ils ont l'air d'être pétrifiés. Ces femmes dans des poses tout à fait de convention ne semblent faire aucun mouvement. On pourrait les détacher une par une de la toile, elles formeraient autant de sujets différents ou plutôt on les prendrait pour autant d'études académiques.

Il y a de grandes qualités de dessin et de peinture dans les parties nues. Le coloris est fin et éclatant tout à la fois.

Kiarella (Capri). — Cette étude me paraît infiniment supérieure au tableau dont je viens de parler. La pose en est bonne, la tête de la jeune femme a du style, la poitrine est puissante et d'une coloration superbe. On peut ici cependant reprocher encore à M. Sain un peu de sécheresse dans le modelé.

M. Saintin. — *Carmella* (1720), une Italienne brune, un peu bouffie, n'est certes pas la sœur de *Marthe* (1721). Avec la première, M. Saintin se montre habile élève de Drolling et marche sur la trace des Bouguereau et des Landelle ; avec la seconde, il est lui-même et ne procède que de la nature.

Elle est bien jolie cette petite blanchisseuse de 14 à 15 ans, les coudes appuyés sur son baquet, les bras tendus en avant et les mains jointes. Par suite de son attitude penchée, ses gracieuses épaules remontent vers la tête, se rapprochent et laissent glisser la blanche chemisette jusqu'au bas des seins. Le corps est ravissant de jeunesse et de fraîcheur ; on y sent bien la transition de l'enfance à l'adolescence, la pudeur y coudoie la naïve innocence ; c'est chaste encore, mais cela fait rêver. La tête adorable est bien aussi dans ce sentiment. Les grands yeux noirs levés vers l'espace sont pleins d'espiéglerie, la bouche est mutine, le front intelligent, les cheveux noirs et vigoureux relevés en arrière et soutenus par un étroit ruban bleu. Tel est le type accompli de la petite Parisienne. J'allais oublier les boucles d'oreilles et le collier de corail où pend une mince croix d'or, qui rehaussent son teint clair et donnent à ses allures encore plus de vivacité.

M. Saint-Pierre peint la nudité avec une rare distinction. *Le Sommeil de la nymphe* (1728) est une œuvre incomplète ; les fonds sont inachevés et d'une assez pauvre invention, mais la blonde nymphe est étendue avec grâce. Ses formes sont souples et élégantes. L'ombre de la main sur le front est très-justement rendue, la peinture est fine, le coloris d'une douceur extrême. C'est là une œuvre d'avenir qui dénote chez M. Saint-Pierre un homme de goût et un esprit distingué.

M. Salentin représente dignement l'école célèbre de Dusseldorf avec sa *Fête de mai* (1730). La scène se passe dans un bois qui s'étend aux portes du village. Une bande d'enfants promène sur un âne une petite fillette qu'ils viennent de faire reine et qui porte sur sa tête la couronne de feuillages. En avant marchent deux garçons, dont l'un frappe deux couvercles de casserole en guise de cymbales et l'autre souffle dans une flûte de coudrier. Chacun prend part à la fête par une joie bruyante : les plus petits, grimpés sur le dos des aînés, s'amusent à leur manière. Toutes ces petites figures jolies et remplies de gaieté ont le type allemand très-franchement accusé. Elles vivent et se remuent avec des mouvements souples et gracieux.

L'exécution excellente rappelle l'école de Knauss : une grande finesse de ligne, un coloris éclatant, une peinture solide et transparente. L'aspect est vif, harmonieux et très-agréable.

M. Scheffer (ARNOLD) a le sentiment historique, il sait composer une scène. Il a donné à *Charles IX* (1743) une physionomie qui est bien celle que lui prête la chronique. L'exécution, sans être originale, est pleine de franchise.

M. Schenk ne compte pas avec les animaux, il les peint en nombre et le public ne s'en plaint pas.

Dans *Sur les montagnes* (1744) il nous offre tout un troupeau de petits moutons vivant en famille, couchés près de leurs mères dans des poses pleines d'espiéglerie. La laine blanche et fraîche des agneaux ressort avec un éclat harmonieux sur la toison jaunâtre et épaisse des moutons. Tout cela vit bien, le dessin est juste et la couleur agréable.

Dans les vallons (1745) nous trouvons une bande de daims tenus en éveil et groupés ensemble. La colline est couverte de neige de telle sorte que le dessin élégant des animaux se détache avec vigueur sur les terrains.

Le grand mérite de M. Schenck, c'est la vie qu'il répand dans ses toiles et l'esprit avec lequel il représente ses animaux. Pour lui, la nature n'est pas comme pour tant d'autres lettre morte et matière à copier, il sait que sans animation on ne saurait être intéressant, parce qu'on n'est pas vrai. C'est pourquoi je le classe parmi les meilleurs animaliers d'aujourd'hui.

M. Schlesinger — *Carméla* (1748) est une Italienne de 16 ans, jolie, espiègle : bouche de corail, dent de lait, œil mutin, corps souple remuant sous sa chemisette blanche. Beaucoup de grâce et une agréable couleur. Dans les bras et les mains, la peinture est fouettée et le modelé un peu mou.

M. Schloesser peint avec esprit. *L'Instruction obligatoire* (1750) est représentée par deux bambins qui se rendent à l'école en pleurant, sous la menace du balai de leur grand'mère.

Pendant le sermon (1751) est plus chaudement coloré. Le banc des marguilliers renferme de bons types campagnards. Le sujet est amusant et rendu avec une verve de bon aloi.

M. Schreyer n'obtient pas son succès habituel avec sa

Charge de cuirassiers (1759). Il y a là cependant tout l'entrain imaginable et les chevaux sont peints avec une vérité et une richesse de tons peu communes. Peut-être, il est vrai, trouve-t on moins de vigueur dans l'exécution, mais seulement quant à la partie matérielle, car l'esprit qui a guidé la main n'a rien perdu de sa fougue et de son amour pour le cheval. Après tout on ne fait pas toujours des chefs-d'œuvre et M. Schreyer peut bien une fois par hasard être inférieur à lui-même. Telle qu'elle est, sa toile est l'œuvre d'un artiste éminent et figure encore parmi les plus hardies du Salon.

M. Schutzenberger. — *Centaures.* — M. Schutzenberger reste fidèle à la mythologie. Ce n'est pas moi qui m'en plaindrai. Les fables qu'elle nous enseigne, les personnages qu'elle met en scène sont remplis d'attraits et permettent à un artiste de dévoiler sa science comme aussi d'exprimer ses sentiments.

Deux centaures reviennent de la pêche. Il est tard déjà. Le soleil *jette un manteau rouge à l'épaule des monts*, comme dirait Louis Bouilhet. La poésie est dans l'air et double l'attrait de cette idylle champêtre.

Le centaure-homme tient d'une main les poissons qu'il a pris, et de l'autre presse la main de sa compagne qui, le bras passé sur son épaule, le regarde amoureusement. Ils marchent silencieusement et semblent goûter un double bonheur puisé dans leur tendresse et dans la beauté du jour. Un chien les précède et paraît veiller sur eux ; son attitude est assurée et méditative, il écoute les bruits du soir qui vont en s'éteignant ; l'inquiétude qui saisit les animaux à l'approche de la nuit, commence à le gagner. Tous les détails sont d'une poésie charmante. Des rochers bleus bordent l'horizon. Le devant de la toile est peuplé de petits oliviers. Dans le fond, d'autres centaures font cuire leur pêche.

M. Schutzenberger a vaincu une grande difficulté en plaçant comme il l'a fait ses deux centaures. Leurs pieds ne s'entremêlent point et leurs corps s'enlacent avec beaucoup de grâce. La pose est dégagée. L'expression des figures, exempte de miévrerie et d'affectation, respire un bien-être exquis. L'ensemble de la composition, la teinte générale du tableau, les personnages qu'il renferme appartiennent bien à la mythologie.

Faunesse. — Voici une petite toile que j'affectionne singulièrement.

On ne saurait donner plus de caractère à une faunesse. Il y a dans son rire gracieux je ne sais quoi de sauvage. Ses oreilles larges et mouvementées expriment admirablement sa nature, et font comprendre le milieu où elle vit, rempli de mille bruits divers et imprévus. L'arrangement de la chevelure et la disposition délicieuse de la couronne de lierre qui l'encadre sont d'un très-pittoresque effet. La tête penche avec aisance ; sur l'épaule laissée à découvert par la robe miroitent les tons les plus vrais autour des attaches les plus fines. Les mains sont bien posées et dessinées avec une grande correction.

La couleur est plus riche que d'ordinaire ; le modelé poussé aussi loin que possible. Le front est lumineux, on y rencontre des petites touches bleuâtres adorablement fondues avec le reste. Plus on étudie cette tête, plus on aime à la voir, car elle est rendue avec un soin et un bonheur extrêmes.

M. Sellier a un talent d'une distinction parfaite. Il dessine avec élégance et pureté, modèle avec finesse tout en conservant un caractère de grandeur. Le *portrait de Mme Delamare de Boudeville* (1772) renferme toutes ses qualités ordinaires. C'est avec celui peint par M. Giacomotti un des deux meilleurs du Salon. M. Sellier doit se défier du clair-obscur et des glacis; aujourd'hui il s'en sert avec un bonheur incontestable, mais cela peut l'entraîner trop loin.

M. Serres (ANTONY). — *Le corps de Charles le Téméraire à Nancy* (1773) est une scène bien faite, mais peinte avec un peu trop de glacis. Je préfère *Libations au dieu des jardins* (1774), une jolie étude du nu, de grandeur naturelle; la poitrine est très-belle et le paysage harmonieux.

M. Smits se montre coloriste distingué dans ses deux études (1787-1788). Le modelé pourrait être plus doux, mais les chaires sont d'une vérité parfaite.

M. Stroobant s'est montré coloriste dans sa vue de *Venise* (1802). La toile est éclairée avec goût.

M. Thierry (JOSEPH). — *Faust* (1828). — C'est la nuit, dans la vallée de Walpurgis. Méphistophélès et Faust sont emportés par leurs chevaux comme dans un tourbillon. Ils franchissent à chaque minute des squelettes humains. Les voilà arrivés devant un amas bizarre de colonnes reliées entre elles à leur sommet, par de minces poutres de bois où des cordes sont attachées et soutiennent des pendus qui flottent au gré du vent dans l'espace. Au centre de ce palais bizarre, des feux sont allumés, des ossements s'entrechoquent et des squelettes s'agitent. L'effet est fantastique et devient terrible à mesure que l'on regarde. Le tableau est très-intéressant à étudier; il est peint dans une bonne couleur très en rapport avec le sujet.

M. Thirion. — *Saint Vincent, martyr* (1830), est une des œuvres les plus sévères du Salon. Le corps, rapporté sur la plage par les flots, est placé avec goût dans un raccourci bien indiqué. La composition, bien entendue, a de la grandeur, le dessin a de la force, et la couleur est bien appropriée au sujet.

M. Timbal possède une ligne élégante; sa peinture est sage, mais d'une transparence un peu forcée dans *Joanina* (1840). *La Muse et le poète* (1849) est une œuvre distinguée qu'on regarde avec plaisir.

M. Tissot (JAMES) s'est fait un genre original et dans lequel il se meut à l'aise cette année; ses progrès sont bien accusés. Ce qu'on remarque dans *la jeune Femme dans une église* (1843) et dans *le Confessionnal* (1844), c'est une suprême distinction dans la composition, l'expression, la couleur et le dessin.

M. Tissot a un esprit délicat et un goût parfait. Il manie le pinceau avec une rare élégance. Il cherche ses succès en dehors de la foule et sait les trouver partout.

M. Todd peint finement et colore avec goût ses *Fleurs et Fruits* (1847). Quelquefois la précision le conduit à la sécheresse comme dans (1848).

Toulmouche. — *Un mariage de raison.* — Après le brillant succès remporté l'année dernière avec son *Fruit défendu*, M. Toulmouche ne pouvait se présenter au public qu'en compagnie d'une œuvre tout à fait charmante, sous peine de s'exposer à l'ingratitude de ses admirateurs. En effet, plus un homme vous donne, plus on exige de lui et plus on aime à le battre avec son passé.

Je me hâte de reconnaître que M. Toulmouche n'a rien à redouter aujourd'hui des juges les plus difficiles. Le *Mariage de raison* égale, s'il ne le surpasse, *le Fruit défendu*. Même habileté de mise en scène, même esprit sobrement mais sûrement dépensé, même grâce dans les personnages, mêmes tons vifs et chatoyants ; le tout retracé par un pinceau peut-être plus vigoureux et, si c'est possible, plus assuré dans la main qui le guide.

C'est le matin même du mariage ; la jeune fiancée, une belle adolescente aux cheveux blonds, aux yeux du plus pur azur, revêtue d'une robe de satin blanc et portant à la taille le bouquet nuptial, est assise dans un grand fauteuil bleu. Plongée dans une mélancolique rêverie, elle laisse percer un regret du passé et une vague inquiétude de l'avenir. Tandis qu'elle abandonne sa pensée à mille préoccupations dont le sens exact lui échappe, deux de ses amies cherchent à la détacher de ses sombres idées. L'une, les genoux à terre, lui serre affectueusement les mains, et, sans parler, la regarde avec une tendresse mêlée de compassion ; l'autre, plus âgée, une jeune femme déjà, se penche pour la baiser au front et lui apporte la consolation de la parole. La première porte une robe rouge, un ruban rouge sépare ses cheveux d'ébène, son visage, que nous ne pouvons admirer que dans un profil perdu, est légèrement coloré et révèle la plus adorable physionomie. La seconde étale sur une robe de soie gris de fer un châle bleu broché d'une élégance simple et d'un goût parfait.

Ainsi groupées, ces trois gracieuses personnes de nature dissemblable et confondant ensemble une même pensée diversement exprimée, composent une scène aimable et touchante. Mais M. Toulmouche n'a pas voulu faire qu'une plaintive élégie. Il a placé derrière cet ensemble, où domine la tristesse, la figure espiègle et riante d'une jeune fillette de quinze ans. La candide enfant essaie sur sa tête la couronne de mariée et semble remercier son miroir de lui montrer par avance combien elle sera belle quand son tour sera venu.

J'ai dit plus haut que toutes les qualités d'exécution habituelles à M. Toulmouche se voyaient dans ce tableau. Mais je répète qu'il m'a semblé trouver en certaines parties une solidité de pâte plus grande qu'en aucune autre de ses œuvres. Ainsi, le châle broché de la jeune femme offre une consistance extraordinaire, et le profil de la brune agenouillée, une très-grande chaleur de ton. Çà et là des touches miroitantes attirent le regard et égaient les yeux, qui passent de la figure rosée et des cheveux cendrés de la fiancée à l'éclatant tabouret bleu-vif où posent ses petits pieds, sans jamais rencontrer de ces couleurs maigres ou brûlées qui détruisent l'harmonie et assombrissent la toile.

M. Toulmouche fait de la peinture de genre, mais il choisit si bien ses sujets et sait les rendre si intéressants, il les compose avec tant de goût, les traite avec une telle vivacité d'esprit, les présente sous des couleurs si fraîches, si riantes et si harmonieuses, qu'on ne saurait lui dénier une bonne place dans l'art de notre temps. Il peint notre

13

société telle qu'elle est avec ses manières et ses modes, et ne la prend jamais que dans des salons fréquentés par le meilleur monde. Il excelle à retracer nos jeunes Parisiennes à la tournure élégante et souple, à la physionomie expressive, véritables types d'esprit et de grâce, qui donnent le ton aux autres Françaises et aux femmes de tous les pays.

Ne faut-il pas un grand mérite pour produire des œuvres qui sont l'expression la plus forte d'un genre même léger, et pour savoir conserver à la postérité une classe d'individus, une époque et des usages?

M. Tournemine (DE) est fidèle aux soleils d'Orient. Son *Kemmer* (1852) est d'un aspect très-agréable; la couleur en est fine, chaude et d'une transparence extrême dans les eaux.

M. Trayer. — *La Marchande de crêpes* (1860) et *la Gardeuse d'enfant* (1861) forment deux petites scènes naïves et simplement traduites. L'exécution pourrait être un peu plus vigoureuse.

M. Vanutelli. — En arrivant devant la toile de *la fiancée du cantique des cantiques* (1886), on hésite à reconnaître le sujet. On croit tout d'abord assister à une scène américaine chez les Yankees. Ces femmes n'ont pas le type juif et leur habillement n'est pas celui de la tradition. Peu à peu l'œil se fait à cette bizarre peinture et l'on reconnait qu'elle renferme de précieuses qualités.

M. Van Schendel aime à éclairer ses toiles avec la lumière factice des lanternes, il en tire de curieux effets.

Son dessin distingué ressort avec netteté, parce que tout est juste : perspective et couleur. *Le marché d'Amsterdam* est une œuvre agréable et très-animée.

M. Vauchelet expose un beau *portrait d'homme* (1890), très-fin de dessin et de tons et dans une pose élégante.

M. Vautier. — *Après l'ensevelissement* (1892) est une œuvre toute de sentiment et très-remarquable sous ce rapport. La scène a lieu dans la demeure du défunt; les femmes sont réunies autour d'une table et chacune porte sur sa physionomie l'expression bien marquée de sa douleur, de sa compassion ou de son indifférence. La veuve, la tête plongée dans ses mains, est assise à l'écart et reçoit les consolations de deux vieilles femmes, dont l'une est sans doute sa mère. Deux jeunes filles se sont levées de table et regardent la pauvre femme avec attendrissement, mais sans oser arrêter ses larmes. La figure la plus remarquable du tableau est cette jeune femme en noir dont le visage abattu rend admirablement cette accablante pensée : « Nous ne le verrons donc plus! »

L'exécution est excellente : Ligne distinguée, physionomies touchantes, sobriété de gestes, couleur sage. M. Vautier continue avec bonheur son brillant succès de l'année dernière.

M. Verlat. — Des deux toiles exposées par cet artiste l'une, *la Chasse* (1900), est d'un effet dur et désagréable; l'autre, *Plus lourd que l'air*, est excessivement amusante et colorée avec une puissance réelle. Le sujet est original. Un ballon a lâché son parachute aux cordes duquel deux singes étaient grimpés. Mais les pauvres bêtes sont plus lourdes que l'air et les voilà qui descendent avec une rapidité vertigineuse. Il faut les voir se cramponner l'une après l'autre, et faire mille efforts désespérés pour remonter dans l'espace! Le singe qui est dessous est particulièrement étonnant de vérité.

M. Vertunni. — *La Côte romaine* (1909) forme un agréable paysage et une jolie marine. La plage est fort belle de ton. La ligne générale du tableau est fine et les couleurs distinguées.

M. Vetter. — Avec un *Mignon s'exerçant au bilboquet* (1910), juste d'attitude et fin de ton, cet artiste expose un remarquable *portrait d'homme* (1911), bien posé, puissant de masses et peint avec vérité.

M. Veyrassat a du talent, mais il n'en est pas encore maitre. Il cherche beaucoup et nul doute qu'il trouvera sa vraie voie. Je crois que les *Chevaux à l'abreuvoir* (1912) sont bien plus dans le sentiment de son esprit que la *Moisson* (1913). Cette dernière toile a des qualités, mais elle pèche par la sécheresse. Dans la première, il y a beaucoup de naturel. Le dessin n'est pas correct et la peinture est molle, mais le paysage est aéré, les animaux ont du mouvement et l'harmonie des tons est exacte.

M. Vibert n'a pas été heureusement inspiré en plaçant *Daphnis et Cloé* (1920) dans une position aussi grotesque. Et puis ce paysage manque d'air, les arbres sont plaqués les uns contre les autres. On sent cependant que M. Vibert a du talent, et beaucoup.

M. Vidal expose un bon *portrait* (1924) comme finesse de dessin et de couleur.

M. Viénot vise à prendre la succession de M. Dubufe. Il fait joli avant tout. Le *portrait de M*^{lle} *B. de C...* (1927) est agréable, bien posé, mais les chairs sont en soie comme les étoffes.

M. Viger-Duvignau. — *Souvenir de la Malmaison* (1928).

Un jour qu'Hortense et sa mère se plaisaient à prendre le frais dans le parc de la Malmaison, toutes les personnes qui s'y trouvaient étaient assises en cercle. Joséphine s'extasiait sur le parfum d'un bouquet qu'elle portait à sa ceinture, lorsque Napoléon, ramassant une poignée de terre sans qu'on s'en aperçût, la sema sur le bouquet de sa femme; les fleurs furent endommagées et, voulant les secouer, elle les effleuilla toutes : Ah! que tu es taquin, lui dit Joséphine de ce ton de doux reproche qui lui était familier; que t'ai-je fait pour abîmer ainsi mon bouquet? — Tu ne devines pas, lui répondit galamment Bonaparte, que c'est afin de t'en donner un plus frais et cueilli de ma main.

Joséphine, ayant divisé son nouveau bouquet, offrit une fleur à chacune des dames qui l'entouraient en leur disant : Conservez, je vous prie, ces roses en souvenir de la main qui les a cueillies.

(Mémoire du temps.)

C'est ce dernier épisode que l'artiste a rendu avec une grâce parfaite dans les poses, une grande distinction dans les physionomies et dans une peinture aimable et colorée.

M. Vion. — *L'Assomption* (1944). — Il convient de mentionner cette grande toile comme étude sérieuse et digne d'encouragement.

M. Vollon est, avec MM. Ribot et Roybet, à la tête d'une école qui cherche à relever le drapeau de Goya et de Valentin. Seulement l'imagination du premier et le clair-obscur du second leur manquent absolument. M. Vollon peint aussi durement que l'auteur du *Flûteur*, mais il est bien autrement coloriste, et s'il pouvait se débarrasser des *noirs* et donner moins de sécheresse à ses contours, je crois qu'il ferait un artiste très-distingué. Il y a des parties vraiment fortes dans *le Retour du marché* (1951) et surtout dans *le Singe à l'accordéon* (1952).

M. Van Thoren (OTTO). — *Les Brigands hongrois poursuivis par des pandours* (1954) rappellent, par la ligne pittoresque et le sentiment vague, les deux belles toiles exposées l'année dernière par l'artiste, mais elle leur est inférieure par l'originalité.

Dans *le Troupeau de bœufs* (1955) les mouvements sont d'un effet par trop cherché, et la toile est couverte d'un glacis monotone.

M. Walker deviendra un bon peintre animalier, il a le sentiment naturel et a rendu avec vérité et souplesse les mouvements des chiens. Il y a beaucoup de vie dans ses deux toiles : *le Gué* (1958) et *Mort au rat* (1959). La scène y est bien arrangée et intéressante. Avec un peu plus de modelé et d'ampleur la peinture de M. Walker sera excellente.

M. Weber (OTTO). — *La première Neige, sur l'Alm*
(1968). — Sur une colline rocheuse un berger conduisant
un troupeau de vaches rencontre une jeune fille qui mène
paître ses chèvres. Les animaux errent à travers la montagne, ils sont vivants et grassement peints. Le paysage est
très-pittoresque.

Les mêmes qualités se retrouvent dans *sur l'Alm* (1969).
Seulement ici il y a en plus une scène charmante de sentiment. Une jeune fille y garde quelques chèvres, elle est
assise et travaille; un chasseur est venu vers elle, lui pose
la main sur l'épaule et lui parle d'amour. Ce n'est sans
doute pas la première fois qu'une telle rencontre a lieu, car
une chèvre s'approche du groupe sans défiance, et le chien
est resté couché.

Le jeune homme voit le trouble de la bergère et la regarde d'un air de satisfaction. Elle, les yeux baissés, a sus-
pendu son travail et s'est prise à rêver. L'attitude des deux
amoureux est parfaite et fait illusion.

M. Otto Weber a la ligne pittoresque et la peinture sévère, il lui manque un peu de souplesse dans l'harmonie
générale, mais, tels qu'ils sont, ses deux tableaux sont fort
agréables et ont, justement, beaucoup de succès.

Mlle Weiller (LINA DE) progresse visiblement. La voilà
qui sait composer et ordonnancer un sujet. Le dessin n'est
pas encore très-correct, mais il a une certaine force, la peinture tourne bien et les corps ont de l'épaisseur. *Le Retour*
(1972) et *les Emigrants de la Forêt Noire* (1973) sont deux
bons tableaux, chaudement colorés.

M. Worms a mis de l'esprit dans sa *Course de Nouil-*

los (1982). La scène est vive, composée avec naturel et d'une bonne couleur.

M. Ytasse. — *Saint Roch pestiféré* (1989). — Encore une toile qu'on ne doit pas passer sous silence à cause des tendances qu'elle montre chez son auteur.

M. Ytasse recherche la simplicité et s'inspire d'Hippolyte Flandrin. Je lui souhaite de la persévérance et de la réussite.

M. Ziem reste toujours le chaud coloriste qui baigne dans des flots d'or les cités et les mers. *Venise* (1993) et *Stamboul* (1994) lui ont prêté, comme autrefois, leurs palais, leurs flèches dentelées, leurs ports et leurs vaisseaux. Avec quel art, quelle élégance, quel coloris étincelant ces cités uniques dans leur genre nous sont présentées par M. Ziem, vous le savez ; car jamais sa palette n'a tari de couleurs étincelantes, jamais son pinceau n'a cessé d'être fin.

M. Zuber-Bulher a composé deux petites scènes familières et champêtres pleines de naïveté et de fraîcheur. Une mère et son enfant, un petit ruisseau, un peu de feuillage, en faut-il davantage pour être intéressant ?

Câlinerie (1997) et *Promenade matinale* (1998) plaisent parce que le naturel y domine ; la fraîcheur des expressions fait passer sur le ton trop cru du paysage.

Me voilà arrivé à la fin de ma plus lourde tâche, car la peinture est le plus complexe de tous les arts. Après avoir passé en revue et mûrement étudié chacune des œuvres qui, soit en raison de sa valeur intrinsèque ou du nom de son auteur, méritait de fixer l'attention ; j'ai pu modifier l'opinion que j'ai dû donner dans mon *aperçu général*, lors de ma première visite au Salon. Aussi, je me réserve de faire une *Conclusion* où je pourrai avec plus de sûreté dégager mes impressions et résumer mon opinion sur l'ensemble des travaux exposés.

DESSINS

AQUARELLES. — PASTELS. — MINIATURES.

EMAUX. — PORCELAINES.

FAIENCES. — CARTONS DE VITRAUX.

Peintres, sculpteurs, architectes, aussi bien ceux qui ont des œuvres exposées dans les salles réservées aux trois grandes branches de l'art, que ceux devant qui les portes du Salon se sont fermées, ont dans leurs cartons des dessins, des projets de travaux, des croquis de portraits qu'ils désirent montrer au grand jour. Aussi le nombre de ces études est-il considérable et le choix à faire entre elles difficile, parce qu'il est bien rare qu'une étude, généralement travaillée avec recherche et conscience, n'offre pas d'intérêt.

Parmi les six cents dessins, aquarelles, miniatures, pastels, porcelaines, émaux, faïences, etc.... il me suffira donc de désigner, dans un aperçu sommaire, les travaux qui m'ont paru les mieux réussis. Je ne consacrerai des détails qu'à quelques artistes vraiment hors ligne dans ces genres divers, et c'est naturellement par cette catégorie que je vais commencer.

M. Amaury-Duval est peut-être, aujourd'hui, l'artiste qui ait la ligne la plus large et la plus élégante. Il a hérité un peu du style de Ingres, dans ses dessins surtout. Cette étude de *jeune Fille du pays Basque* (2003) n'est qu'un simple trait au fusain, l'aspect cependant a de la grandeur.

*Le portrait de Mme **** (2004), également fusain, est plus fait ; il est plein de grâce et de finesse.

M. Appian. — Je ne connais rien de plus charmant que les paysages au fusain de M. Appian.

L'air y circule et la lumière y pénètre. Les arbres ont de l'élégance, les masses sont bien distribuées, les eaux y ont une transparence exquise. On se promène par la pensée sous ces ombrages dont la profondeur vous séduit. *Les environs de Pierre-Châtel* (2011) sont ainsi rendus, avec un charme irrésistible.

Les bords du lac du Bourget (2012) sont encore plus séduisants. Cette petite nappe d'eau qui se perd entre deux rochers a quelque chose de mystérieux qui fascine. On subit l'aspect grandiose de cette nature poétique. Toute la grandeur de ce site est si bien comprise et si bien reproduite! C'est solide, aéré, profond. Aucun détail n'attire particulièrement l'attention et ne domine l'effet général, c'est la nature elle-même avec ses côtés pittoresques et ses séductions irrésistibles.

M. Armand-Dumaresoq fait preuve de vigueur et d'habileté comme arrangement dans son *Transport de blessés sur des cacolets* (2013). Mais je préfère, et de beaucoup, son autre aquarelle : *Chasseur à pied en tirailleur* (2014), elle est très-remarquable de mouvement, de dessin et de couleur.

M. Bellay a déployé un talent remarquable dans ses deux aquarelles d'après les fresques de Raphaël : *l'École d'Athènes* (2046) et *la Dispute du Saint-Sacrement* (2047). La précision du dessin, la sobriété des tons, l'harmonie générale rappellent bien les sublimes compositions du plus grand artiste de tous les temps.

M. Bellel expose une trentaine de dessins au fusain: *Excursions en Auvergne* (2048-2049), très-intéressants par leur aspect pittoresque. Le fond y est d'un noir un peu outré, mais la perspective et la lumière sont habilement reproduites.

M. Brochart a un talent très-fin et très-distingué. *Le portrait de Mademoiselle R...* (2091) est délicieux, la tête et la poitrine sont modelées avec une fraîcheur exquise. La couleur rose est délicate et d'une grande douceur. Rien de heurté ni dans l'expression ni dans le coloris très-vif, cependant, pour un pastel.

Elle est charmante également, cette jeune fille en bleu, que M. Brochart nous présente sous ce titre : *le Baiser du Soleil* (2092). Un rayon d'or vient frapper le coin de sa bouche, et effleure sa main portée à son menton. L'effet est original, joli et bien rendu. Le costume bleu et blanc est élégant, brillant de couleur, distingué.

M. Brochart sait donner à ses pastels de l'éclat, mais sans jamais compromettre l'harmonie. L'art qu'il cultive manque peut-être de grandeur, mais il est admirablement approprié au goût des dames.

M. Faivre-Duffer. — *Le portrait de madame* *** (2207) est un pastel remarquable par la puissance du modelé. Le corps tourne admirablement.

Celui de *mademoiselle* *** (2208) est d'une expression charmante. Le dessin a de la pureté, la couleur du brillant et de la douceur. C'est un des meilleurs pastels du Salon.

M. Galbrund donne au pastel le ton et le relief de

la peinture à l'huile. Son *portrait d'homme* (2236) est d'une vigueur incroyable. La ligne générale a beaucoup d'ampleur.

M. Harpignies. — Ce *Village des Flandres* (2276) est d'un dessin magnifique. On croirait voir un paysage de Ruysdaël. Les premiers plans ont de l'épaisseur et montent dans une perspective parfaite. Le chemin s'enfonce et se perd à travers les maisons et les arbres, dont l'aspect est on ne peut plus pittoresque. Comme composition, cette vue est déjà d'un effet saisissant. Mais la façon dont elle est rendue ajoute beaucoup à son prix. On ne donne pas plus de vigueur à une aquarelle.

La lumière circule avec une clarté magique ; le ciel est beau, les plans des terrains grassement modelés.

Les Jardins de l'Académie de France à Rome (2277), d'un dessin plus simple par la nature du sujet, ne sont pas moins vigoureusement rendus. M. Harpignies est un aquarelliste de première force. S'il n'eût pas conquis d'emblée sa médaille à la peinture, il l'eût méritée ici.

M. Herst. — Ses deux grandes aquarelles : *le Printemps* (2290) et *l'Automne* (2291), forment deux jolis paysages d'une perspective profonde et d'un dessin élégant. Les ciels ont de la transparence ; les eaux sont limpides et fraîches ; de petits arbustes en fleurs se mêlent aux grands arbres et baignent dans un air pur. Comme effet général, les couleurs, trop variées, papillotent un peu trop aux yeux, mais l'aspect des deux tableaux est gai, lumineux et fort agréable.

M. Lehmann expose le dessin d'une partie de la décoration exécutée dans l'abside de la chapelle de l'institution des Jeunes-Aveugles (2353). C'est une grande composition dans le style de l'*École d'Athènes* et qui ne manque pas de force. Elle est divisée par groupes : au centre, Dieu sur un trône de nuages est entouré par des anges ; à sa droite, la Vierge, et à sa gauche, Jésus, également au milieu d'anges. Sur le devant des apôtres et des saints tenant chacun l'emblème de leur mission ou de leurs vertus sur la terre.

Le *portrait de M. Reber* (2354) est finement et très-simplement dessiné.

M. Lepec. — *Clémence Isaure* est un de ces chefs-d'œuvre comme on en voit rarement. On ne saurait rendre par le récit la grâce et le goût exquis qui ont présidé à l'arrangement des mille ornements qui entourent ce profil d'une rare beauté et d'une pureté si élégante. A elle seule cette tête ravissante est déjà un chef-d'œuvre. Les cheveux, d'un blond ardent, se cachent sous sa coiffure or et noire pour reparaître derrière et tomber en tresses sur le cou. On ne voit qu'un petit bout de la robe violette brochée de dessins vert et or, mais c'est assez pour deviner une gracieuse et riche toilette.

Je le répète, on ne peut décrire la profusion des détails d'un choix délicieux et qui servent de cadre à cet admirable portrait. Tout est parfait dans cet émail. La distinction suprême des lignes et des couleurs ne saurait être dépassée.

S. A. I. Madame la Princesse Mathilde. — *La Juive d'Alger* (1399). — Le corps se présente de face ; la tête, de profil, incline sur l'épaule droite. Le type est beau et puissant. C'est une brune au front pensif, à l'œil rêveur, à la lèvre dédaigneuse, au nez droit et distingué. Sous son foulard rouge broché or, s'échappe un flot de cheveux d'un noir de jais. Son costume est sévère : une robe noire au corsage brodé d'or laissant les bras libres sous une fine chemisette blanche. Un collier de sequins et des boucles d'oreilles à trois branches, le tout en or, complètent sa parure. L'exécution est aussi large que la composition ; la ligne surtout a de l'ampleur. Le modelé, excessivement travaillé, est très-précis. J'aurais aimé un peu plus de transparence dans l'ombre portée au-dessous de la lèvre, telle par exemple que j'en trouve dans les tons fins et charmants de la joue et de l'oreille. Mais c'est là une bien petite imperfection que rachètent hautement l'ensemble de l'œuvre qui a beaucoup de caractère par la souplesse et la distinction de la pose, le placement naturel des mains l'une sur l'autre, le goût sévère dans l'arrangement.

Profil perdu (2400) me plaît peut-être davantage, non pas que l'œuvre soit plus parfaite. J'y trouverais bien à reprendre un effet de la clavicule, vrai peut-être, mais qu'il eût mieux valu éviter de reproduire en faisant tourner un peu moins le corps. Mais, la tête est réellement belle, elle a un relief remarquable, le bras est dessiné avec élégance, la main se replie bien sur la poitrine, l'exécution est aussi précieuse et plus fine que dans la première aquarelle.

Ce qui me charme surtout dans cette jeune femme, c'est l'attitude. Il y a là un sentiment vague, un effet poétique qui est une véritable trouvaille. Les grands maîtres italiens affectionnaient ces sortes de poses. Sans être indécises elles ne limitent pas la pensée, elles lui permettent au contraire de s'étendre à son aise, et le travail de l'artiste peut se compléter ainsi suivant le tempérament de la personne qui observe.

M. Meyer. — Elle est bien belle cette tête de *Jules César* (2412) que M. Meyer a gravée sur l'émail, d'après les dessins de M. Emile Lévy. Le caractère en est très-élevé, le relief très-remarquable.

Renée de France (2413) est un émail non moins précieux par les mêmes qualités. Le dessin a du style, la couleur est vigoureuse, le relief saisissant.

M. Moreau (GUSTAVE). — *Hésiode visité par la Muse* (2430) est un dessin de maître. Il suffit d'une œuvre semblable pour rassurer sur le talent de M. Gustave Moreau qui se perd par les details dans ses deux peintures.

Ici, tout est grand, l'invention et l'exécution. L'attitude d'Hésiode est magnifique de simplicité. C'est du style ample et sévère. La Muse qui s'approche pour le baiser au front est presque sublime de sentiment. On ne peut rêver rien de plus poétique que cette scène muette entre ces deux personnages. On passerait une heure à songer devant elle. Et comme cela est dessiné ! Quelle justesse dans les mouvements ! Quelle grâce dans les lignes ! Comme ce torse d'Hésiode est merveilleusement modelé. Les plus grands maîtres seuls ont fait aussi bien.

Avec *une Péri* (2431), petit dessin pour un émail, d'une invention délicieuse, M. Moreau montre la richesse et la distinction de son esprit. Que de recherches dans un aussi petit sujet ! Quelle délicatesse d'idées et comme, après avoir vu cela, on est en droit d'être exigeant vis à vis de l'auteur de *Diomède* !

M. Pils, dont nous attendons si impatiemment une grande œuvre en peinture, nous dédommage autant que possible avec une très-belle aquarelle : *Batterie d'artillerie passant un gué* (2490).

Tout est d'une justesse parfaite dans cette petite composition : les attitudes, les mouvements, le dessin, la couleur. Pas de détails superflus, une science exacte, un goût simple et distingué. On sent bien la main d'un maître.

M. Pollet a deux aquarelles d'une finesse exquise. L'une, *l'Etude* (2501), est une jeune femme d'une rare beauté, et peinte avec la plus grande vérité ; l'autre, *l'Innocence* (2502), est un chef-d'œuvre. Rien n'est plus charmant que ce corps souple voluptueusement étendu, que cette physionomie si ouverte et si gracieuse. Aucun aquarelliste ne modèle avec autant de délicatesse que M. Pollet. Il a des tons d'une tendresse incomparable.

M. Popelin (CLAUDIUS) a complétement manqué la physionomie du *Dante* (2509), ce n'est pas là le masque de la tradition.

La Vérité (2508) est un de ces émaux comme M. Popelin seul en fait. Autour de la figure principale, rayonnent les portraits des génies les plus sages de la terre depuis Socrate et Platon, jusqu'à Descartes. Cette œuvre a l'intérêt philosophique que l'on trouve dans tous les travaux de l'artiste, elle est exécutée avec un grand relief, un peu sèchement peut-être. Le caractère élevé de la composition, le goût dans l'arrangement des figures, l'expression vraie et forte des physionomies, en font un tableau à part et tout à fait remarquable.

M. Saintin a mis un peu de recherche dans les vêtements de ses deux portraits : *S. A. I. la Princesse Mathilde*
(2556) et *Mlle Edile Riquer* (2557); mais ces deux dessins
n'en sont pas moins très-distingués par la disposition des
accessoires et la finesse du dessin.

M. Vidal est toujours le plus suave et le plus gracieux
de nos dessinateurs. Quelle ligne pure et simple dans *les
Amours des anges* (2600)! Et ce portrait de *Mlle M. L....* (2601)
n'est-il pas la plus ravissante chose du monde? Tout y est
poétique et rêveur, l'expression de la figure comme l'exécution vaporeuse elle-même !

M. Zô mérite une médaille avec ses deux aquarelles.
Dans ses *Mendiants à Cordoue* (2611) que d'esprit, que de
naturel dans les attitudes, quelle vérité dans les types, quelle
vigueur dans l'exécution! Cette porte d'église qui sert de
fond est d'une élégance rare comme architecture et comme
sculpture.

Les Contrebandiers (2612) forment aussi une belle composition, bien ordonnancée, élégante dans ses proportions,
éclairée avec beaucoup d'art. M. Zô peint l'aquarelle avec
une véritable puissance.

Il convient encore de remarquer :

Parmi les DESSINS :

Le portrait de *Mlle Abel* (1999), par **M. Abel** (MARIUS) .

d'un dessin très-précis. — Les fusains un peu noirs de **M. Allongé**. — *La Nymphe endormie* (2075), dessin au fusain d'une grande fraîcheur, par **M. Borlone**. — *Le portrait de Mme D....*, d'un dessin sévère, par **M. Delaunay**. — *Les Anges rebelles* (2188) et *les Titans* (2189), par **M. G. Doré**, d'un effet saisissant, obtenu avec la même ligne flamboyante et pittoresque. — Deux charmants portraits de **M. P. Dubois**, le sculpteur du *Chanteur florentin*. —Une jolie étude à plusieurs crayons, *portrait de jeune fille* (2242) et sept dessins sur les *péchés capitaux* (2241), par **M. Genaille**.—*Une jeune Grecque* (2286), par **Mme Herbelin**, d'un modelé très-fini. — Deux paysages au fusain, par **M. Lalanne**, pleins d'air et de lumière. — Un délicieux dessin à la sanguine, par **M. E. Lévy**. —Deux études sévères, par **M. Poncet**. — *Un cabaret à Tolède* (2390), dessin précis mais un peu sec, par **M. Vibert**.

Parmi les AQUARELLES :

Le marchand Maure à Alger (2022), scène amusante, par **M. Aze**. — Les deux scènes militaires de feu **Bellangé**. —*Les Fleurs printanières* (2063), de **Mlle Birat**, purement dessinées et d'un coloris vigoureux. — Les précieux intérieurs de *l'Eglise de San-Filippo-Neri à Naples* (2138) et du *Temple de Neptune à Pœstum* (2139), par **M. Coquart**. — *Deux groupes de fleurs* (2247-2248), d'un coloris éclatant, par **Mme Girardin** —*Une jeune Paysanne* (2285), par **Mme Herbelin**, d'un fini précieux.—Deux *paysages*, par **M. Lapito**, vigoureusement dessinés. — Deux *vues* très-finement peintes, par **M. J. Ouvrié**. — Deux

gouaches très-hardies de dessin, de perspective et de couleurs, par **M. Ponson.** — Des *Dahlias* (2536), autre
gouache très-fine, par **M. Rivoire.** — *Vue de Porto-
Venere* (2545) et *Ruines de Saint-Hilario* (2546), aquarelles
un peu sèches, mais d'un dessin précis, par **Mme de
Rothschild.** — Un *Saint Bonaventure* (2584), d'une
exécution très-sévère, par **M. Tourny.** — Un *Porteur
d'eau*, dans une bonne attitude, mais sèchement peinte, par
M. Vibert.

Parmi les PASTELS :

Un enfant des Abruzzes (2033), par **M. Bassompierre-
Sewrin**, très-expressif et vigoureux d'exécution. — Le
portrait de Mme G.... (2265), très-beau de pose, d'un relief
puissant, et le *portrait de M. Verceaux* (2266), d'une grande
vigueur de ton, par **M. Gratia.** — *Vue du rocher des Nazon*
(2335) et *Vue de l'Arc de Constantin* (2336), par **M. Lanoue**, paysages d'un ton vigoureux et d'une ligne sévère.
— Des *fleurs*, par **Mlle Paigné.** — Un portrait d'enfant
très-joli et très-amusant, par **M. Riesener.**

Parmi les MINIATURES :

Les portraits de *M.* et de *Mme Du Boys*, par **M. David**
(Maxime). — Le portrait de *Mme M. D....* (2214), par
M. Feulard. — Les deux *portraits* (2303-2304), par

M. Isbert. — Ceux de *Mme L. D....* et de *Mme D....*, par **Mme Leloir,** très-fin de modelé. — Un très-beau portrait du *Maréchal Randon* (2426), par **Mme Monvoisin.**—Deux jolis portraits, par **M. Viger-Duvignau.**

Parmi les ÉMAUX :

Une charmante étude de *jeune fille* (2203), d'une grande finesse, par **Mlle Durant.**

Parmi les PORCELAINES :

Une *corbeille de fleurs* (2252), par **Mme Gerbaud,** très-souple de dessin et finement colorée. — *Le Sommeil* (2498), très-fine copie d'après Angelica Kauffmann, par **Mlle Pitolet.**

Parmi les FAÏENCES :

Le Printemps (2080) et *l'Automne* (2081), par **M. Bouquet,** d'une couleur fine et brillante.— *Les Préparatifs de la chasse* (2254) et *les Chevaliers partant pour la guerre* (2255), par **M. Gluck,** d'un aspect original et d'une ligne pittoresque. — *Une jeune fille des environs de Quimper* (2297), par **M. Houry,** pleine de vigueur et de grâce.

Parmi les CARTONS DE VITRAUX :

Les quatre grands Prophètes (2332), vitrail, pour l'église Sainte-Clotilde, et la *Vierge au lis* (2333), d'un bon sentiment, par **M. Lamothe**. — Deux grands dessins, pour les églises de La Flèche et d'Issoudun, par **M. Lobin**. — *S. S. Pie IX* (2524), carton pour la restauration des vitraux de l'église de Toul, par **M. Revel**.

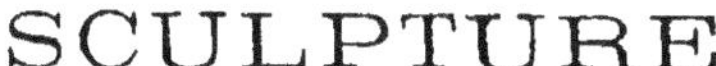

SCULPTURE

Cette année, les statues ont quitté les bosquets de fleurs
pour venir s'aligner sur trois rangées parallèles dans les
galeries habituellement réservées au parquement des moutons et des chevaux. Je ne suis pas parfaitement édifié sur
les nécessités qui ont pu motiver un semblable état de choses, mais je n'ai point envie de batailler sur la question de
connaître lequel des deux emplacements est le meilleur,
puisque je trouve autour de moi des gens qui approuvent
et d'autres qui critiquent.

Moi, je voudrais que la statuaire fût l'objet d'une plus
grande sollicitude de la part de l'Administration. Il me
semble que, entre le jour trop éclatant de la cour intérieure et la clarté douteuse qui règne dans le pourtour
au rez-de-chaussée, il y a un milieu que l'on pourrait
facilement obtenir en tamisant la lumière au moyen de
tentures.

Il faudrait aussi que certaines statues, par exemple :
l'Adolescence, de M. Gumery, *la Charité fraternelle*, de
M. Conny, *l'Abel mort*, de M. Feugères des Forts, fussent
isolées de façon à ce qu'on pût les voir sur toutes les faces,
parce qu'elles ont des qualités particulières dont on ne
peut pas se rendre bien compte, si on ne tourne pas autour
de leurs marbres avec facilité.

Malgré les gémissements d'un tas de personnes qui fei-
gnent de s'intéresser aux destinées de l'art et qui, dans le

fond du cœur, sont bien indifférentes, parce que d'abord elles ne connaissent rien, nous n'avons pas lieu de désespérer de l'avenir de la sculpture, pas plus que de celui de la peinture. Si nous avons rencontré dans les salles du premier étage des tableaux remarquables dénotant des artistes éminents, nous trouverons ici, à côté de nombreuses et brillantes promesses, des ouvrages fort beaux et dignes d'être admirés. Y a-t-il, par exemple, au Salon, une œuvre plus virile et plus gracieuse à la fois que celle de M. Carpeaux? M. Crauck ne lutte-t-il pas avec M. Hébert lui-même? peut-on rêver une chose plus ravissante que son portrait de Mlle Pélissier? M. Gumery connaît la femme, ce me semble, beaucoup plus avantageusement que M. Courbet, et je ne vois aucune composition religieuse digne d'être comparée pour l'élévation du sentiment avec *l'Ange de la Rédemption*, de M. Capellaro.

Parcourons donc, sans plus de préambule, ces rangées de statues, de bustes et de médaillons, et arrêtons-nous le plus longuement possible sur les plus importants. Il en est malheureusement beaucoup pour lesquels je ne ferai rien de plus que de les mentionner, car je ne puis prolonger selon mon désir ce compte-rendu, dont la publication ne doit pas être retardée.

M. Aizelin. — *L'Enfant et le sablier* (2615) est une très-jolie statue de marbre, composée avec goût. L'enfant montre avec crânerie le sablier qui se vide et se rit du temps qui passe. L'expression de la tête pleine d'insouciance et de gaieté est bien rendue et fort agréable. Le dessin est fin; le modelé, un peu accusé peut-être, ne détruit pourtant pas l'harmonie générale.

M. Bartholdi a eu certainement une idée en donnant à son *Génie funèbre* (2626) une pose aussi bizarre, mais l'exécution de son esquisse eût dû lui montrer combien elle était fausse et l'arrêter court dans son projet. On ne sait trop ce qu'on a sous les yeux, le Génie est tellement ramassé que le torse est complétement effacé, on ne voit absolument que deux pieds et deux bras. Au lieu d'inspirer de la tristesse et de l'effroi, comme cela devait être le but de l'artiste, cette composition est sans force et d'un vilain aspect.

Le buste en terre cuite, portrait de *M. Laboulaye* (2627), est fermement accentué et d'un dessin précis.

M. Blanchard. — *Le jeune Équilibriste*, plâtre, est une bien gracieuse statue. Un adolescent fait tourner une assiette sur l'extrémité d'une baguette. Sa pose est pleine de vérité et très-élégante. Le torse a de la souplesse, les jambes sont nerveuses, les bras agiles. Le personnage est vivant, il semble qu'on le voie remuer. L'exécution est sage et déjà savante. Voilà une des plus jolies statues de l'exposition.

M. Bonheur (Isidore) expose un *Cheval anglais* (2641), de grandeur naturelle, plâtre très-étudié et d'une certaine élégance.

M. Caillé montre du talent dans une œuvre trop maniérée : *Aristée pleurant ses abeilles* (2660).

M. Caïn n'a pas donné assez de relief à son *Trophée de

chasse (2661) ; le faucon et le héron sont d'un assez maigre aspect.

M. Cambos. — *La Femme adultère* (2662), plâtre. — Il y a beaucoup de vérité et de la grandeur dans cette pose mouvementée. Le corps s'appuie bien sur les genoux, la poitrine nue s'avance avec énergie, la tête, dont l'expression est très-belle de douleur, se voile à moitié sous les bras levés en signe de désespoir ; les mains liées sont à la hauteur du front. La draperie a de la transparence, de la souplesse et permet de suivre les mouvements du corps. Cette statue est surtout remarquable par la franchise de son exécution. On sent que la main a obéi sans défaillance à la vigueur de l'esprit. Il y a là une force peu commune et tout à fait originale.

M. Cambos prend décidément rang parmi nos meilleurs sculpteurs. Quand on compare cette œuvre d'une imagination ardente à la fable de la *Cigale* si délicatement exprimée l'année dernière par l'artiste, on est frappé d'une telle souplesse d'exécution et de pensée.

Le portrait du *Jeune M. S...*, buste en plâtre, est d'un modelé très-nettement accentué.

M. Capellaro possède un talent d'une sévérité austère et d'une rare noblesse. Peu d'artistes ont cette onction qui poétise le marbre et le fait rayonner sous les efforts de l'idée. Tout ce qui naît de son ciseau a un accent pénétrant.

Cet *Ange de la rédemption* (2665), statue en marbre destinée à l'église Saint-Germain-l'Auxerrois, est d'une simplicité pleine de grandeur. Le sentiment en est religieux et

élevé ; une sérénité parfaite règne dans l'œuvre tout entière. L'exécution est à la hauteur de la composition, la
ligne générale a une pureté délicieuse, la draperie suit
avec élégance les mouvements du corps. Tout est calme,
harmonieux, imposant. Voilà l'Art, tel que le comprennent
des maîtres, à l'abri des changements du goût et des caprices
de la mode.

M. Carpeaux. Si j'avais été appelé à décerner les
médailles d'honneur, j'aurais pu hésiter quelque peu entre
MM. Lévy et Bonnat pour la seconde, mais j'aurais donné
la première à M. Carpeaux sans indécision. Les deux œuvres qu'il expose tiennent le premier rang, l'une dans la
sculpture proprement dite, l'autre dans la statuaire monu-
mentale.

La décoration du fronton du pavillon de Flore aux Tuileries (2667) est une composition extrêmement remarquable et qui élève M. Carpeaux au rang des grands artistes
de notre pays. Rudde avec son bas-relief de *la Guerre* à
l'Arc-de-Triomphe de l'Étoile, et David avec son fronton du
Panthéon, peuvent seuls entrer en parallèle. Il y a même
dans l'ensemble du pavillon de Flore une variété de composition que les deux autres grands statuaires n'ont pu
donner à leurs magnifiques travaux, en raison de leur em-
placement et du sujet qu'ils comportaient.

Au-dessus du cintre plane un aigle vigoureux sur lequel
est assise la France portant entre les mains le flambeau
de l'intelligence. A sa droite est la Science, à sa gauche
l'Agriculture, non point représentées par des femmes à la
poitrine puissante et au port de déesses, comme cela se fait
communément, mais par deux robustes mortels, aux mem-

bres forts, à la figure énergique, l'un tenant le compas
et entouré de tous les autres attributs : mappemonde,
équerre, etc...; l'autre étendu devant un superbe taureau
dont le corps souple et beau trace un demi-cercle autour de
lui. Cette première partie de l'œuvre de M. Carpeaux a
une grandeur saisissante. Entre ces deux colosses qui la
nourrissent et lui prêtent appui, on voit la France, altière
et protectrice, se dresser en face du monde et lui offrir les
lumières de son génie et les trésors de ses entrailles.

Au-dessous du cintre, un cordon de cariatides serpente
avec une vivacité vertigineuse. Ce sont de petits marmots, dignes enfants d'Hercule, tenant des palmes pour
couronner la Gloire. Chacun d'eux a des mouvements
d'une prodigieuse rapidité et d'une force inouïe. Quelle
charpente et quels muscles! Et comme tout cela est vrai et
vivant! Quelle puissance et quelle précision de forme et de
rendu!

En bas, M. Carpeaux a placé un épisode d'une exquise
invention. Au lieu du bas-relief ordinaire, il a fouillé la
pierre; on croit voir le travail s'effectuer comme par en-
chantement sous les mains de Cybèle qui, agenouillée dans
un bosquet de roses, étend les bras, écarte les branchages
et met à découvert sa progéniture. C'est bien là la déesse,
mère des humains; la sollicitude est dans son regard, son
visage est gai et souriant, sa poitrine est puissante, sa grâce
charme et attire. Voyez comme elle est heureuse de nous
montrer ces bambins replets mais vigoureux, dont tous
les besoins et les désirs sont satisfaits, et qui, se tenant par
leurs petites mains, gambadent et dansent avec une espiéglerie mutine! Dans le fond de ce nid printanier il en est
un d'entre eux dont on ne voit absolument que les yeux,

le nez et la bouche, dont le galbe même de la tête se perd dans le feuillage de pierre, et qui est bien le plus adorable petit marmot que l'on puisse rêver; on devine sa pose mouvementée, la grâce de ses petits membres ; il semble qu'on va le voir sortir tout d'un coup pour se joindre à ses camarades et danser avec eux. Tout cela est d'une fraîcheur incomparable, d'une bonne humeur amusante, qui contraste merveilleusement avec la sévérité et la noblesse des groupes supérieurs.

L'échafaudage qui cachait cet admirable fronton est presque enlevé et l'on pourra, lorsque ces lignes paraîtront, se rendre un compte exact de l'effet véritable de cette grande composition. Dès à présent il est magnifique et bien plus saisissant que celui que peut produire le plâtre exposé au Salon.

Voilà donc enfin un morceau qui fait honneur à la statuaire contemporaine et jette un éclat très-vif sur un des principaux monuments de notre capitale.

Avec ce titre à la gloire, M. Carpeaux expose un groupe en plâtre représentant le *Prince Impérial appuyé sur son chien* (2668); c'est également un chef-d'œuvre.

Le jeune Prince porte une petite veste ronde, la culotte large et flottante des zouaves, et des souliers légèrement découverts. Son attitude est noble, mais sans prétention, d'un mouvement très-souple et très-élégant. L'exécution est irréprochable. M. Carpeaux a caché sa science sous une extrême simplicité. Ce groupe est tellement juste de proportions, tellement vrai, qu'on l'admire sans en chercher les mérites divers, comme on admire la nature elle-même.

Il y a bien longtemps que j'ai proclamé M. Carpeaux le

plus fort sculpteur de notre temps. Je crois que cela est hors de doute pour tous aujourd'hui. Deux jeunes artistes sont seuls de force à combattre avec lui : MM. Gumery et Crauck. A eux trois ils peuvent renouveler Rudde, David et Pradier; ils ont déjà surpassé la génération d'artistes distingués qui les sépare de ces maîtres et qui a produit Petitot, Durey, Nanteuil, Ramey, Dumont, Toussaint, Cavelier, etc..., parce que, tout en s'inspirant, comme eux, des saines traditions, ils apportent un élément plus moderne dans l'art de la statuaire.

M. Carrier-Belleuse ne peut être accusé de copier les données anciennes; il s'abandonne bien au contraire un peu trop à son tempérament. Aussi, il a un mérite qui domine toutes ses autres qualités, celui de n'être jamais insignifiant. Ne lui demandez pas la correction, ni même la grâce, il ne pourrait vous les donner, mais comptez sur lui pour tout ce qui tient à la force : l'énergie, la largeur ou la souplesse.

Angelica (2670), sur son rocher battu par les flots de la mer, ne nous est jamais apparue si puissante et si mouvementée. Nous sommes loin de Ingres et de ses imitateurs. Nous voilà en plein Rubens. Où Puget avait lui-même fait une concession à la beauté élégante de la femme, M. Carrier-Belleuse n'a pas voulu se départir de sa manière de voir et de rendre; il est resté lui-même et a reproduit la douce et blonde créature sous une forme large et robuste qui déconcerte au premier abord. Mais une fois ce type admis, on ne peut qu'admirer la puissance des mouvements, et la grandeur de l'effet. Pour concevoir une œuvre avec les défauts qu'on lui peut reprocher, il ne faut pas être un artiste vulgaire, loin de là. Aussi, j'applaudis des deux mains au succès très-réel que *l'Angelica* obtient auprès du public.

Le buste de *G. Doré* (2671) ne me satisfait pas. J'y retrouve bien l'expression originale de l'artiste, mais un peu amoindrie dans la force. Le regard est contrarié, la moustache, sèchement arrètée, enlève de la jeunesse au visage. Or, Gustave Doré a cela de remarquable qu'il ne vieillit pas en dépit d'un embonpoint qui tend encore à se développer.

M. Chapu est l'opposé de M. Carrier-Belleuse. Sa grande force est de savoir beaucoup. Il a étudié son art à bonne école et en possède les secrets. Cette profonde connaissance de tout ce qui s'apprend lui a permis d'acquérir une ligne générale dont l'ampleur est bien près d'être *le style*. Sous ce rapport sa *Nymphe Clytie* (2676), statue en plâtre, est très-remarquable.

La nymphe, étendue sur le côté gauche, est sur le point d'expirer ; elle retourne la tête et fixe ses derniers regards sur le soleil son amant, pour le suivre dans sa course, ses mains pressent contre sa poitrine la fleur du tournesol, à qui, par sa métamorphose elle a fait donner ce nom. L'exécution est simple, correcte et savante.

Le buste en bronze du docteur Desmarres (2677) est sévèrement travaillé. Les plans sont accusés avec beaucoup de justesse.

M. Chatrousse. — *La Madeleine au désert* (2684) est une belle statue dans une attitude excellente. L'expression est pleine d'amour et fort jolie. Le mouvement général a beaucoup de souplesse et respire la grandeur.

Le buste de la *Marquise de Pompadour* est finement travaillé, la poitrine principalement a de la grâce et de la distinction.

M. Conny a représenté *la Charité fraternelle* (2698) dans un groupe d'une invention assez nouvelle : deux hommes vigoureux et robustes dont l'un soutient l'autre, d'une belle forme, d'un sentiment distingué, dans une attitude simple et rendue avec souplesse. L'étude anatomique se sent un peu trop, mais les plans sont justes et modelés grassement. C'est là, en résumé, une œuvre sérieuse et réussie.

La Perdition (2699) est une gracieuse statue en marbre, d'un très-joli mouvement.

M. Cordier nous donne encore une statue en bronze, émaux et onyx : *Femme arabe* (2700). Ce genre de la statuaire est bizarre et intéressant, mais on ne peut suivre facilement les mouvements du corps sous ces couleurs bizarres.

La Femme transtévérine (2701) est un buste en marbre souple et gracieux, comme tout ce qui sort du ciseau de M. Cordier.

M. Crauck, chargé du fronton de la manufacture impériale de Sèvres, expose le modèle en plâtre de sa composition. Ce sont deux grandes figures dans le style classique, dessinées avec ampleur et élégance, irréprochables sous le rapport de l'exécution, mais n'offrant pas un immense intérêt.

Le portrait de *Mademoiselle L. E. Pélissier* (2708) est une petite merveille. On ne peut rien imaginer de plus exquis. Quelle finesse de traits et d'expression, comme tout cela vit et est plein de grâce! quelle simplicité dans l'arrangement de ce filet et de ce bouton de rose entouré de feuillages! Du moindre objet M. Crauck fait une chose attachante. On ne se lasse pas de contempler cette pureté de ligne, cette souplesse de modelé, cette fraîcheur incomparable. C'est la nature idéalisée et pourtant tout à fait vraie ; en un mot, c'est un chef-d'œuvre.

M. Cros. — Le *portrait du jeune Frédéric Jacque* (2709) est une œuvre naïve qui n'est pas sans mérite.

M. Cugnot rivalise avec M. Crauk quant à la finesse et au charme du portrait. Le buste de *mademoiselle T. C…* (2710) est également un chef-d'œuvre. L'arrangement est aussi délicieux ; un mince filet retient les cheveux. Le modelé est simple, gras, souple, délicat ; la bouche est charmante ; il y a dans le menton des plans d'une justesse extrême qui donnent des effets d'ombres adorables. La chemisette qui recouvre le cou a des plis d'une grâce parfaite. On rencontre dans ce petit buste mille détails qui intéressent vivement.

M. Dantan (JEUNE). Je n'aime pas beaucoup deux bustes de M. *le Pic* (2712) et de M. *Lacrosse* (2711). Ce dernier est cependant d'un dessin précis, mais je lui reprocherai d'être sèchement arrêté. M. Dantan nous a habitué à mieux que cela.

M. Delaplanche. — *Enfant monté sur une tortue* (2723), statue, plâtre. — L'idée est neuve et originale, elle comporte des effets nouveaux comme mouvements et comme plans. Les pieds serrés l'un contre l'autre se replient et prennent la forme de la carapace, afin de maintenir le corps en équilibre. Les bras levés et étendus sont d'une parfaite justesse. Le torse est très-vrai, la tête a bien l'expression voulue par la pose. La main droite est très-belle. M. Delaplanche a une science exacte du corps humain, cette statue est une étude pleine d'habileté. Il ne lui manque pour être parfait qu'un peu plus de simplicité et d'élégance.

M. Déloye. Le buste, en marbre, de *Madame L. Carlier* (2726) est gracieux et souple d'arrangement. Les mêmes qualités se retrouvent dans le buste en terre cuite de *M. L. Carlier* (2727), fouillé avec un sentiment très-juste de la pose.

M. Demaille. —*Jeune Savoyard faisant danser sa marmotte* (2728), statue en plâtre. — Il y a beaucoup de talent dans l'exécution de cette statue. Les mouvements sont très-délicatement rendus, le modelé est fin, la ligne assez élégante. La tête est bonne, mais elle manque d'originalité : M. Carpeaux a passé par là. Au résumé, voilà encore une œuvre pleine de promesses et déjà fort remarquable.

M. Dinecheau expose un groupe en plâtre : *Femme caressant sa chimère* (2732), qui me paraît plus indécent qu'autre chose; en tout cas, cette pose tourmentée est disgracieuse.

M. Desprey. — *Calypso* (2733), statue, plâtre, est d'un effet dramatique un peu cherché. Il y a de la finesse dans l'exécution du petit groupe en marbre, *Béatitude maternelle* (2734).

M. Devaulx. — *Amphitrite* (2727), statue en marbre pour la décoration de la cour du Louvre, est heureusement posée. Les attributs, le trident, la coquille nacrée et le dragon forme un faisceau contre lequel elle s'appuie. La tête est un peu faible peut-être, mais la poitrine est puissante et d'un bon modelé. Au résumé, c'est une œuvre classique sagement exécutée et d'un effet gracieux.

M. Devers. — Le buste en terre cuite de *Bernard Palissy* (2738) est d'un beau caractère.

M. Doublemard. — Les bustes en terre cuite de *Madame Sarah Félix* (2739) et de *M. Coquelin* (2740), en Gros René, se recommandent par les mêmes qualités. Ils sont tous les deux d'un arrangement plein de distinction et fouillés avec soin.

Mlle Dubois Davesnes. — Le buste en terre cuite de *Madame P...* (2744) est joli d'expression, d'un dessin précis, d'un modelé serré sans être sec.

Le portrait de *Mlle Marie Roze* (2745), buste en plâtre, est étudié avec beaucoup de soin. Si mademoiselle Dubois-Davesnes n'a pu rendre complétement l'exquise fraîcheur et la jeunesse de son magnifique modèle, au moins lui a-t-elle conservé son port de reine et sa grande distinction. Mademoiselle Marie Roze a une beauté si éclatante que l'artiste qui la veut reproduire peut bien se contenter d'en rendre à peu près le reflet.

M. Dubray. — Le portrait de *M. A. Godillot* (2738), buste en marbre, est fin et d'un modelé précis.

M. Elmerich. — Il y a une naïveté de bon augure dans cette statuette en plâtre : *la Petite fille en récréation* (2756).

M. Etex. — *Le Bonheur maternel* (2757) forme un groupe en marbre assez joli de sentiment, mais les personnages sont trop ramassés, cela enlève de l'élégance au morceau.

Ce défaut est beaucoup plus sensible dans la *Sainte Madeleine* (2758). Par suite de la pose qui manque de développement, les genoux avancent et paraissent d'autant plus énormes que la tête et un peu faible.

M. Fassin. — *Ciociara* (2763) forme un joli petit motif. La chemisette est fouillée avec goût.

M. Ferru. — Il y a beaucoup de talent dans cette petite statue en plâtre : *Jeune dédaigneuse* (2768). Les épaules sont un peu étroites, mais le sentiment de la figure est naïf et l'exécution est assez simple.

M. Fesquet. — *Le Bacchus enfant* (2767) a de bonnes qualités. Les jambes étendues sont souples et grasses, les plans du corps sont accusés avec goût et savoir. La tête semble un peu lourde à cause de cette couronne de pampres et de raisins qui en grossit demésurément le volume.

Le buste en plâtre de *M. Montrouge* (2768) est vigoureusement accentué.

M. Feugères des Forts. — J'aime beaucoup ce marbre : *l'Abel mort* (2769). Je le regarde comme une des œuvres les plus belles de l'exposition. La pose est extrêmement heureuse ; ce plan incliné du corps, qui fait soulever le ventre, donne une attitude penchée à la tête et aux jambes qui est pleine de grâce et de noblesse. Abel est bien mort, mais il n'a rien perdu de l'élégance et de la beauté de ses formes. Sa tête est fine et sa figure sereine ; sa poitrine large, mais élégante, est sculptée avec une rare souplesse ; le galbe de ses jambes est d'une distinction charmante. L'œil suit sans secousses le contour général très-mouvementé et cependant très-simple. La science se devine sans être apparente dans le modelé plein de relief et grassement travaillé du corps.

Bosio excellait dans ce genre de poses excessivement favorables à la sculpture, mais d'une composition difficile. M. Feugères des Forts peut arriver sur la même ligne. Ce n'est ni la distinction des formes, ni la grâce des mouvements, ni le fini de l'exécution qui lui feront défaut.

Le Tireur d'arc (2770), statue en bronze, a des formes plus lourdes et ne saurait appeler l'attention après *l'Abel mort.*

M. Fournier (Louis). — Le portrait de *M. Germain* (2775) est vigoureusement et sûrement accentué.

M. Franceschi. — *Hébé* (2778), groupe, plâtre. — Hébé

est assise sur le dos d'un aigle aux ailes déployées. D'une main, elle tient la coupe et de l'autre presse la tête de l'oiseau. Il y a dans l'ensemble de l'œuvre quelque chose qui laisse à désirer ; mais certains détails, notamment la poitrine et la jambe gauche d'Hébé, sont joliment sculptés.

M. Gauthier (CHARLES) nous donne en bronze sa statue : *Agar dans le désert* (2794), dont il avait exposé le plâtre l'année dernière. Elle n'a rien perdu de son sentiment profond de douleur et de prière ; le gracieux mouvement de son corps est toujours d'un effet aussi agréable.

Le *Saint Sébastien* (2793), statue, plâtre, dénote le même esprit distingué, par l'expression simple et belle de l'ensemble et la science de l'anatomie. Le torse est classique ; le cou un peu gros ; l'attitude excellente sans être nouvelle.

M. Gumery. — *L'Adolescence* (2810) est l'œuvre la plus finement fouillée du Salon. C'est l'épanouissement de la jeunesse, l'enfant a disparu et ce n'est pas encore la femme. Comme cette jeune fille est belle et sans prétention ! Que de trésors elle ne pense point à cacher, et dont elle ignore le prix ! Quelle langueur s'empare de tous ses sens ; c'est presque déjà de la volupté ! En relevant son épaisse chevelure dont le poids est trop lourd pour ses deux bras délicats, elle sent comme un frémissement de bien-être dont elle ne se rend pas compte, la nature commence à réclamer ses droits.

La ligne du côté droit rappelle comme attitude et comme pureté, depuis le sommet de la tête jusqu'aux pieds, celle de la *Source* de Ingres ; mais la position du bras gauche, qui ici est également levé pour soutenir les cheveux, écarte toute idée d'imitation avec ce célèbre tableau. La poitrine ainsi dégagée offre des plans d'une grande franchise et d'une grâce infinie. Entre le cou, les épaules, le dessous des bras, et la naissance des seins, la lumière se joue et donne lieu à des effets ravissants ; les attaches se sentent tout en échappant à la vue, tant elles sont indiquées avec finesse. Ce n'est plus du marbre, c'est la chair elle-même vivante et colorée par le jeu des ombres. La figure est jeune, un peu voluptueuse, comme le voulait le sentiment de la pose ; la poitrine large, la taille svelte et souple, les hanches déjà développées, les jambes d'un galbe pur et élégant, les pieds légèrement cambrés et d'une délicatesse de forme qu'hélas la nature a déjà le plus souvent perdue, à cet âge !

De quelque côté que vous la regardiez, cette délicieuse enfant vous apparaît toujours dans sa jeunesse et sa beauté. Le profil perdu, du côté gauche, est surtout exquis. M. Gumery n'a pas de rivaux pour la délicatesse du ciseau, c'est pourquoi il excelle surtout à reproduire les jeunes filles et les enfants. M. Crauck a seul autant d'élégance et de fraîcheur sans peut-être avoir autant de jeunesse.

Le buste de *M. J. J. Ampère* (2811) contraste avec *l'Adolescence*, par la sévérité des lignes, la largeur des traits, la vigueur qui exclut toute sécheresse. Après M. Carpeaux, les honneurs des galeries de sculptures appartiennent sans conteste, cette année, à M. Gumery.

M. Hébert (Émile). — Le portrait de *M. P. H**** (2814) ; buste, terre cuite, d'une grande vérité de plans.

M. Hering. — *Le Pêcheur napolitain* (2819), jolie statuette en ivoire, sculptée avec souplesse.

M. Etasse. — *Première coquetterie* (2824), petite statue en terre cuite d'un aspect riant et agréable, est représentée par un enfant ayant des ailes de papillon, monté sur une touffe de fleurs et qui, pour se parer d'une rose, se mire dans une source coulant aux pieds des joncs.

Le portrait de *madame* *** (2825) est d'un joli relief et d'un arrangement plein de goût.

M. Jacquemart. — *Valet de chiens* (2826). — Ce groupe en plâtre est très beau ! L'homme prête l'oreille à un bruit éloigné; ses deux chiens qui se dressent dans une attitude inquiète, ont une expression saisissante. Ils se recommandent surtout par l'élégance de leurs formes, la souplesse et la vigueur de leurs mouvements.

M. Janson expose le marbre de son petit groupe de l'année dernière : *Bacchus et l'Amour* (2818). Le sujet y a gagné par la finesse et l'éclat du marbre.

M. Kopf. — *La jeune Fille au serpent* (2833) est une jolie petite statuette et compose avec un gracieux médaillon en marbre, portrait de *madame**** (2834), une exposition distinguée.

M. Lebœuf n'a pas mis assez d'ampleur dans son bronze, buste de *Victor Hugo* (2847). Le grand poète à une physionomie bien autrement puissante et en même temps d'une plus grande douceur.

M. Le Bourg. — J'aime assez les deux statues en plâtre : *jeune Oiseleur (2848) rendant la liberté à une hirondelle* et une *Enfant jouant avec une sauterelle (2830)*. Cela est fin, naturel de pose et d'expression et étudié avec soin.

M. Leharivel-Durocher expose un portrait de *Chenedollé (2852)*, buste en marbre qui a du sentiment et de la grandeur.

M. Le Père. — Ils sont bien gracieux ces deux petits *portraits de mesdemoiselles L*** (2855)*. Le profil est purement dessiné, les cheveux ont une rare souplesse. M. Le Père a beau dissimuler sa science sous une simplicité pleine de naturel, le modelé révèle un homme d'un savoir éprouvé. Ne fait pas qui veut des œuvres si peu prétentieuses et pourtant si fortes.

M. Leroux (ÉTIENNE). — *La Marchande de violettes* (2860) est une statue en bronze d'un rare mérite comme étude, mais on y sent trop la préoccupation de l'antique. C'est juste de pose, drapé avec art, simple de sentiment, c'est beau, en un mot, et pourtant cela ne me satisfait pas parce que cela manque complétement d'originalité. J'attends une nouvelle œuvre de M. Leroux pour être entièrement fixé sur son avenir.

M. Le Veel a une bien malheureuse manière de poser ses bustes sur leur socle. On dirait que ses personnages sont coupés par le milieu du corps. Le buste de madame L*** (2862). assez réussi d'ailleurs, a par cette raison un aspect singulier.

M. Loison. — *Daphnis et Naïs* (2870). — Quel délicieux poème que cette idylle de Théocrite. Comme l'amour y est voluptueux ! Avec quelle tendresse et quelle effusion s'épanchent silencieusement les cœurs de ces deux jeunes amants ! Oh ! le doux poète, combien il est aimable !

M. Loison a su rendre toute la grâce renfermée dans ce frais tableau. Naïs, le corps renversé en arrière, s'appuie sur la poitrine du jeune homme, leurs deux têtes s'inclinent pour se rapprocher, et Daphnis dépose un baiser sur le front de son amie. Leurs quatre mains s'enlacent avec une ivresse pleine de douceur. Leur pose est élégante et naturelle. On rêve derrière eux le feuillage épais du bois ; on respire l'air embaumé des senteurs printanières, il semble qu'une brise légère tempère le souffle de leurs haleines brûlantes.

L'exécution est remarquable. La ligne générale est harmonieuse ; le dessin pur et distingué ; le modelé souple et bien accusé ; cela est savant sans pédanterie, naïf sans affectation.

M. Louis (HUBERT NOEL). — Le buste en terre cuite de *M. Angelo* (2870) est simplement exécuté et dans une pose excellente.

M. Maindron a donné beaucoup de mouvement et d'énergie à son *Pygmalion* (2875) ; Galathée est belle et vivante. On retrouve là comme dans toutes les œuvres de M. Maindron ce talent qui, tout en étant savant, sait s'affranchir des données voulues et trop généralement acceptées.

M. Maniglier est un des plus savants parmi nos jeunes statuaires. Il ne faut qu'une œuvre pour le lancer en public et assurer sa renommée. Il est en sculpture ce que M. Bouguereau est en peinture, un praticien hors ligne, marchant vite et avec sûreté.

Le buste de *M. Le Père* (2876) et le médaillon de *M. Bonnet* (2877), tous les deux en bronze, sont vigoureusement accusés et très-vrais de plans.

M. Marcello (A.). — Les deux bustes de *Marie-Antoinette* (2880-2881) ont quelque chose de la ligne large et cependant efféminée des Coustou. Le détail l'emporte trop sur l'ensemble et le dessin n'est pas irréprochable. Mais en tenant compte de tout, comme cela se doit, il faut reconnaître que l'auteur a beaucoup de talent. Combien de grandes dames auraient cette main ferme et cette aisance ; car il y a toujours dans les œuvres de M. Marcello une souplesse et une facilité qui valent bien mieux que le savoir lorsqu'il n'est que pédant.

M. Mathonat. — Le portrait de *mademoiselle M. M**** (2895) est un très-joli médaillon en plâtre, il a beaucoup de finesse.

M. Mène. — *Le Vainqueur de la course* (2896) forme un groupe excellent d'attitudes. *Le Renard et le Faisan* (2897) est un autre groupe en cire très-amusant et rendu avec beaucoup de vérité.

M. Millet (AIMÉ) nous fait attendre un peu longtemps le pendant de sa délicieuse *Ariane*. Je crains bien que *Vercingetorix*, œuvre très-recommandable d'ailleurs, ne lui ait gâté la main pour quelque temps. Je retrouve la ligne du héros gaulois, moins le caractère toutefois, dans le buste en bronze d'*Enfantin* (2902), et même dans le portrait de *mademoiselle Hélène B****(2901) qui est coiffée absolument comme le vainqueur d'Attila. Le bébé tient une grappe énorme de raisins, ses petites jambes sont jolies, mais sa chemisette, trop courte et lourdement sculptée, enlève de la grâce à l'ensemble. On sent une certaine prétention dans l'arrangement, il n'y a pas assez de simplicité dans les lignes.

M. Moreau (MATHURIN) nous donne le marbre de sa jolie statue de l'année dernière : *Studiosa* (2909). Cette charmante jeune fille m'a semblé encore plus élégante. Ce petit collier d'une finesse si jolie fait admirablement valoir le cou et la poitrine. Le galbe des bras est plus pur peut-être que sur le modèle en plâtre.

M. Moreau-Vauthier. — *La Baigneuse* (2910) est une œuvre de talent, bien qu'elle n'ait pas un aussi joli caractère que *le Jeune buveur*, qui remporta une médaille l'année dernière.

M. Nadaud. — *Le Jeune Indien* (2915), jouant avec des cymbales, est une statue de bronze intéressante, comme attitude principalement.

M. Noël. — Le dessin est très-fin dans le buste en terre cuite. portrait de *M. A. G...* (2917).

M. Oliva a surtout fait preuve de souplesse dans son beau buste de Richard Cobden (2918). Cette souplesse tourne en mollesse dans le second buste en marbre : portrait de *Madame la comtesse de**** (2919), qui manque aussi de grâce.

M. Oudiné expose le buste *d'Hippolyte Flandrin* (2921), dessiné au tombeau de cet artiste dans l'église Saint-Germain-des-Prés. C'est bien, mais j'aurais voulu plus d'accentuation dans le sentiment.

M. Perrey (Léon). — *Un Joueur à la toupie* (2933). — L'enfant a le genoux droit à terre et ramasse dans le creux de sa main la toupie qui tourne. La tête est penchée et d'une jolie expression de contentement. L'écart des jambes est gracieux. Le bras gauche repose avec beaucoup d'élégance sur la jambe gauche. La pose est assez nouvelle et d'un joli effet. Ce marbre fait honneur à M. Perrey fils, il est travaillé finement et dans un bon sentiment ; il peut certainement compter parmi les plus distingués du Salon.

M. Poitevin (fils) a exécuté avec une certaine force le portrait de *M. A. P...* (2941) ; c'est largement fait et sans effort.

M. Proulha nous offre une bien triste image de Psyché. Le dessin, peu correct, est en outre étroit et mesquin. La tête a une expression presque idiote. Au résumé, voilà une œuvre totalement manquée.

M. Robinet a fouillé jusqu'à la sécheresse les deux bustes de *M. Guizot* (2953) et de *M. Marie* (2954). Ce dernier est cependant assez remarquable par la précision des lignes.

M. Rochet a exagéré les mouvements dans son groupe de *Cassandre* (2955) poursuivie par Ajax, et se réfugiant à l'autel de Minerve. L'ensemble est incomplet et n'a pas la grandeur voulue.

M. Roubaud (AUGUSTE). — *Le Joueur de triangle* (2958) est une œuvre très-soignée d'exécution. On sent dans certaines parties, notamment dans le torse et les jambes, une grande préoccupation de l'antique, cela rappelle un peu le *Faune à l'enfant*. La pose des bras est jolie et très-originale. L'aspect général est d'une heureuse simplicité. M. Roubaud commence à se poser sérieusement. Il sait la pratique de son art ; un peu plus d'audace et nous aurons un artiste tout à fait distingué.

M. Rouillard a mis sa science ordinaire dans cette petite *Vache* (2960), très-vraie de mouvement et de plans.

M. Santa Coloma. Ce *Lion* (2973) est vigoureusement campé et d'une très-grande sûreté de lignes.

M. Truphème. — Voilà encore un joli groupe : *Vénus grondant l'Amour* (2990). La déesse est assise; d'une main elle emprisonne les ailes du bambin debout devant elle, de l'autre elle lui fait signe de bien tenir compte de l'observation qui lui est faite. L'enfant tend ses petits bras, croise ses mains et écoute avec une grande docilité.

Le groupe a de la grâce, beaucoup de naturel; il est

exécuté avec goût et habileté. La tête de Vénus est d'un classique un peu imité ; mais il vaut mieux cela qu'un type trop moderne. L'ensemble est original, gai, agréable et distingué.

M. Valette. — *Desdemona* (2991). — Statue jolie de sentiment et d'attitude, le plâtre est délicatement fouillé. Mais est-ce bien là Desdémone ? Je voudrais plus d'ampleur dans la physionomie.

Les deux voix (2992), autre statue en plâtre, a encore plus de grâce et de simplicité. Le sujet est original et bien rendu.

M. Varnier (HENRI). — Le portrait de *madame C. R...* (2993) est remarquable sous plus d'un rapport. La poitrine est principalement fort belle et d'un modelé très-souple. Les attaches sont fines, les plans grassement indiqués.

Mme Vignon (CLAUDE) a sculpté avec son talent ordinaire le buste de M. *Lefebvre-Duruflé* (3000) ; on peut cependant lui reprocher un peu de sécheresse.

M. Vivroux. — Il est charmant ce petit groupe en pierre : *la Vierge et l'Enfant Jésus* (3001). La Vierge est jolie, l'enfant très-simplement posé. L'ensemble a mieux que de la grâce ; on respire, en le regardant, comme un parfum de chasteté, assez rare à trouver dans les œuvres religieuses d'aujourd'hui.

M. Waagen. — *Le Berger arabe* (3002) forme un groupe plâtre et cire d'un joli arrangement et d'un effet très-agréable.

M. Watrinelle. — *La Couronne de fleurs* (3003). — Une jeune fille, assise dans une attitude simple et gracieuse, tresse une couronne; elle examine l'effet que produit son travail et en paraît satisfaite. La ligne générale de cette figure est plus savante qu'on ne le dirait tout d'abord, elle révèle de sérieuses études et beaucoup de goût. C'est là encore une œuvre d'avenir.

GRAVURE

ET

LITHOGRAPHIE

La gravure se faisait autrefois l'humble esclave de la peinture et n'avait qu'un but : reproduire l'esprit, le sentiment exact et l'allure du maître qu'elle interprétait. C'est à cette grande école que nous devons toutes ces admirables gravures de Marc-Antoine qui, au premier coup d'œil, révèlent l'œuvre dont elles sont l'image.

Plus tard, les artistes graveurs, voulant élever leur art, ont cherché à se donner à eux-mêmes une originalité, une *manière*, tout en conservant la donnée précise du modèle. Gérard Audran et toute la célèbre école de Louis XIV et de Louis XV ont travaillé sous cette inspiration et ont produit également des chefs-d'œuvre.

Aujourd'hui les graveurs se sont multipliés, et comme tous les artistes, ils se préoccupent avant tout de la question de commerce. Cela les conduit à négliger les chefs-d'œuvre pour les sujets qui offrent le succès de vente le plus assuré. De là évidemment un premier abaissement du niveau de leur art. Un grand artiste : Henriquel Dupont, est pourtant resté ferme au milieu de la débâcle, et laissera non-seulement des œuvres hors ligne, mais une école sur laquelle on peut compter, car elle a sa base sur les principes les plus excellents.

Ce n'est pas dans ce genre, cependant, que nous trouvons les meilleures œuvres du Salon de cette année. La manière noire, les eaux-fortes, l'emportent sur la gravure que j'appellerais volontiers *classique*. Pourtant celle-ci a encore trouvé de savants et de purs interprètes.

En première ligne, je citerai **M. Massard**. Son *Couronnement d'Épines* d'après le Titien est tout à fait dans le sentiment du maître. Le burin s'y montre ferme, souple, varié, et excessivement coloré. Les chairs ont une clarté précieuse et les étoffes une vigueur rare. Cette gravure est excessivement remarquable et mérite d'être classée parmi les meilleures entre celles qui ont été faites sur cet admirable modèle.

La Vierge aux donataires, par **M. Bertinot**, brille par une exécution colorée. — *Le portrait de M. Schnetz*, par **M. Bellay**, est simple et sévère. — J'en dirai autant du *portrait de M. le marquis Arconati*, que **M. Deveaux** a dessiné d'après G. Boulanger. — *La belle Jardinière* et *la Madone de Saint-Sixte*, d'après Raphaël, sont traduites par **M. Levy** (GUSTAVE) avec une grande douceur. L'aspect en est simple, calme, tranquille, lumineux, comme celui des œuvres du divin maître.

Dans un sentiment plus moderne, je placerai au premier rang **M. Raab**. — *Gœthe patinant à Francfort*, et *Herman et Dorothée*, deux toiles de Kaulbach, sont deux gravures parfaites. Le burin a une finesse extrême. Mais ce qui surtout est remarquable, c'est la lumière, la profondeur de l'air qui naît de la justesse des plans. On ne saurait donner à chaque objet une valeur relative mieux proportionnée.

M. Haussoullier a rendu avec une simplicité très-louable le *Romulus vainqueur d'Acron*, une des compositions les plus grandioses de Ingres.

Le mariage de S. A. R. d'Angleterre, par **M. Blanchard**, est moins heureusement traité; le ton est dur et noir et la ligne trahit cependant une mollesse regrettable.

Avec un portrait de *M. G. Mermilliod*, nettement accentué, **M. Flameng** expose cinq gravures d'après M. Bida, qui sont excessivement belles comme coloration. La lumière y est parfaite, et donne au dessin, très-précis d'ailleurs, une vigueur et une harmonie admirables.

Le *Molière à la table de Louis XIV*, d'après Gérôme, par **M. Girardet** (Edouard), est finement rendu, avec souplesse mais dans une teinte un peu uniforme.

Je citerai encore *l'Aveugle*, de **M. Michiels**, d'un burin tendre, mais d'un dessin peu précis; et une *Messe sous la Terreur*, de Ch. Müller, par **M. Varin**, œuvre de talent, bien qu'un peu noire.

Puis, d'après les monuments; les très-fines gravures de **M. Guillaumot** (Alexandre), de **M. Penel** (Jules) et de **M. Penel** (Félix).

Parmi les gravures à la manière noire, je trouve quatre artistes qui se sont tout à fait distingués cette année :

M. Ballin, avec le *Louis XVI dans son atelier de serrurerie*, d'après M. Caraud, et ses quatre gravures d'après M. Bida.

M. Eichens, avec *les Amies de pension*, d'après M. Compte-Calix, sujet qu'il a rendu par une admirable pureté et avec une lumière splendide.

M. Girardet (Paul), avec *l'Appel des condamnés*, d'après Charles Muller, où l'on retrouve jusqu'au papillotage qui est le défaut du tableau, tant le burin a voulu rester fidèle.

Et enfin **M. Thirion**, qui a fait un petit chef-d'œuvre au pointillé, avec la délicieuse *Prière*, de M. Bouguereau.

Parmi les gravures sur bois, j'ai remarqué : les *Souvenirs du Salon de* 1865, huit sujets très-étudiés et très-fidèles, par **M. Boetzel** ; *l'Attaque de la porte de Constantine*, d'après Horace Vernet, par **M. Chapon**, très-fin, très-souple et très-varié ; et *l'Hiver*, d'après M. Jacque, gravé par **M. Jahyer** (Octave) avec une vigueur peu commune.

Les eaux-fortes sont nombreuses, et généralement très-belles ; ainsi :

M. Blées a deux délicieux paysages, dont l'un dans le sentiment exact d'Hobbema ; Mme **Browne** (Henriette) : *la Vocation de saint Mathieu*, d'après M. Bida ; **M. Corot :** des *Environs de Rome ;* **M. Delaunay** des *Fleurs* et des *Fruits*, d'après Van Huysum ; **M. Valerio :** *les Gardes du prince de Montenegro ;* **M. Daubigny** (fils) : *le Gué ;* **M. Potémont :** *la Fin de la journée*, d'après Jules Breton, trop accentué dans les détails ; **M. Veyrassat :** onze sujets divers, très-remarquablement exécutés.

Au-dessus de ces artistes dont j'ai remarqué plus particulièrement les œuvres, il en est trois dont les travaux sont tout a fait hors ligne : ce sont :

M. Jacque (Ch.-Émile), dont les huit eaux-fortes : *Scènes de la vie rurale*, sont tout à la fois d'une puissance et d'une finesse extraordinaires.

M. Jacquemart, avec ses épées, miroirs et pistolets

gravés avec une telle précision et une telle vigueur qu'on dirait voir du fer ciselé.

M. Lalanne, qui, avec de charmants dessins représentant des intérieurs chez Victor Hugo, nous donne une magnifique vue de Paris prise du pont de la Concorde, où la perspective est admirable, et les eaux d'une grande vérité.

LITHOGRAPHIE.

De la gravure à la lithographie il n'y a plus beaucoup de distance aujourd'hui, tant certains artistes lithographes sont arrivés à une vigueur et à une pureté magnifiques.

Voyez le *portrait de madame M*^{me}... par **M. Lassalle**, et dites-moi si l'on peut atteindre un effet plus délicieux. Le fond est tracé avec largeur, les chairs sont satinées, les cheveux pleins de vigueur, les étoffes d'une souplesse parfaite.

J'aime beaucoup *la Salmacis*, de **M. Lemoine**, d'après M. Chaplin; c'est bien là la grâce, le vague que présente le modèle. Le bas des jambes est notamment d'une douceur de tons exquise. Le clair-obscur est on ne peut mieux rendu. Dans la *Vénus*, d'après M. Faure, M. Lemoine a poussé le modelé si loin que la lumière y perd un peu de son effet, mais que c'est fin et joli!

Parmi les douze portraits lithographiés par **M. Fuhr** pour le *Panthéon des illustrations françaises au* XIXe *siècle*, j'ai surtout remarqué ceux de Jules Simon et de Courbet.

16

Le beau tableau de M. Glaize : *la Pourvoyeuse misère,* a été rendu avec une grande vérité par **M. Lamy**.

M. Laurens a déjà reproduit *le Dormoir,* de M. Auguste Bonheur, et d'une façon très-remarquable ; l'air circule à merveille dans ce paysage autour des animaux ; les fonds sont magnifiquement éclairés. *La Chloé,* d'après M. Coessin-Delafosse, est souple, les chairs ont une finesse extrème.

M. Noël (LÉON) a beaucoup travaillé son *portrait de M. Magne,* d'après Léon Cogniet.

M. Sudre n'a pas rendu toute l'élégance de *l'Angélique,* de Ingres, mais cela est sage et savant ainsi que la tête de *l'Odalisque.*

Je citerai enfin **M. Thielley**, qui a reproduit avec un effet charmant la *Répétition générale,* d'après M. Schlosser.

ARCHITECTURE

Les travaux d'architecture sont d'un tiers plus nombreux cette année qu'en 1865. Certains *projets* mériteraient un compte-rendu plus détaillé que celui que je leur puis donner ici. Je dois me borner à examiner succinctement le mérite des principales œuvres exposées.

M. Baudry (AMBROISE), chargé par le Ministre de l'intérieur d'une mission en Valachie et en Bulgarie, nous rapporte des vues pittoresques, des relevés de plans et de fouilles, des dessins de vases et de poteries finement rendus et d'un grand caractère de vérité.

M. Boileau (père) est l'homme des tentatives, il risque toutes les combinaisons ; s'il n'amène pas le progrès par la main, ce n'est pas faute de la lui tendre.

J'ai examiné attentivement son *Projet de palais pour les expositions universelles,* dans lequel il nous promet monts et merveilles, et j'avoue que je ne suis pas positivement convaincu de l'utilité de ses découvertes. D'abord, l'aspect de son monument ne me charme pas. La façade se compose de onze pavillons : un au centre, deux tout à fait semblables aux extrémités, et les huit autres en retrait, quatre à droite et quatre à gauche du pavillon central ; cela rappelle les halles, moins la simplicité. Chaque porte est d'un détail de menuiserie beaucoup trop compliqué. M. Boileau a réuni toutes les parties du palais par des voûtes avec couvertures à doubles parois; le jour, au lieu de venir par en haut, entre par les côtés au moyen de vitrages verticaux. Il paraît que la lumière serait égale partout et, qui plus est, la température invariable.

M. Boileau (Fils) présente huit dessins : rectification d'un projet d'église pour Rambouillet. La vue extérieure est bonne, quoique la façade latérale soit un peu plate; la façade principale ne manque pas d'élégance.

M. Boitte n'est pas, il paraît, de l'avis de ceux qui trouvent avec raison que la place de la Concorde est sans rivale dans le monde, justement parce que la vue n'y est pas bornée et embrasse des horizons multiples et d'aspects divers. Il propose de construire, devant les façades des Tuileries et des Champs-Élysées, une suite d'arcades sans caractère et dont le but serait simplement d'encaisser la place. Il n'y a même pas d'originalité dans l'idée malheureuse que présente M. Boitte. Il se borne à copier l'arc de triomphe du Carrousel pour élever deux portes d'entrée de chaque côté de la grande avenue.

M. Chapron propose d'élever sur la place du Trône, à la gloire de l'armée française contemporaine, un monument qui, d'après ses formes, me paraîtrait fort bien placé à Smyrne ou à Trébizonde. Pour Dieu, si vous avez l'esprit si patriotique, ayez au moins les goûts artistiques de votre pays.

M. Charier conserve bien le caractère des ruines de l'église de Mareuil-sur-le-Lay, dans les douze dessins de son projet de restauration.

J'aime beaucoup son projet d'hôtel de ville pour Fontenay-le-Comte. C'est simple, sévère et aussi très-élégant.

M. Coquart expose des copies d'après des panneaux et peintures du musée de Naples. Celle du sarcophage trouvé à Pœstum est particulièrement remarquable par son cachet naïf de vérité.

M. Corroyer a dessiné avec une finesse précieuse un autel et différents morceaux d'orfévrerie de l'église Notre-Dame-des-Victoires à Roanne. L'ostensoir, les burettes, le calice sont d'une élégance rare et d'un goût parfait.

Le projet d'un trottoir couvert pour la rue de l'Impératrice ne manque pas d'originalité.

M. Dainville expose les dessins des plans et détails du joli marché de la rue Saint-Maur-Saint-Germain.

M. Devrez a fait un beau travail d'après le Mont-Saint-Michel.

M. Dupré est celui qui me paraît avoir le plus élégamment rendu le projet d'élévation d'un monument à la mémoire de Don Pedro IV, à Lisbonne. L'empereur s'appuie sur son épée; à ses pieds sont assises la Justice et la Force. Un bas-relief retrace le fait de son abdication.

M. Guillaume a reproduit les peintures de *la chambre noire* et de la maison dite *des Chapiteaux*, à Pompeï, en conservant la pureté de leur caractère. Ces deux copies sont très-belles à étudier.

M. Hugelin. Le projet de pignon d'une maison dans le style du XVIᵉ siècle allemand a beaucoup de cachet et d'élégance.

M. Huot. — Le projet d'un asile d'aliénés pour la ville d'Aix est savamment conçu. La distribution des bâtiments est excellente, l'aspect intérieur rappelle celui de l'hôpital Lariboisière.

M. Lameire mérite une place tout à fait à part au Salon de cette année. Le projet de décoration intérieure d'une église, puisé dans *l'Apocalypse* de saint Jean, est une œuvre hors ligne, d'une conception artistique des plus distinguées. C'est un poème véritable, irréalisable sans doute, mais d'un grandiose achevé.

Tout est invention dans ce plan hardi. L'autel, le ciborium et l'abside sont d'une originalité et d'une richesse inouïes. Les peintures des fresques sont merveilleuses de composition.

Il faudrait cent pages pour décrire les détails intéressants qui fourmillent dans ce magnifique travail, par lequel M. Lameire a fait preuve d'une imagination puissante, d'un goût parfait et d'une vaste érudition.

Je le répète, c'est là une œuvre dont la portée est hors ligne et qui classe l'artiste qui l'a conçue et exécutée au nombre des architectes sur lesquels nous pouvons fonder de très-brillantes espérances dans l'avenir.

M. Parent expose onze dessins très-intéressants pour la restauration et la décoration des façades du château d'Esclemont (Eure-et-Loir).

Puis, un projet de construction de maisons sur la place Vauban, dans le style de l'Hôtel des Invalides. Ce projet est excellent et assurément le meilleur de tous ceux qui proposent des changements sur les places de Paris. Je ne vois rien qui puisse s'opposer à sa réalisation, et cela donnerait un aspect vraiment grandiose à ce quartier. On aurait là un pendant à la fameuse place d'Armes de Versailles.

M. Pascal. — Le projet de palais pour le Corps législatif de La Haye (Hollande) est fort beau. La façade sur le canal a de la grandeur et de l'élégance; le détail en est remarquable. La salle des états-généraux est superbe d'ornementation. L'ensemble du monument est dans des proportions excellentes.

M. Thérin a de très-remarquables études sur la mosquée de Cordoue. On ne saurait faire des restitutions en observant mieux le caractère de l'état actuel du monument.

L'exécution magnifique des quatorze dessins donne encore une plus grande valeur à ces études. La couleur en est d'un éclat superbe et le dessin admirable de pureté.

M. Vaudremer expose deux dessins pleins d'intérêt : *Intérieur de la librairie de Sienne* et *Intérieur de l'église Saint-Marc.*

CONCLUSION

Lorsqu'on a pris la peine d'étudier avec soin les tendances multiples qui se dégagent des œuvres exposées au Salon de cette année, on emporte avec soi un espoir et un regret : l'art est vivant et bien vivant, il y a donc lieu d'espérer, mais le goût des artistes se laisse corrompre par le goût détestable du public, et là est le danger.

Jamais peut-être, autant qu'aujourd'hui, le mauvais ton n'a été de mode. Dans la société, comme au théâtre, comme dans les écrits, on se fait une gloire de défendre les excentricités ; l'impudence en impose et la niaiserie a remplacé l'esprit. On aime, ou plutôt on feint d'aimer les plaisanteries risquées et les farces de coulisses ou de bureau. Les paroles retenues et les écrits honnêtes ne sont plus que de la pruderie ; soyez osés, faites les pasquins et les bouffons, alors vous serez des gens aimables et intelligents.

Dans les masses c'est pire encore, on ne se nourrit plus que d'idées malsaines. Le mercantilisme littéraire a tout envahi et, comme il ne repose à peu près que sur la négation des principes élevés de la morale et de la religion, il sème partout la dégradation et les mauvais instincts.

Au milieu de cette eau bourbeuse qui flotte de toutes parts et que quelques rayons d'un soleil bienfaisant suffiraient à tarir, l'art d'Apelles et de Phidias est submergé comme les autres branches de l'intelligence. De rares esprits surnagent, il est vrai, mais la plupart des artistes ne s'engagent que timidement en dehors de la route battue, et presque tous se jettent à corps perdu au devant des goûts de la foule, les uns espérant tirer un meilleur prix de leurs travaux, les autres visant à attirer l'attention de quelques écrivains dont la plume, au service de journaux bien répandus parce qu'ils sont sans portée, est bien aise de retracer leurs exploits excentriques.

Aussi trouvons-nous cette année, comme l'année dernière, le niveau du Salon très-peu élevé. La religion, la philosophie, l'histoire, la poésie, n'y sont représentées que par quelques adeptes. Le genre, sous mille formes variées, peuple les galeries.

Seulement nous devons le reconnaître, et c'est là que ceux qui crient à la disparition de l'art ne sont pas dans le vrai, le petit nombre des artistes sérieux forme un noyau suffisant pour sauvegarder l'avenir; d'autre part, la partie matérielle de l'art est traitée avec une telle supériorité que, du jour au lendemain, nous pouvons avoir de vrais artistes, il suffit pour cela que toutes ces mains extrèmement habiles obéissent à des esprits lancés dans une meilleure direction.

Je félicite donc, et je les nomme sans ordre, MM. Bonnat, Emile Lévy, Thirion, Bin, Briguiboul, Mercadé, Léon

Glaize, Tony-Robert-Fleury, Ehrmann, Bouguereau, Giacomotti, Glaize père, Henner, Jourdan, Gustave Moreau, Hippolyte Bellangé, Hébert, Lafond, Puvis de Chavannes, Barrias, Faruffini, Schreyer, Jules Lefèvre et les autres qui, avec un mérite inégal mais très-recommandable, cherchent à maintenir l'art sur les sphères les plus hautes.

Je félicite encore MM. Marchal, Eugène Feyen, Comte, Lambert, Hugue Merle, etc....., dont les œuvres respirent un excellent parfum de poésie, d'histoire et de philosophie.

J'applaudis à l'esprit de bon goût qui perce dans les toiles telles que celles de MM. Heilbuth, Gide, Eugène Leroux, Charles Frère, Toulmouche, Baugniet, Gustave Boulanger, Meyerheim, Salentin, Saintin, Lewis Brown, Caraud, Hamman, Philippe Rousseau, Patrois, Vautier, Eugène Giraud, James Tissot, Armand Leleux, etc.....

Je suis avec un intérêt véritable les études de MM. Fromentin, Gérôme, Guillaumet, Théodore Frère, Mouchot, Berchère, Belly, Tournemine, Pasini, etc....., qui retracent avec une scrupuleuse vérité et beaucoup de charmes les types, les mœurs et les coutumes de l'Orient et de l'Afrique.

J'admire enfin les qualités remarquables du pinceau de MM. Courbet, Roybet, Vollon. Mais, là commencent mes craintes; car, à la suite de ces artistes viennent les phalanges tout au moins inutiles des Manet, Monet, Fantin Latour et autres, qui rentrent si bien dans les goûts détestables que certaines feuilles, plus nuisibles que bonnes, se plaisent à répandre.

Dans cette nomenclature, je n'ai pas compris le paysage et c'est avec raison. Les paysagistes d'aujourd'hui sont dans la bonne voie. Ils étudient la nature avec une conscience digne des plus grands éloges.

Cette année, les uns, comme MM. Busson, Saal, Daubigny, Corot, Blin, Nazon, Français, Émile Breton, en ont révélé la vague et profonde poésie; d'autres : MM. Courbet, Chintreuil, de Cock, Bluhm, Didier, Paul Huet, Gosselin, Castan....., la reproduisent avec vérité. D'autres en saisissent avant tout le côté pittoresque comme MM. Giroux, Kuwasseg, Harpignies, Lansyer, Gaspard Lacroix, Lanoue, Masure, Brest, Ziem, Gustave Doré, de Knyff, Appian, Le Cointe, Bellel, etc.

Il me reste encore à citer au premier rang : MM. Bonheur, Schenk, Blaise Desgoffes, qui brillent par les animaux et les natures mortes.

Voilà, certes, une phalange d'artistes dont le Salon de 1866 peut être fier et qui lui assure au moins une place égale à celle obtenue dans l'histoire de l'art par les précédentes expositions.

Si à tous ces noms que le Salon de cette année vient encore de mettre en évidence, et dont je n'ai cité que les principaux, on ajoute ceux de MM. Ingres, Robert Fleury, Gleyre, Signol, Cabanel, Pils, Couture, Jules Breton, Yvon, Brion, Jean Aubert, Amaury Duval, Badin, Rosa Bonheur, Brascassat, Diaz, Isabey, Meissonier, Muller et dix autres encore qui n'ont pas exposé, on voit que l'École française surtout, a de très-nombreux représentants qui tous connaissent admirablement la partie matérielle de l'art, et dont beaucoup sont de nature à produire de vastes travaux.

La sculpture se présente à peu près sous les mêmes apparences. Pourtant j'y trouve un peu plus d'unité dans la pensée commune; la forme brille un peu trop au détriment de l'idée, mais à de très-rares exceptions près, cela sera toujours ainsi, car cela tient à l'art lui-même. Je fais cependant une exception en faveur de M. Carpeaux, dont j'ai amplement parlé et qui, pour moi, s'est élevé très-haut cette année.

MM. Gumery, Capellaro, Maindron, Mathurin Moreau, Cambos, Carrier-Belleuse, Crauk, Loison, Chapu, Maniglier, Varnier, Chatrousse, Conny, Doublemard, Cugnot, Franceschi, Jacquemart, Charles Gauthier, le Père, Mène, Trupheme, Auguste Roubaud, ont soutenu dignement leur réputation justement acquise.

De nouveaux talents : MM. Delaplanche, Blanchard, Demaille, Feugères des Forts, Perrey, Watrinelle, ont conquis leur part de gloire et appellent désormais sur leurs œuvres l'attention générale.

Ajoutez à ces noms ceux de MM. Jouffroy, Barye, Dumont, Clesinger, Dantan aîné, Cavelier, Guillaume, Fremiet, Lanno, Iselin, Farochon, Pollet, Thomas, Seurre, Perraud, Lequesne, Bonnassieux, etc., etc..., qui n'ont pas exposé, et dites sérieusement si vous croyez que les hommes de talent sont rares.

L'exposition des dessins, aquarelles, etc., a encore rappelé avantageusement cette année les noms de MM. Lepec, Claudius Popelin, de S. A. I. madame la princesse Mathilde, M. Galbrund, etc... La gravure a brillé avec MM. Eichens, Raab, Massard et quelques autres ; les eaux-fortes, avec MM. Jacquemart, Lalanne, Jacque ; les lithographies de M. Lassalle et Laurens ont été très-remarquées.

Enfin, dans l'architecture, le merveilleux travail de M. Lameire fait le plus grand honneur à son auteur.

L'exposition de 1867 n'a donc pas nui autant qu'on le

craignait au Salon de 1866, qui peut être regardé comme une très-belle étape pour nous conduire au devant des grandes œuvres après lesquelles nous soupirons ardemment.

En terminant, j'exprimerai un regret profond au sujet du vote de la médaille d'honneur qui vient de s'accomplir à l'instant. Laisser perdre deux récompenses semblables alors qu'il y avait tant lieu de les donner, soit à celui-ci, soit à celui-là, c'est un fait inouï et désolant à tous les points de vue. Je n'avais jamais voulu consentir à croire au sentiment de jalousie excessif que l'on prêtait autour de moi aux artistes; hélas, j'ai perdu encore aujourd'hui une nouvelle illusion !

Mais pourquoi après le second tour de scrutin, l'administration triomphante (car elle a acquis ce jour-là une force extraordinaire) n'a-t-elle pas été généreuse? A la place de M. le surintendant des Beaux-Arts, j'aurais fait révoquer le jury et décerné moi-même les deux médailles, car elles étaient méritées; tout le monde eût chaleureusement applaudi, même ceux qui n'aiment pas la concentration de ces genres de pouvoirs dans la main d'un seul.

FIN

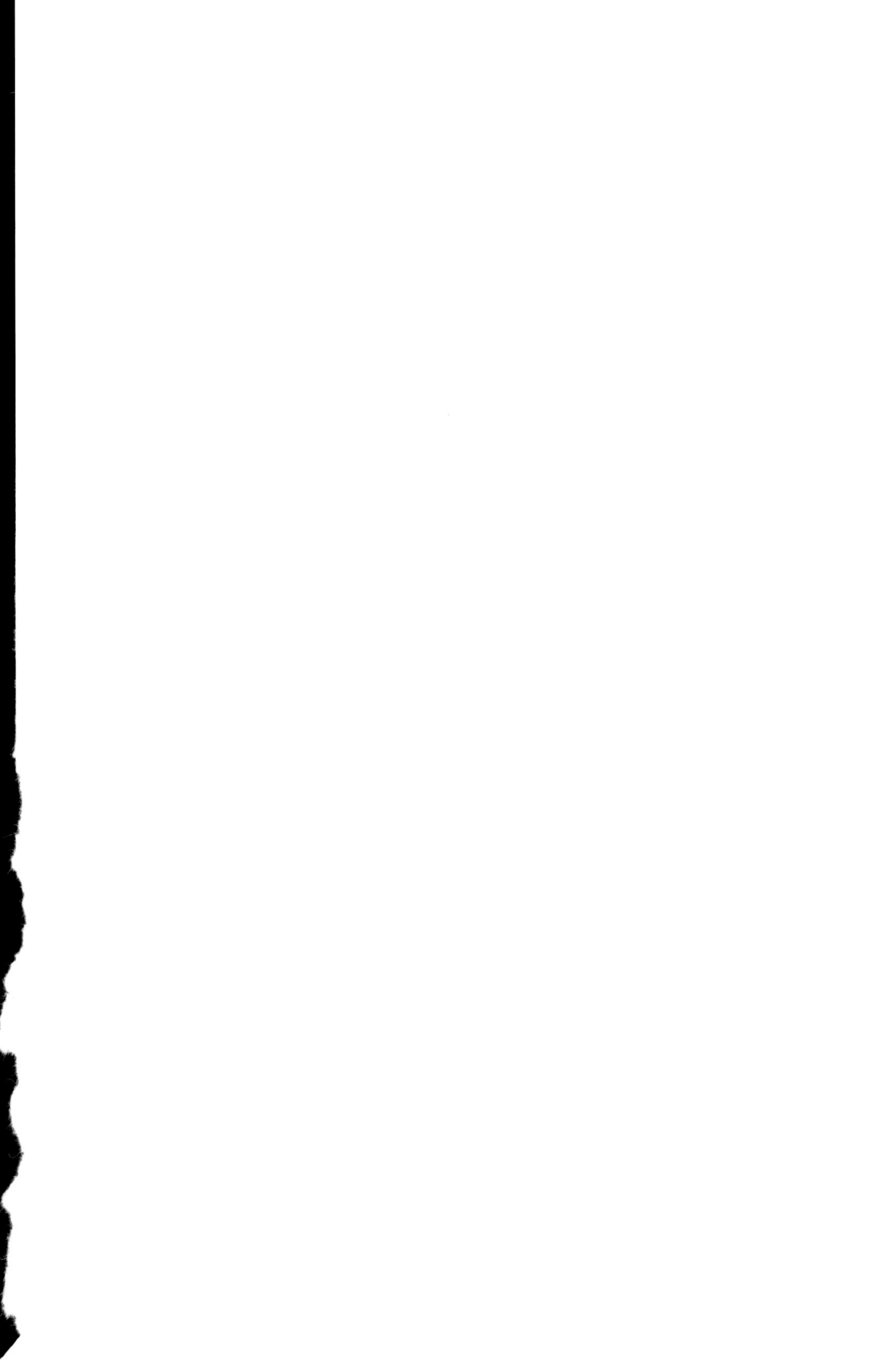

www.ingramcontent.com/pod-product-compliance
Lightning Source LLC
LaVergne TN
LVHW010939180726
843502LV00004B/1013